들뢰즈의 정치-사회철학

지은이 **신지영**

한국외국어대학교 불어과 졸업, 같은 대학교 대학원에서 철학석사, 프랑스 리옹3대학교에서 들뢰즈의 윤리와 미학에 관한 주제로 철학박사 학위를 취득했다. 서울시립대학교에서 학술연구교수로 있다가 현재 경상국립대학교 철학과 교수로 재직 중이다.
저서로는 『들뢰즈의 드라마론』(경상국립대학교출판부),『내재성이란 무엇인가』(그린비), 『들뢰즈로 말할 수 있는 7가지 문제들』(그린비), 역서로는 들뢰즈의 『대담』(갈무리, 근간), 『들뢰즈 개념어 사전』(갈무리), 『들뢰즈의 차이와 반복-해설과 비판』(라움) 등이 있다.

들뢰즈의 정치-사회철학

통제사회에 던지는 질문

신지영 지음

그린비

사랑하는 부모님께

일러두기

1 단행본·정기간행물 등의 제목에는 겹낫표(『 』)를, 논문·단편·영화, TV 프로그램 등의 제목에는 낫표(「 」)를 사용했다.

2 외국어 고유명사는 2002년 국립국어원에서 펴낸 외래어표기법을 따르되, 관례가 굳어서 쓰이는 것들은 그것을 따랐다.

3 인용 문헌의 출처가 서양서일 때는 'p. ~'로, 국내 출간된 도서일 때는 '~쪽'으로 표기했다.

프롤로그

아래에 줄곧 인용할 들뢰즈의 텍스트는 1990년에 작성된 것이다.[1] 이 텍스트를 작성할 당시 그는 이미 상당한 환자였다. 그 시절 프랑스는 어떤 나라였을까? 한국은 격동의 시대였다. 경제적으로만 본다면 한창 성장하고 있는 나라인 만큼, 적어도 남학생들은 취직 걱정 없던 때였다. 취직. 그들이 취직했던 그곳은 어떤 곳이었을까? 우리가 다녔던 고등학교는? 취직하기 전에 반드시 거쳐야 했던 병영은 남학생들에게 어떤 곳이었을까? 30여 년이 지난 지금 고등학교, 대학교, 병영, 직장은 많이 달라졌다. 이 텍스트를 처음 본다면 아마 많은 사람들이 누군가 우리나라의 현재 상황에 관한 칼럼을 쓴 것이리라고 생각할 수 있을 정도로, 이 텍스트는 지금 우리가 사는 세계를 정확히 서술하고 있다.

---

1 Gilles Deleuze, "Post-scriptum sur les sociétés de contrôle", *L'autre journal*, n°1, mai 1990.

I. 연대기

푸코는 18세기와 19세기를 규율사회라고 보았다. 그리고 그 사회는 20세기에 정점에 달했다. 규율사회는 감금이라는 커다란 환경들을 조작하면서 작동한다. 개인은 하나의 폐쇄환경에서 다른 폐쇄환경으로 끝없이 이행하고, 각 환경은 자기만의 법칙들을 가지고 있다. 개인이 처하는 최초의 폐쇄환경은 가정이고 그 다음은 학교('여기는 네 집이 아니야'), 그러고 나서는 병영('여기는 학교가 아니야'), 다음은 공장, 때로는 병원, 그리고 전형적인 감금의 환경인 감옥이 있다. 유비적인 모형으로 기능하는 것은 감옥이다. 「유로파 51」의 여주인공은 노동자들을 보면서 "수감자들을 보는 것 같았다"고 말했다. 푸코는 감금이라는 환경의 이상적인 기획을, 특히 공장에서의 가시적인 기획을 매우 잘 분석하였다. 그것은 집중, 공간 분배, 시간 배분, 기초적인 힘들의 합보다 그 효과가 크도록 하기 위한 시공간적 생산력 구성이다. 그러나 2차 세계 대전 후 이러한 규율은 천천히 자리 잡기 시작하던 새로운 힘에 의해 위기에 처한다.

감옥, 병원, 공장, 학교, 가정 등 감금의 모든 환경들이 위기에 처했다. 유능한 장관들은 필요하다고 간주되는 개혁들을 끊임없이 발표한다. 학교를 개혁하라, 공장을 개혁하라, 병원을 개혁하라, 군대를 개혁하고 감옥을 개혁하라. 그러나 이 제도들은 머지않아 끝이 날 것이다. 단지 문을 두드리고 있는 새로운 힘이 정착할 때까지 사람들의 고통을 관리하는 것만이 문제인 것이다. 규율사회를 대체하고 있는 것은 통제사회이다. '통제', 그것은 버로스Burroughs가 새로운 괴물을 지칭하기 위해 붙인 이름으로, 푸코 역시 우리의 가까운 미래라 인정했던 바다. 어떤 체제가 가장 가혹한가 또는 가장 견딜 만한가라고 물을 필요가 없다. 왜냐하면 각각의 체제는 그 체제의 노예화와 해방의 문제에 직면하기 때문이다. 또한 두려워하거나 희망을 가질 필요도 없으며, 다만 새로운 무기를 찾아야 한다.

20세기, 1900년대, 들뢰즈는 이 시대가 푸코가 분석해 낸 규율사회가 정점을 이룬 시대라고 보고 있다. 규율사회의 핵심모형은 감금의 전형인 감옥이다. 가정, 학교, 병영, 공장(18, 19세기 직장의 대표 공간), 병원 그리고 감옥. 불과 몇 년 전까지만 해도 우리나라는 전형적인 규율사회라고 볼 수 있었다. 규율과 감금을 원리로 하는 사회 말이다. 푸코는 규율사회의 범형이 감옥이라고 생각했지만 우리나라는 그 범형이 병영이다. 우리는 우리 사회를 병영사회라고 불렀다. 일정한 시기가 되면 계급이 올라가고 그때 그 계급을 달지 못하면 낙오자가 되는 사회, 병영. 때가 되면 대학에 가고, 졸업 후 몇 년 안에 취업, 결혼, 출산, 자녀의 교육과 혼인, 손주를 얻음… 이 과정에서 벗어난 사람들은 낙오한 것으로 간주된다. 사회는 대체로 일사분란한 병영 같았다. 들뢰즈가 요약한 규율사회의 핵심은 "집중, 공간 분배, 시간 배분, 기초적인 힘들의 합보다 그 효과가 크도록 하기 위한 시공간적 생산력 구성"인바, 베이컨이 고안한 원형감옥에 대한 푸코의 분석에서 잘 나타나 있다. 우리는 가정, 학교, 병영, 공장, 병원, 감옥 등 하나의 체제에서 다른 체제로 넘어가면 새로운 체제의 규율을 처음부터 다시 배운다. 그러나 들뢰즈가 아래에서 말한 것처럼, 각 체제의 규율들은 유비적인 관계에 있어서 근본적으로 새로운 규율은 아니다. 어느 체제든 시간과 공간이 분배되어 있고, 그러한 분배는 효율의 극대화를 위해 고안된 것이다. 그리고 이러한 장치가 작동되도록 하는 핵심에는 '감시자'가 있다. 원형감옥 구조의 중심에 위치한 간수 말이다. 빛은 원형감옥에 바깥으로 나 있는 창문으로부터만 들어오기 때문에 수감자들의 움직임은 환히 드러나 있지만, 원형감옥으로 둘러싸인 중심에 서 있는 간수의 공간은 어둡다. 이런 공간에서 수감자들은 간수가 있는지 없는지, 그가 졸고 있는지 감시 중인지 확인하지 못하기 때문에, 언제나 감시당하고 있다고 가정하고 행동할 수밖에 없다. 간수를 속일 수 있는 곳 또는 (원형감옥에 그런 사각지대는 없지만) 간수가 볼 수 없는 곳에서 자기가 원하는 것을 할 수 있다고 생각하는 순간에도, 감시자를 그의 세계에서 쫓아낼 수는 없다. 규율사회에서 우리는 어디든 감시자와 함께 있으며, 그 감시자는 실물로 존재할 수도, 내면화되어 존재할 수도 있다. 감시자는 엄마, 아빠, 선생님, 군 선임, 의사, 관리자, 간수일 수도 있고, 조직, 시스템, 관습, 혹은 나도 인지하지 못하는 그 누군가일 수도 있다. 우리는 매 순간 우리를 감시하는 그 누군가를 내면화하여 스스로를 감시한다는 것이 푸코의 생각이다. 감시는 내면화된다. 요즘은 주식과 코인으로 돈을 벌고 싶은 관심이 대중을 지배하고 있지만, 90년대에는 시간관리형 자기계발서가 유행했다. 성공하는 사람은 자기의 시간을 지배하는 사람이며 새벽부터 일어나 일분일초도 헛되이 보내지 않는 사람이다. 시간의 효율적 분배, 공간마다 지켜야 할 규율의 학습을 거의 모두가 일사분란하게 완수해 냈다. 푸코는 우리가 이러한 메커니즘으로부터 벗어날 수 없을 거라고 보았다.

그런데 요즘 우리의 모습은 좀 다르다. 새로운 세대는 기존의 관행과 제도에 격렬히 항의한다. 프랑스 등 유럽과 미국, 일본에서

1968년에 일어났던 새로운 세대의 저항이 우리나라에서도 이렇게 일어나고 있다는 듯이 말이다. 젊은 페미니스트들의 남녀차별 혹은 성폭력에 대한 철두철미한 거부, 항상 을의 입장이었던 학생과 구직자의 갑에 대한 권리 주장, 피의자와 수감자들의 인권 주장, 병원에 대한 환자들의 서비스 요구, 나이와 더불어 쌓이는 혜택에 대한 반감, '영앤리치'에 대한 동경. 들뢰즈가 말하듯이 기존의 제도들은 위기에 처했고, 권력을 가진 정치인들은 실제로 입을 모아 개혁을 외치고 있다. 학교, 노동, 직장, 병원, 가족의 개혁. 우리의 관행들에서 무엇이 문제이고 어떤 개혁이 요구되는 것일까? 우리는 들뢰즈의 말처럼 뭔가 완전히 새로운 힘이 이미 도래해 있음을 느끼고 있다. 들뢰즈의 위 텍스트에서 현재 우리에게 낯선 것은 오히려 '공장'이다. 공장은 여전히 존재하지만 공장으로 출근하는 사람들은 줄어들었으며 공장의 노동은 상당 부분 이미 기계가 담당하게 되었다. 우리는 공장의 시대를 지나 물류센터의 시대, 플랫폼의 시대에 살고 있다. 전태일의 분신으로 우리의 가슴에 화인처럼 남아 있는 그 시절 공장의 환경은 그야말로 푸코가 분석한 규율과 감금의 전형이라고 할 수 있다. 한 사람이 제대로 설 수조차 없는 좁고 낮은 공간, 화장실에 자주 간다는 이유로 물 마시는 것을 금지하는, 상상을 초월하는 근무환경, 초과수당 없는 초과근무 등… 전태일은 이런 환경을 고발하고 개선을 요구하기 위해 분신을 선택해야만 하는 사회에 살았지만, 지금 우리에게는 인터넷 연결망과 SNS, 무한한 개인 채널들이 있어 그때와는 비교할 수 없는 환경에서 정보의 공개와 확산이 이루어진다. 아마도 들뢰즈는 이러한 조건을 생각하면서 통제사회의 괴물은 마치 '영혼' 혹은 '가스'와 같다고 말한 것이리라. 가스가 새는 것을 막을 수 있는 건물은 없다. 아무리 주먹을 단단히 쥐고 있어도 가스는 새어 나간다. 새어 나가는 것만이 핵심은 아니다. 그것은 스며든다. 요즘 우리에게 익숙한 단어로 말하자면 그것은 마치 미세먼지와도 같다. 우리의 신체가 거르지 못할 정도로 작은 초미세먼지. 인류는 인간이 도달한 최첨단에서 가능한 한 가장 완벽한 필터를 만들겠지만, 아무리 막아도 막을 수 없는 그 무엇. 들뢰즈는 그런 것을 생각한 듯하다. '영혼' 혹은 '가스'에 대한 이야기는 아래에 등장한다.

> II. 논리
>
> [규율사회에서] 각기 다른 수용소 혹은 감금의 환경들은 독립변수이다. [한 환경에서 다른 환경으로 넘어가면] 우리는 매번 처음부터 다시 시작해야 하며, 모든 환경의 공통언어가 있지만 그것은 **유비적**이다. 반면 각기 다른 통제들은 분리가 불가능한 변주들로서 다양한 기하학적 체계를 형성하며, 그 언어는 (반드시 이진법적이라고 할 수는 없지만) **디지털적**이다. 감금은 각기 구별되는 **주형***moule*들인 반면 통제는 **변조**modulation인데, 변조라는 것은 순간마다 끊임없이 변화하느라 스스로를 해체하는 틀, 혹은 그물코가 여기저기로 끊임없이 바뀌는 그물망과 같은 것이다. 이것은 봉급의 문제에서 잘 드러난다. 공장은 그 내적인 힘을, 생산에 있어서는 가능한 한 가장 높은 균형점으로 가져가고 봉급에 있어서는 가능한 한 가장 낮은 균형점으로 가져가는 신체였다. 그러나 통제사회에서는 기업이 공장을 대체하는데, 기업은 하나의 영혼 혹은 가스와 같다. 공장 역시 이미 성과급 체계를 알고 있었지만, 기업은 극도로 우스꽝스러운 도전과 경쟁, 학술대회를 거쳐 영구적인 준 안정적 상태에서 각각의 봉급을 변조하기 위하

여 더욱 심오하게 노력한다. 가장 바보 같은 텔레비전 예능이 큰 성공을 거두는 것은 그것이 기업적 상황을 정확하게 표현하기 때문이다. 공장은 개인들을 신체로 구성함으로써, 무리mass 속의 각 요소들을 감시하는 고용주와 한 무리의 저항을 동원하는 조합에게 이중적으로 유리하다. 그러나 기업은 도저히 있을 수 없는 경쟁을 건강한 경쟁인 양, 탁월한 동기부여인 양 끝없이 도입하고, 이 경쟁은 개인들 서로를 대립시킬 뿐만 아니라 각자를 내적으로 분열시킨다. '성과급'의 변조 원리가 국가 교육마저 집어삼키고 있다. 실제로, 기업이 공장을 대체한 것처럼, **평생 교육***formation permaneute*이 **학교**를 대체하려 하고, 지속적인 통제가 시험을 대체한다. 이는 학교를 기업에 넘겨주는 가장 확실한 방법이다.

인간은 더 이상 감금된 존재가 아니라 빚진 존재가 되었다. 자본주의가 인류의 3/4을 영구적으로 극단적인 불행에 처하도록 한다는 것은 사실이다. 그들은 빚을 갚기에는 너무 가난하며, 갇혀 있기에는 너무 많다. 통제는 국경의 흐트러짐뿐만 아니라, 판자촌과 게토의 폭발적 증가에 대면해야 할 것이다.

우리는 보통 정부가 정책을 발표하면 특정 정부, 특정 정당 또는 특정인이나 특정 집단이 그 정책을 고안하고 제시했다고 생각하기 때문에, 그 정책을 지지하지 않을 때는 정권이나 인물을 바꾸어야 한다고 생각한다. 문제가 그렇다면 정권을 바꾸는 일 자체가 힘들지언정 해결책은 단순하다. 그러나 들뢰즈가 보는 사정은 그렇게 단순하지 않다. 공장을 대체한 기업은, 베이컨의 원형감옥처럼 사람들을 가둬 두고 규율하는 게 아니라 가스처럼 영혼에 스며든다. 인간에게 스며든 기업의 영혼, 그것은 '경쟁'과 '성과급'이다. 우리나라에서 흔한 말로 '자유경쟁'과 '공정분배'라고 바꾸면 적당할 것 같다. 그러니까 규율사회에 뒤이어 등장한 통제사회의 핵심은 '경쟁'과 '성과급'이라는 기업의 '영혼'이 가스처럼 온 나라를 뒤덮고 개인들을 잠식한다는 것이다. 다시 말해서, 특정 정권의 정책은 사실은 우리도 모르는 사이에 중독되어 있는 기업의 가스 같은 것으로서, 우리 모두에게 스며 사실은 그것을 욕망하는 것처럼 고안되고 제시된다는 것이다. 내가 반대하는 정책을 나도 모르는 사이에 욕망했다… 믿을 수 없는 이야기일 것이다. 우리가 흔히 볼 수 있는 기사 하나를 인용해 보겠다. 기사 제목은「어려운 경제 여건 속 빛난 '고객중심 경영'」이다. 이 기사는 "한국생산성본부와 미국 미시간대학이 공동 주관하고 산업통상자원부가 후원해 2022년 국내 82개 업종, 335개 기업(대학)과 공공기관에 대해 조사한 국가고객만족도(National Customer Satistification Index, 이하 NCSI)"[2]에 관한 것이다. 기사의 이 첫 문장만 봐도 놀랍지만 나는 기사보다 표를 보고 먼저 놀란 상태였다. '2022년 NCSI 10년 이상 연속 1위'라는 제목을 단 표에서 가장 눈길을 사로잡은 것은, 고객만족도 79점으로 16년 연속 1위를 차지한 S대학교가 표시된 행이었다. S대학교는 사립대학교라는 항목에서 1위였는데 사립대학교의 열을 따라 위로 올라가 만난 충격적인 분류어는 '업종'. 우리는 이 외에도 숱한 기사에서 이러한 충격을 맛볼 수 있다. 아마 이 기사를 쓴 기자는 이 기사에 어떠한 문제점도 없다고 생각했을 것이다. 그리고 지금

2 「어려운 경제 여건 속 빛난 '고객중심 경영'」, 경향신문, 2023년 1월 12일자, 17면.

독자들 가운데에서도 '도대체 어디에서 충격을 받았다는 거지?'라고 생각하는 사람이 있을 수 있다. 우리나라에서는 들뢰즈가 경악하면서 말한 것들, 이를테면 "'성과급'의 변조 원리가 국가 교육마저 집어삼키고 있다. 실제로, 기업이 공장을 대체한 것처럼, 평생 교육(원어)이 학교를 대체하려 하고, 지속적인 통제가 시험을 대체한다. 이는 학교를 기업에 넘겨주는 가장 확실한 방법"이라는 문장에서 나열된 조치들이 더 이상 충격이 아니다. 게다가 최근에 정부는 "대학 캠퍼스에 스크린골프, 대형 카페·식당 설치 허용[을] 추진"[3]하겠다고 밝혔다. 이미 많은 대학의 캠퍼스에 허용 범위 내에서 카페뿐 아니라 쇼핑몰까지도 설치되어 있다. 사립대학교가 업종 분류의 한 항목에 자리 잡았고 기업의 일종으로 자연스럽게 간주되고 있는 것처럼 말이다. 6일 전 같은 신문은 1면에서 「윤대통령 "교육도 시장경쟁" 대학 규제 임기 안에 '제로'」라는 기사를 싣고 「경쟁 원리 도입한다는 윤석열 정부 교육, 방향부터 틀렸다」는 사설을 27면에 실었다.[4] 하나의 신문사에서 한편으로는 대학을 기업으로 간주하고 고객만족도 조사를 실시한 기사를 아무런 비판적 시각 없이 정보 보도의 형식으로 싣고, 다른 한편으로는 사설에서 강경한 어조로, 교육에 시장경쟁을 도입한다는 대통령의 교육에 대한 밑그림을 비판하는 사설을 실었다. 이것은 언론비평이 아니다. 문제는 언론이 아니라 우리의 영혼이다. 우리가 무슨 생각을 하고 있는지 스스로 인지하고 있는 의식적인 부분

3 유병돈 기자, 「대학 캠퍼스에 스크린골프, 대형 카페·식당 설치 허용 추진」, 아시아경제, 2023년 1월 8일. 17:52 수정.

4 경향신문, 2023년 1월 6일자.

으로서의 영혼이 아니라, 가스와 같이 나에게 스며들어 와 있는 영혼. 그래서 스스로도 그것을 욕망하고 있었는지 모르는 상태에서 나의 전모를 지배하고 있는 영혼. 그러한 영혼이 한편으로는 언론의 모순된 보도로, 한편으로는 엉뚱해 보이는 정책으로, 또 다른 한편으로는 우리의 영혼을 스스로 파괴하는 듯한 과다하고 역설적인 경쟁으로 나타나는 것이다. 우리는 이미 경쟁과 성과급을 욕망하는 기업의 영혼을 가지고 있다. 들뢰즈가 학교를 기업에 넘기는 가장 확실한 방법이라고 열거한 것들을 자세히 점검해 보자.

1. 영구적인 준 안정적 상태에서 변조되는 봉급의 고안
2. 시험을 대체하는 지속적인 통제
3. 학교를 대체하는 평생 교육

우선 '영구적인 준 안정적 상태에서 변조되는 봉급'의 의미를 풀기 위해 칼럼 하나[5]를 보고자 한다. 아래 칼럼은 우리나라 입시가 채택하고 있는 상대평가의 여러 모순과 부조리를 설명한다.

> 중년층 이상은 잘 모르겠지만, 수능 성적표에는 원점수가 안 나온다. 국·영·수는 100점 만점, 선택과목은 50점 만점인데 그중에서 몇 점을 맞았는지가 안 적혀 있는 것이다. 2005학년도부터의 일이니 벌써 오래되었다. 그 대신 석차등급, 표준점수, 백분위 등의 세 가지 상대

5 이범, 「상대평가, 어떻게 물리·경제를 죽였나」, 경향신문, 2022년 12월 3일.

평가 지표가 적힌다. 석차등급은 상위 4%까지 1등급, 11%까지 2등급, 23%까지 3등급…. 이런 식으로 9등급까지 매기고, 표준점수는 평균점에 비해 얼마나 높거나 낮은지를 보여 주는 지표다.

왜 원점수가 없어졌을까? 당시 '선택' 과목이 대거 도입되었기 때문이다. 교육당국은 '어느 과목을 선택했는지에 따라 유불리가 생기지 않도록 상대평가 지표만 제공한다'고 밝혔다. 그리고 그 결과 물리나 경제와 같은 중요한 과목들이 외면당하기 시작했다.

한국 수험생은 왜 물리를 기피할까? 공부 잘하는 학생들이 물리를 선택한다는 인식 때문이다. 내가 물리를 선택하면 이들과 상대평가로 제로섬 경쟁을 펴야 하고, 따라서 높은 석차등급이나 표준점수를 받기 어렵겠지? 그러니 물리를 버리는 것이 합리적 선택이다! 똑같은 이유로 사회탐구 과목들 가운데 경제와 세계사가 버려졌다. 2022학년도 사회탐구 선택자 가운데 경제를 선택한 비율은 겨우 3.2%, 세계사는 9.8%로 사회탐구 9과목 가운데 각각 뒤에서 1, 2등을 차지했다. 공부를 잘하거나 '덕후'인 학생들이 경제나 세계사를 선택하는 것을 보고는 다들 기피한 것이다.

이처럼 상대평가는 합리적 과목 선택을 방해하고 교육의 다양성을 저해한다. 이런 문제를 피하기 위해 다른 나라들은 어떻게 하고 있을까? OECD 국가들 대부분이 대입시험제도를 가지고 있는데, 대세는 논술형이고 주요 선진국 중에서는 한국·일본·미국만 객관식 대입시험을 보고 있다(2022년 9월 30일자 칼럼 「수능에는 죄가 없다」 참조). 그런데 논술형이든 객관식이든 다들 절대평가다. 논술형은 대체로 등급제 절대평가이고, 객관식은 대체로 원점수제 절대평가다.

일본의 센터시험에서 물리 기피현상이 나타나지 않는 이유는 간단하

> 다. 절대평가(원점수제)이기 때문이다. 미국 SAT의 경우 1년에 7회 치러지며 응시 시기와 횟수가 학생 재량인데, 선택과목의 경우 원점수는 안 나오고 200~800점 사이의 환산점수만 나온다. SAT 환산점수는 응시자 중 상대적 위치를 보여 주기 위한 것이 아니라 회차별·과목별 난이도 차이를 보정equating하기 위한 것이다. 당연히 물리 기피 현상은 나타나지 않는다.
>
> 상대평가 지표 가운데 '표준점수'는 정시모집에 활용되는데, 또 하나의 황당한 불합리를 보여 준다. 연도별 출제 난이도에 따라 표준점수 최고점이 달라지는 것이다. 2022학년도의 경우 '윤리와 사상' 만점자의 표준점수는 66점, '동아시아사' 만점자의 표준점수는 71점으로 5점이나 차이 났다. 선택과목에서 모든 문항을 맞히면 동일한 최고점을 주는 SAT(800점)나 센터시험(50점)과 전혀 다르다. 최근에는 수능 선택과목이 수학과 국어에도 무분별하게 도입되면서 이러한 과목 간 유불리 문제가 확대되고 있다. 나는 이것이 일종의 위헌적 상황이라고 생각한다.

중년층 이상인 사람들은 학생들에 대한 평가가 이렇게 변한 것을 자신의 자녀가 입시생이 되고 나서야 처음 알게 된다. 나 역시 중학생이 된 아들이 처음 성적표를 받아 왔을 때의 그 어리둥절했던, 바보가 된 것 같은 느낌을 기억한다. 이 점수들은 다 무엇인가? 한 과목에 대한 점수가 여러 가지인 것도 얼떨떨한데, 도대체 아이가 어떤 과목에서 정확히 몇 점을 받았다는 것인지 끝내 알 수 없었다는 데서 일종의 무력감을 느꼈다. 그때의 그 어리둥절함, 무력감, 바보가 된 느낌의 정체를 아들의 입시가 5년이나 지난 지금에서야 겨우 조금 이해하고 있다. 성적표에 특정과목에 대한 시험 결과, 정확히 몇 문제의 정답을 맞춰 원래 몇 점을 받았는지(즉, 원점수)를 기록하지 않고, 석차등급, 표준점수, 백분위 등의 상대평가 지표만을 기록하여 배포하는 이유를 교육당국은 '어느 과목을 선택했는지에 따라 유불리가 생기지 않도록' 하기 위해서라고 밝혔다. 아마 위 칼럼의 저자가 말하는 학생들이 기피한다는 과목들, 이를테면 물리나 경제와 같이 얼핏 보기에 —실제로 배워 보기도 전에 —어려워 보이는 과목들을 선택한 학생들이 얼핏 보기에 쉬워 보이는 다른 과목들을 선택한 학생들에 비하여 불리하지 않도록, 같은 과목 응시자들의 원점수가 아니라 서로 간의 상대적인 자리만을 숫자로 표기하겠다는 뜻인 것 같다. 칼럼 저자의 주장은 교육당국의 우려와 정반대이다. 저자의 주장에 따르면, 성적의 평가가 이렇게 상대적으로 이루어지는 바람에 소위 어려워 보이는 과목들은 또 다시 기피 대상이 되었다는 것이다. 왜냐하면 물리, 경제와 같은 과목들은 공부를 잘하거나 소위 그 과목의 '덕후'인 학생들만 선택한다고 여겨지는 상황에서 그들과 경쟁하는 것은 불리하다고 생각되기 때문이다. 다시 말해서, 상대평가 지표는 이를테면 물리를 선택하는 학생이 불리해지지 않도록 하기 위해 도입되었다고 하지만, '공부 잘하는 사람들끼리의 제로섬 게임'이 되어버려 바로 그 방식의 평가 때문에 외면받는 아이러니한 상황인 것이다. 그렇다면 혹시, 물리가 외면받기는 했지만, 물리를 선택한 공부를 잘하는 소수의 학생들은 다른 과목을 선택한 학생들보다 불리해지는 것을 피할 수는 있었을까? 잘하는 학생들끼리 1점 차의 피 튀기는 경쟁에 놓이게 되었는데? 게다가 각 과목별로 연도별 출제 난이도를 보정한다는 표준점수라는 명분하에 모든 문제를 다 맞혔을 때의 점수가 매년 과목마다 달라지는 어처구니 없는 일이 벌어진다. 칼럼에 따르면, "2022학년도의 경우 '윤리와 사상' 만점자의 표준점수는 66점, '동아시아사' 만점자의 표준점수는 71점으로 5점이나 차이 났다". 이렇게 되면 2022년에는 '동아시아사'를 선택한 학생이 '윤리와 사상'을 선택한 학생보다 월등히 유리해지는데, 이는 그 과목을 선택한 학생이 전혀 예측할 수도 준비할 수도 없는 상황이다.

자, 이러한 복잡한 계산들을 우리가 왜 들여다보았는지 정리해보자. 한 학생의 수능 성적은, 그 학생이 선택한 과목을 함께 선택한 학생들이 얼마나 많은 문제를 맞추었는가에 '관련하여' 확정되고, 또한 그 해 그 과목의 난이도가 다른 해에 비하여 어땠는지와 '관련하여' 조정되며, 게다가 다른 과목을 선택한 학생들이 같은 조정의 결과 어떤 최고 표준점수를 얻게 되었는지와도 '관련하여' 매겨진다. 한 학생이 최종적으로 받게 되는 성적이 이렇게 언급된 세 가지 관련성 외에 또 다른 '관련성'에 깊이 연루되어 있을 수도 있지만, 여기에서는 이만큼으로 만족하도록 하자. 여기서 내가 말하고 싶은 것은, 한 학생의 성적이 하나의 주형 혹은 주물moule처럼 확정되는 것이 아니고 다른 학생, 다른 해, 다른 과목과의 관련성 속에서 끊임없이 변조된다는 것이다. 그것은 그 어느 순간에도 확정적이지 않고 심지어 내 노력으로 통제되지도 않는다. 그것은 항상 변조 중이다. 이런 조건 속에서 학생들은 어떻게 자랄까? 그들의 선택에 가장 중요한 요소는 무엇이 될까? 그것은 말할 필요도 없이 '그 과목을 선택하는 것에 나에게 유리한가 불리한가'일 것이다. 어떤 과목을 선택하는 것이 가장 유리할까? 이것은 매우 아이러니하다. 교육당국은 학생들이 다른 고려 없이 원하는 과목을 선택하고 공부할 수 있도록 하기 위해 선택에 따른 유불리를 조정하는 상대평가를 도입하였지만, 그들은 그 소정의 목적을 달성하지 못했을 뿐 아니라 거꾸로 학생들로 하여금 상대평가에 따른 유불리를 다시금 계산하도록 만들었다. 이런 웃지 못할 일이 벌어지는 이유는, 교육당국이든 학생들이든 학부모나 선생이든 할 것 없이 우리 모두 일사분란하게 '이익'이라는 개념을 중심으로 다른 개념들이 배열된 그런 정신세계에 살고 있기 때문이다. 그것은 기업의 영혼이다. 이를 들뢰즈의 개념으로 다시 표현한다면, 수능과 관련한 우리의 정신세계는 '이익이라는 굵고 깊은 길이 패인 평면'인 것이다. 모든 정신적인 흐름은 대개 굵고 깊은 길을 따라 흐른다. 그런 정신세계는 각 개인으로 하여금 나에게 '이익이 된다', '불리하다' 외의 다른 가치들, 예를 들어 '순수한 지적 호기심', '책을 읽고 토론한다는 것의 가치', '친구들과 함께 생각을 나눈다는 것의 가치', '무엇이 올바른가' 혹은 '어떤 것이 가치 있는가'라는 질문, '어떻게 살아야 하는가'와 같은 삶의 기초가 되는 질문, '나는 어떤 사람인가', '나는 어떤 기질을 가졌는가'와 같이 진로를 결정하기 위해 필요한 기초적인 질문을 외면하게 만든다. 우리는 이런 질문들을 던질 여력이 없고, 이런 가치들은 한가한 놀음에 불과하다. 같은 반 학생들, 같은 해에 수능을 치르는 학생들은 모두 나의 경쟁자일 뿐이며, 그들의 상태에 따라 내 점수가 조정된다. 내 공부만 잘하면 되는 것이 아니고, 남들이 못해야 한다. 정신 상태는 강퍅해지고, 남는 것은 폐허뿐이다.

'영구적인 준 안정적 상태에서 변조되는 봉급'은 수능 표준점수과 그 개념이 같다. 기업은 직원들이 받는 봉급 혹은 연봉이, 다른 사람들이 받는 연봉과 관련하여 '공정'하게 지급되었다는 느낌을 줄 수 있도록 하기 위하여, 연봉이 책정되는 체계를 수능의 표준점수가 매겨지는 것과 같은 이치로 영구적으로 변조되도록, 그러나 거의 안정적이라고 느끼도록 고안하는 데 집중한다. 사립대학교가 기업고객만족도 조사 대상이 되는 마당에 이러한 흐름은 공무원과 공공기관, 국립대학교에 퍼져 나갔다. 2010년 중반에 우리나라는 공무원과 공공기관의 월급체계를 호봉제에서 연봉제로 바꾸는 데 거의 국력을 쏟아부을 듯이 애를 썼다. 국립대학교 교수는 공무원이기 때문에 대학교 교수의 연봉도 이러한 체계에 편입됐다. 교수들은 대체로 각 단과대별로 나뉘어 같은 구획에 속한 교수들끼리 업적 수가 비교되었으며 등수가 매겨졌다. 교수는 의사, 판검사 등과 함께 대표적인 기득권층으로 여겨지기 때문에 사회 분위기는 우호적이지 않았으며, 교수가 어떤 대우를 받든 관심이 없다. 우리는 서로 '이익'에 의해 세밀히 반목하게 고안된 평면에서 생각하도록 유도되기 때문에 타자의 영혼이 파괴되는 상황을 강 건너 불구경하게 된다. 그 불이 곧이어 나에게도 붙어 버릴 것이며 그것을 안타까워하는 사람은 아무도 없어지는데도 말이다. 교수 개개인의 점수를 매기는 항목은 점차 세분화되었고, 어떤 작업까지를 업적으로 볼 것인지 — 시, 평론, 주석, 서평, 논문, 저서와 역서, 공연, 학술대회 발표문, 논평문 등 — 그리고 이들 업적 '하나'당 몇점을 배정할 것인지, 총점 중 연구와 교육과 봉사에 각각 어느 정도의 점수를 할당할 것인지를 스스로 정한다. 한 사람이 받는 점수의 변조는 고안하기에 따라 무한하다. 공무원의 월급은 세금으로 나오는 것이기 때문에 사기업처럼 매출에 따라 비교적 큰 액수의 성과급을 받는 상황은 일어나지 않는다. 매년 같은 액수의 수당 α를 개인들에게 그대로 지급하지 않고 모두의 α를 모은 후에 상위 10%에게는 $\alpha \times 1.5$를, 상위 30%에게는 $\alpha \times 1.2$를, 하위 40%에게는 남은 액수를 인원수로 나눈 금액, 최하위는 수당 없음으로 배분한다. 그리고 이렇게 나누어 지급한 금액을 기존 연봉에 더하고, 여기에 임금상승률을 곱하여 다음 해 연봉을 결정한다. 사실 이것보다 훨씬 복잡한 계산들이 많이 개입되어 있는데, 나는 어느 순간부터 이 계산 과정에 흥미를 잃었기 때문에 잘 모른다. 그래서 내 통장에 매년 매월 정확히 얼마가 들어오는지, 그만큼의 액수는 다른 교수들에 비하여 얼마나 높거나 낮은지 잘 모른다. 연봉제의 관점에서 보면 나는 루저이다. 10여 년 전 연봉제가 시작될 당시 α는 300만원이었다. 그 300만원을 누가 더 많이 가져가느냐에 대해, 그렇게 오래 공부한 사람들이 이토록 많은 계산과 고안을 해야 한다는 데 깊은 회의감이 들어서, 나는 어느 순간 이 과정에서 나의 영혼을 가지고 빠져나왔다. 이러한 과정의 결과로 아마 현재 국립대학교 교수들 개개인이 받는 월급은 서로 잘 알기도, 짐작하기도 어렵다. 이 체계가 도입되던 때 교수들이 많이 저항했고 여론을 환기시키기 위해 애를 썼지만, 정부는 요지부동, 기자들은 무관심했다. 아마 알려졌더라도 상황이 많이 달라지지 않았을 것이다. 왜냐하면 여론이 그것을 원했기 때문이다. '우리'는 모두가 같은 월급을 받는 것을 '공정'하지 않다고 생각했다. 지금도 대체로 그런 것 같다. 누구는 1년에 논문을 50편을 쓰고 50억짜리 사업을 수주해 오는데 누구는 1년에 논문 한 편 안 쓰고 사업 수주도 없다면, 두 교수가 같은 월급을 받는 데에 고개를 갸우뚱하리라는 것을 이해 못 할 것도 없다.

'공정'에 대한 요구가 비등할 때, 마이클 샌델은 『공정하다는 착각』이라는 저서를 내놓아 우리의 생각을 일부 환기시켰다. 그는 많은 사람들이, 능력에 부합하는 연봉이라는 개념 속에 자리 잡은 그 '능력'이라는 것이 타자들과는 상관없이 고립된 개인의 고유한 노력에 의해 달성된다고 생각하는 것 같은데, 개인의 능력은 상당 부분 운, 타자들의 도움, 사회적 특혜 등으로 이루어진 것일 수 있다는 점을 인지해야 한다고 주장한다. 그런데 '공정'에 대한 우리의 주장은 좀 다른 측면에서 이루어지는 것이다. 우리는 '경쟁'과 '성과급'이 기업의 영혼이며 그 영혼이 영역을 막론하고 자리 잡고 있다는 자체를 문제 삼는다. 또한 이는 가장 자유주의적이며 가장 해체적이므로 해체의 경향을 좇는 욕망에 부합하는 면이 있어서 우리는 기업의 영혼과 더불어 욕망의 최첨단에 위치하게 된다. 기업의 영혼은 어느 시점 어느 공간에서나 우리를 좌우하고 모든 과정의 끝에 공정한 경쟁과 성과급의 분배가 자리 잡는 것이 올바르다고 생각하게 한다. 니체는 과정은 끝나지 말아야 한다고 말했다. 욕망의 과정이 성과급의 계산과 분배에서 끝난다면, 우리는 어떻게 되는가? '나'라는 지점position은 내 주변의 다른 이들과의 관계 속에서, 지금이라는 순간과 연결된 많은 순간들과의 관계 속에서 조정 중이다. 기업은 이 관계 속에서의 나를 정확히 평가하기 위하여 수많은 장치를 고안하고 이를 수치화하는 데 몰두한다. 심지어 더욱더 공정을 기하겠다는 명목하에 같이 일하는 동료들끼리 서로 평가하도록 내몰린다. 우리는 지표와 수치가 많으면 많을수록 공정하게 평가받고 있다는 환상에 빠진다. 나를 평가하는 수치와 이 수치에 근거한 연봉은 관계 속에서 조정되는 것이기 때문에 영구히 변조된다. 하지만 급격히 변하지는 않기 때문에 준-안정적인 상태를 유지한다. 평가 환경이 이러할 때, 우리는 어떤 존재가 될까? 나의 위치가 타자, 과거, 내가 속한 집단과의 관계 속에서 평가되기 때문에, 나는 언제나 타자와의 신경증적인 경쟁 속에, 어떤 과거와 어떤 집단의 지표가 나의 수치를 결정할지 모른다는 영구적인 불안 속에 살게 될 것이다. 경쟁과 공정은 우리의 에너지를 이런 식으로 소비하고 있는 중이다. 이것이 들뢰즈가 생각하는 '통제사회'이다. '규율사회'에서는 원형감옥의 한가운데 첨탑에서 나를 감시하는 '누군가'가 있었다. 우리는 그 누군가의 눈을 피해야 했고, 그 누군가에 대항하여 싸워야 했다. 그러나 지금은? 지금은 그런 감시의 중심도 저항의 중심도 없다. 우리는 모두에게 열려 있고, 모두로부터 침범당하며, 모두로부터 통제된다.

'시험을 대체하는 지속적인 통제': 앞서 입시 이야기를 꺼냈으니 그 이야기를 이어나가 보자. 80년대 고등학생들은 대학입시에 내신이 반영되는 초기 단계를 경험했다. 워낙 미미하게 반영되다 보니 완전히 무시할 수도 있는 수준이었다. 30여 년의 시간이 흐르면서 단 한 번의 시험으로 수십만 명이 줄을 서고 그 순서대로 당락이 결정되는 것이 불합리하다는 인식하에 여러 '개혁'이 이어졌다. 우리는 그 모든 것을 '개혁'이라고 부른다. 중간에 시도되다가 사라진 것들을 빼면 현 입시는 수시와 정시로 나뉜다. 수시는 수능 시험을 보기 전에 고등학교 3년간의 성적과 활동을 총 망라한 내신을 주된 근거로 하여 각 대학별로 마련된 여러 형태의 모집단위를 통해 학생을 선발하는 제도이다. 학교에서 평가하는 학생의 정보는 3년간의 성적, 동아리활동, 진로와 관련한 활동, 봉사 및 독서활동 등이다. 각각의 항목들에는 교사의 정성스러운 평가가 담겨 있다. 한마디로 16세부터 18세까지의 모든 활동에 대한 보고서이다. 우리는 사람을 단 한 번의 시험으로, 혹은 단 한 번의 면접으로 평가하는 것이 불합리하다는 생각을 가지고 있기 때문에 그 반대급부로 이런 종류의 학생생활보고서(학생부)를 통해 한 사람을 평가하는 것은 그보다 훨씬 합리적이라고 생각하기 쉽다. 그러나 아직 성년이 되지 않은 청소년이 자기의 발자취를 3년간 우수하게 관리한다는 것이 과연 쉬운 일일까? 아주 뛰어난 몇몇 학생은 선생님이나 부모의 도움 없이도 이 3년을 잘 관리할 수도 있을 것이다. 성적 관리, 지속적인 독서활동, 봉사활동, 진로에 대한 진지한 고민, 가능하면 진로와 관련이 있는 동아리활동 등. 어떤 학생은 선생님이나 부모의 전적인 도움으로, 놓칠 수도 있었을 많은 활동들을 충실하게 수행하고 그것을 기록할 수 있다. 그러나 그 외의 학생들은? 누군가의 적절한 도움만 있었다면 충분히 우수한 성적을 기록할 수도 있었을 많은 학생들, 가정을 뒤흔드는 우연한 사건 때문에 이 3년을 놓쳐 버린 학생들, 하필이면 어린 나이에 겪은 감당할 수 없는 일로 정신적인 침체기를 겪은 학생들, 하다못해 특별한 사정으로 단 한 학기의 성적을 관리할 수 없었던 학생들은? 모든 환경이 안정적이고 스스로 우수하며 우연히 옆에 도움을 주는 사람이 있었던 상위권 학생들을 제외하면, 3년 동안의 성적을 기록하는 내신은 정말 잔인한 장치이다. 어떤 학생은 겨우 한 학기를 망쳤을 뿐인데도 그것이 3년 전체 평균에 미칠 영향에 대한 걱정으로 완전히 좌절해 내신을 포기해 버리기도 한다. 이렇게 되면 그 학생은 학교 수업을 충실히 따라갈 아무런 동기가 없기 때문에 시시때때로 주어지는 과제, 학교 시험, 수업 시간 등을 무시하기에 이른다. 이런 사정을 인지한 당국은 공교육을 정상화하기 위해서는 정시를 없애고 수시 쪽으로 입시가 정리되는 것이 바람직하다고 결론 내린다. 수시를 확대하는 것이 '개혁'이고 정시를 확대하는 조치는 '개혁의 퇴보'로 개념 규정한다.

단 한 번의 시험으로 수십만 명의 학생들을 줄 세우는 것이 불합리하다고 하여, 그들의 고등학교에서의 3년간의 삶 전체를 평가하겠다는 조치. 바로 이것이 '시험을 대체하는 지속적인 통제'이다. 그리고 3년간의 평가에는 앞서 언급한 그 상대평가 지표들이 난무한다. 학생들은 3년간 불안과 공포에 내던져진다. 학생부를 보기 훌륭하게 관리하는 것과 그들의 삶이 진정으로 살 만했는지는 전혀 별개의 문제이기 때문이다. 인간의 발달, 정신적인 성숙, 사유의 진전은 결코 모범적인 단계를 차근차근 밟아서 순서대로 안정적으로 이루어지는 것이 아니다. 사람은 방황하고 시간을 낭비하고 갈등하고 토론하고 늦어지고 정체하고 다시 비약한다. 그러한 삶을 학생들로부터 완전히 빼앗고 학창 시절에 대한 지속적인 통제를 개혁이라고 제시하다니… "기업은 도저히 있을 수 없는 경쟁을 건강한 경쟁인 양, 탁월한 동기부여인 양 끝없이 도입하고, 이 경쟁은 개인들 서로를 대립시킬 뿐만 아니라 각자를 내적으로 분열시킨다."

III. 프로그램

매 순간 동물을 한 구역에, 인간을 기업 안에(전자 목걸이), 개방된 환경의 한 요소로서 자리를 배정하는 통제 메커니즘을 구상하기 위해 공상과학소설이 필요한 것은 아니다. 오래된 주권 사회의 낡은 방식들을 현대에 맞게 변형하여 가져올 수도 있는 일이다. 중요한 것은 우리가 그 무언가의 초창기에 있다는 것이다. **감옥체제**에서는 적어도 경범죄에 관한 '대체' 처벌, 수형자에게 특정 시간에 집에 머무르도록 하는 전자발찌의 사용. **학교체제**에서라면 지속적인 통제의 형태들, 학교를 대체하는 평생 교육, 이에 대응하는 대학에서의 모든 연구의 포기, 교육과정의 모든 수준에서 '기업'의 개입. **병원체제**에서는, '의사도 환자도 없는' 새로운 의학, 즉 잠재적 환자와 위험요소가 있는 대상들을 골라내는 의학, 개인에 맞춘 의학으로의 진보가 아니라 개별적이거나 디지털적인 몸을 통제할 수 있는 '분할 가능한' 질료matière의 숫자들로 대체하는 그러한 의학. **기업체제**에서는, 더 이상 공장이라는 낡은 형태를 거치지 않는 제품과 사람들 그리고 돈을 다루는 새로운 방법. 이것은 별것 아닌 예들에 불과하지만 우리가 제도의 위기, 다시 말해서 새로운 지배체제의 점진적·산발적 정착이 무엇인지를 이해하는 데 도움을 줄 것이다. 많은 젊은이들이 이상하게도 '인센티브'를, 인턴제도와 지속적인 교육을 다시금 요구하고 있다. 그들의 선배 세대가 규율의 목적이 무엇인지를 고통스럽게 발견했던 것처럼, 그들이 무엇에 봉사하도록 되어 있는 것인지 발견해야 하는 것은 바로 그들 자신이다. 뱀의 원환은 두더지 굴보다 훨씬 더 복잡한 것이다.

결국 감금과 규율을 대체하는 새로운 괴물이라는 것은 "개방된 환경에서 [개인을 그 환경의] 한 요소로서 자리 배정하는 통제 메커니즘"을 말하는 것이다. 개인은 기술적으로도 무한히 열려 있고 무수한 관계 속에 있기 때문에 더 이상 감금의 메커니즘은 통하지 않는다. 오랫동안 근절되지 않던 군 가혹행위가 사병들에게 핸드폰을 쓸 수 있게 하면서 일거에 사라졌다는 평가가 보여 주듯이, 가혹한 훈육은 감금과 함께 작동하는 것이다. 손안에 핸드폰을 들고 있는 현대인은 전 세계 그 어느 것과도 연결되어 있다. 이러한 새로운 힘은 새로운 관리체제를 함께 고안한다. 우리는 극단적으로 개방되어 있고 극단적으로 자유로운 것 같지만, 우리의 행동은 디지털적으로 기록되고 수치화되며 경쟁으로 내몰리고 그 안에서 통제당한다. 우리는 SNS를 통해 이론적으로 무한한 연결에 노출되어 가능한 한 가장 큰 자유를 누리는 것 같지만, 동시에 우리의 정보를 무한히 노출하며 바로 그것 때문에 제한당한다. 카드 사용 내역, 방문지 내역, 통화 내역, 콘텐츠 업로드 내역, 댓글이나 블로그에 남긴 글에서 추출한 키워드들의 성격, 빈도 수 등은 '나'를 디지털화하여 빠짐없이 정보화한다. 물론 그때의 나는 변조 중이다. 그러한 진동 중인 나를 분석한 AI는 나도 다 파악하지 못한 나의 세밀한 욕망을 타기팅하여 맞춤 접근하고, 소비뿐만 아니라 나의 의견마저도 유도하고 통제한다. 들뢰즈가 살아생전 경험해 보지 못한 통제 프로그램들은 많다. 그는 감옥, 학교, 병원, 기업에서 기존의 낡은 프로그램들을 변형하면 사용해 볼 수 있는 통제 사회용 프로그램들을 나열해 두었다. 이 중 학교의 프로그램으로 제시된 것들이 잘 이해가 되지 않을 수 있다: '대학에서 모든 연구의 포기, 교육과정의 모든 수준에서 기업의 개입'. 우리나라의 대학은 그 어느 때보다도 많은 연구 실적을 생산하고 있는데, 대학에서 모든 연구가 포기되었다니? 게다가 대학교와 기업이 협력하는 것은 바람직하지 않은가? 대학과 기업의 협력, 산학협력이라는 것은 현재 대학에 재학 중인 학생들이 수업의 일환으로 기업에서 일정 기간 인턴십을 수행하는 정도에 그치지 않는다. 대학교에는 기업의 투자를 받는 '계약학과', '기업위성연구소' 등이 도입·설치되고 있다. 대학은 돈이 필요하고 기업은 돈이 있으며 졸업생들에게 일자리를 줄 수 있는 존재다. 대학은 기업이 요구하는 연구를 수행해 주고 돈을 투자받는다. 여기까지만 보면 큰 문제가 없어 보일 수 있다. 그러나 기업이 투자한

돈으로 기업이 요구하는 연구를 수행하기 위해 대학원생이 모집되었는데, 기업이 더 이상 그 분야의 인력과 연구를 필요로 하지 않게 되면 그 학과와 대학원생은 어떻게 되는가? 그리고 만약 대학이 기업이 필요로 하는 연구만을 중심으로 운영된다면, 과연 대학은 장기적인 관점에서 불특정 다수의 기업이 필요로 하는 첨단의 창의적인 연구의 원천으로 기능할 수 있을까? 기업의 투자와 대학의 연구는 초창기에는 문제점이 없어 보일 수 있다. 하지만 연구인력은 필요에 따라 하루아침에 육성되는 것이 아니기 때문에 이러한 기조가 장기화되면 대학은 위기에 처한다. 일정한 시간이 지나면, 대학은 기업이 필요로 하는 연구마저도 제대로 수행할 수 없는 순간을 맞게 될 것이다. 대학은 미래의 문화와 산업을 책임질 수 있기 위하여 현 시점의 문화와 산업보다 한발 앞서 있어야 하며, 그렇기 때문에 당장에는 필요해 보이지 않는 연구에도 깊이 몰두해야 한다. 대학이 기업에 넘겨진다면, 그 대학은 연구를 포기한 것이다. 그런 의미에서 아무리 많은 연구결과가 생산된다고 해도 그 대학의 미래는 없다. 그렇기 때문에 "'성과급'의 변조 원리가 국가 교육마저 집어삼키고 있다"고 말할 수 있는 것이다. 교수들은 더 많은 프로젝트 수주를 위해, 더 많은 업적 수를 위해 오늘도 고군분투한다. 특히 공학의 경우 연구에는 큰 돈이 필요하고, 연구에 투입되어야 할 대학원생은 장학금을 필요로 한다. 돈은 기업에서 나오고 국가 역시 이를 장려하며 대중도 이를 원한다. 민간이 생산하라, 대학은 자구책을 마련하라.

들뢰즈는 "어떤 체제가 가장 가혹한가 또는 가장 견딜 만한가라고 물을 필요가 없다"고 말했다. "왜냐하면 각각의 체제는 그 체제의 노예화와 해방의 문제에 직면하기 때문이다. 또한 두려워하거나 희망을 가질 필요도 없으며, 다만 새로운 무기를 찾아야 한다"고도 말했다. 나 역시 중년의 나이를 지나 젊은이들의 행동 양상이 어떤 경우에는 많이 낯설다. 들뢰즈의 말 덕분에 위로를 받는다. 그도 "많은 젊은이들이 이상하게도 '인센티브', 인턴제도와 지속적인 교육을 다시금 요구하고 있다"고 언급하였다. 새로운 세대는 성과급을 당연하게 생각하고, 능력과 성과에 따른 임금이나 상여금의 차등지급을 요구한다. 그들에게는 그것이 자연인 것 같다. 내가 젊은이였던 그 시절의 감금과 훈육의 체제와 지금 세대가 겪고 있는 통제의 체제는 정말 다른 체제이다. 어느 체제건 그 체제가 제시하는 문제가 있을 뿐, 어떤 것이 더 나을 것은 없다는 것이 들뢰즈의 생각이다. 다만 "그들의 선배 세대가 규율의 목적이 무엇인지를 고통스럽게 발견했던 것처럼, 그들이 무엇에 봉사하도록 되어 있는 것인지 발견해야 하는 것은 바로 그들 자신이다". 나이 든 사람들이 낯설어하는 이 통제의 체제를 자연스럽게 즐기고 또 요구하는 젊은이들. 이 체제의 목적이 무엇이고 또 어떻게 빠져나와야 하는지 발견하는 것 역시 그들의 몫이라고.

약어 목록

ES. Gilles Deleuze, *Empirisme et subjectivité, Essai sur la nature humaine selon Hume*, Paris: P.U.F, 1953; 『경험주의와 주체성, 흄에 따른 인간본성에 관한 시론』, 한정헌·정유경 옮김, 난장, 2012.

NP. ———, *Nietzsche et la philosophie*, Paris: P.U.F, 1962; 『니체와 철학』, 이경신 옮김, 민음사, 2001.

PS. ———, *Proust et les signes*, Paris: P.U.F, 1964; 『프루스트와 기호들』, 서동욱·이충민 옮김, 민음사, 2004.

DR. ———, *Différence et répétition*, Paris: P.U.F, 1968a; 『차이와 반복』, 김상환 옮김, 민음사, 2004.

SP. ———, *Spinoza et le problème de l'expression*, Paris: Minuit, 1968; 『스피노자와 표현의 문제』, 이진경·권순모 옮김, 인간사랑, 2003.

D. ———, *Dialogue*, Paris: Flammarion, 1977; 『디알로그』, 허희정·전승화 옮김, 동문선, 2005.

C1. ———, *Cinéma 1 image-mouvement*, Paris: Minuit, 1983; 『시네마 1: 운동-이미지』, 유진상 옮김, 시각과언어, 2002.

F. ———, *Foucault*, Paris: Minuit, 1986; 『푸코』, 허경 옮김, 동문선, 2003.

P. ———, *Pourparlers 1972~1990*, Paris: Minuit, 1990; 『대담』, 김종호 옮김, 솔, 1993.

CC. ———, *Critique et clinique*, Paris: Minuit, 1993.

ID. ———, *L'île déserte et autres textes*, édition préparée par David Rapoujade, Paris: Minuit, 2002.

DF. ———, *Deux Régimes de fous*, édition préparée par David Rapoujade, Paris: Minuit, 2003.

AO. G. Deleuze, & F. Guattari, *Anti-Oedipe*, Paris: Minuit, 1972; 『안티 오이디푸스』, 김재인 옮김, 민음사, 2014.

K. ———, *Kafka, pour une littérateur mineure*, Paris: Minuit, 1975; 『카프카: 소수적인 문학을 위하여』, 이진경 옮김, 동문선, 2001.

MP. ________, *Mille Plateaux*, Paris: Minuit, 1980; 『천 개의 고원』, 김재인 옮김, 새물결, 2001.

QP. ________, *Qu'est-ce que la philosophie?*, Paris: Minuit, 1991; 『철학이란 무엇인가』, 이정임·윤정임 옮김, 현대미학사, 1999.

차례

서론

널리 알려진 바와 같이 들뢰즈는 펠릭스 가타리를 만나서 정신분석에 기반한 정치철학을 적극 개진했고, 또한 각자에게 달랐을 수도 있는[1] 일종의 마르크스적 태도로 정치철학적인 저서들을 출간했다. 그래서 이후 이들 혹은 들뢰즈의 정치철학은 주로 정신분석과 마르크스주의의 관점에서, 혹은 프로이트-마르크스주의의 맥락에서 해명하거나 비판하는 연구가 주를 이루었다고 볼 수 있다. 정치철학 분야에서 던져질 수 있는 질문들 역시 이 두 흐름과 연관지어 던져졌는데, 이들과 관련한 질문들을 나열해 보면 다음과 같다.

1. 왜 혁명은 일어나지 않는가?[2]: "왜 인간들은 마치 자신들의 구원을

1 P., p. 232.

2 그렉 램버트, 『누가 들뢰즈와 가타리를 두려워하는가?』, 최진석 옮김, 자음과 모음, 2013의 서론 제목. "이 연구의 기원은 한동안 마르크스주의를 붙잡고 놓아주지 않았던 질문, 즉 '왜 혁명은 일어나지 않았는가?'에서 비롯되었다"(15쪽).

위해 싸우기라도 하는 양 자신들의 예속을 위해 싸우는가?"[3]

2. 권력에 의해 생산된 주체가 권력에 대해 저항할 수 있는가?[4] 혹은 누가 무엇에 저항하는가?
3. 국가는 권력의 중심인가, 장치들의 배치인가?[5] 국가는 긍정적으로 사유될 수 있는가?

첫 번째 질문은 무르익은 자본주의를 경험한 서유럽 국가들의 지식인들이 던진 마르크스주의적 문제이기도 하고, 내포하는 개념들은 다소 다르더라도 이미 오래전에 스피노자가 제기하고 라이히가 정신분석적 태도로 재발견한 문제이기도 하다. 들뢰즈와 가타리가 지적했듯이 말이다. 즉, 이것은 마르크스주의와 정신분석을 함께 고려해야만 해명할 수 있었던 질문이고, 그 계열의 저술을 한 들뢰즈와 가타리에게 자연스럽게 제기되는 고전적인 정치철학적 질문이며, 그들 본인이 아직도 정치철학의 근본 문제라고 보았던 질문이다. 또한 『안티 오이디푸스』는 이 질문에 대한 답변으로 읽을 수 있다.

두 번째 질문은 주체와 권력의 긴장관계 속에서 제기되는 문제로서, 마르크스적 문제의 연장선상에서 발전된 질문으로 볼 수 있다.

---

3 AO., 64쪽. 들뢰즈가 재인용한 스피노자의 문제의식. 들뢰즈와 가타리는 이 문제가 스피노자가 제기하고 라이히가 재발견한 것이라고 평가한다.

4 사토 요시유키, 『권력과 저항: 푸코, 들뢰즈, 데리다, 알튀세르』, 김상운 옮김, 난장, 2012. 이 저서에서 다루는 주요 질문이다.

5 마이클 하트, 『들뢰즈 사상의 진화』, 김상운·양창렬 옮김, 갈무리, 2004, 410~411쪽. "따라서 들뢰즈와 가타리의 개념에 따르면 근대 국가는 견고한 절편성과 중심화에 의해서 규정된다. (그리고 이러한 중심화가 내가 [들뢰즈와 가타리의 문제설정이 ―필자의 삽입] 알튀세르/푸코의 경향에서 맑스/엥겔스로의 복귀라고 설정한 바로 그 점이다.)"

마르크스는 '주체'라는, 소위 '부르주아적인' 개념을 비판하는 유물론이지만, 이론적으로는 역설적으로 프로레타리아의 주체 의식을 주장하고 부르주아적인 권력에 저항하며 이로부터 해방을 논한다. 중앙집권적 권력과 이에 대한 저항 그리고 저항의 중심점으로서의 주체 의식 역시 매우 고전적인 질문이다. 알튀세르와 푸코 등은 권력의 중심 개념을 거부하고, 장치들의 다수성[알튀세르]과 권력의 생산성[푸코]을 주장하여 이 문제 틀을 상당히 흔들었다. 들뢰즈에 이르면 저항의 거점인 주체가 분명히 주장되지 않고, 권력이 욕망의 기제로부터 생산되는 것으로 설명되면서 저항의 대상 자체 역시 분명히 주장되지 않는 지경에 이르게 된다. 하트는 권력과 욕망의 중심화와 절편성이라는 들뢰즈와 가타리의 입장이 다시 마르크스 엥겔스의 문제 틀로 회귀하는 경향을 가진다고 진단하였지만,[6] 이때의 회귀는 이질적인 회귀라고 해야 할 것이다. 그러나 이 문제 역시 마르크스주의와 정신분석의 틀 내에서 제기되는 질문이다.

세 번째 문제는 두 번째 문제의 보충질문이기도 한데, 권력의 중심과 장치들의 배치라는 틀에 덧붙여 묻게 되는 것은 다름 아닌 '국가'이다. 국가는 들뢰즈와 가타리에게 시종일관 부정적으로 다루어지는 것 같다. 국가를 해명하고, 그 국가에 어떤 긍정적인 역할을 요구하고 싶은 민중의 입장에서 국가가 부정적으로만 다루어진다는 것은 실망스러운 일이 아닐 수 없다. 여기에서 들뢰즈와 가타리는 정치

6 하트, 『들뢰즈 사상의 진화』, 410~411쪽; "따라서 들뢰즈와 가타리의 개념에 따르면 근대 국가는 견고한 절편성과 중심화에 의해서 규정된다. (그리고 이러한 중심화가 내가 알튀세르/푸코의 경향에서 맑스/엥겔스로의 복귀라고 설정한 바로 그 점이다.)"

라는 것을 거의 끝없는 전쟁 상태로 사유하는 듯 보이고, 그 어떤 안정적인 체제도 주장하는 것 같지 않으며, 그런 맥락에서 들뢰즈는 스스로의 의지와는 상관없이 "아나키즘의 추종자들이라 불렸던 집단의 철학적 배후자"[7]로 간주되기도 했다. 그러나 민중은 전쟁이나 재난, 광범위한 전염병 등의 상황에서는 더욱더 국가가 어떤 역할을 해 주기를 바랄 뿐 아니라, '국가 부재' 사태에 직면하는 경우에는 수많은 인명이 희생되기 때문에 국가는 언제나 화두일 수밖에 없는 것도 사실이다. 그래서 어쩌면 우리에게는 푸코가 취했던 방법을 취해 보는 것이 필요할지도 모른다. "만일 국가, 사회, 주권자, 신민 같은 것[요컨대 보편적인 것들]이 존재한다는 것을 선험적으로 받아들이지 않는다면 어떻게 역사 기술이 가능할 수 있을까? … 광기가 존재하지 않는다고 가정해 본다면, 그 순간 광기라고 가정된 어떤 것에 기초해 질서지어진 것처럼 보이는 상이한 사건들과 실천들에 대해 어떤 역사를 이야기할 수 있을까?"[8]라고 물었던 푸코처럼 말이다. 어쩌면 오히려 "국가는 무엇인가"라고 질문하기 위해서라도 우리는 일단 국가를 둘러싼 것들에 대한 긴 우회를 거쳐야 할지도 모른다.

프롤로그에서 제시했다시피, 들뢰즈도 그렇고 푸코도 그렇게 생각했듯이, 우리는 수십 년 전까지와는 '다른' 사회에 살고 있다. 그렇다면 정치철학적 질문도 이전과는 다르게 물어져야 할 것이다. 그러나 우리는 들뢰즈의 정치 철학에 대하여 프로이트-마르크스적 접근 외에 어떤 다른 접근을 할 수 있을까? 이미 제기된 질문들 외에 어떤

7 알랭 바디우, 『들뢰즈-존재의 함성』, 박정태 옮김, 이학사, 2003, 32쪽.
8 미셸 푸코, 『생명관리정치의 탄생』, 오트르망 옮김, 난장, 2012, 22~23쪽

다른 질문이 던져질 수 있을까? 우리는 새로운 사회에 새로운 질문을 던지기 위해 우선은 정치철학에 있어서 고전적이라고 알려진 위 질문을 차례로 검토해 볼 필요가 있다. 이를테면 다음과 같은 것들이다.

이념이 항상 문제가 되는 마르크스주의. 마르크스주의와 들뢰즈를 결합시킨 들뢰즈-마르크스주의가 몇몇 사상가에 의해 만들어지고 강화되었다. 들뢰즈 이후, 들뢰즈의 공저자 가타리 그리고 네그리와 하트 등 몇몇 들뢰즈주의 정치철학자들에 의하여 만들어진 들뢰즈-마르크스주의라는 하나의 현대 정치철학적 입장을 검토하고, 들뢰즈가 마르크스주의자이냐 그렇지 않느냐 하는 논쟁의 의미를 짚어볼 필요가 있다. 들뢰즈의 정치-사회철학은 가타리와 함께 쓴 자본주의에 대한 두 권의 저서에서 주로 전개되어 있는데, 들뢰즈 본인이 제시한 이 저서에서의 기획은 '사회란 자체의 모순보다 도주선에 의해 규정된다', '계급보다는 소수', '전쟁이 아니라 전쟁기계'로 요약되며, 이는 명백히 마르크스주의와는 거리가 있는, 혹은 반대되는 노선이다. 그럼에도 불구하고 다수의 정치철학자들에 의해 들뢰즈가 마르크스주의자로 재정위되는 것은, 마르크스라는 이름이 갖는 진보적 상징성 때문이 아닌가 진단하게 된다. 들뢰즈-마르크스주의의 문제를 검토하면서 들뢰즈 스스로 주장하는 유물론의 모습을 밝혀 그가 혁신한 물질 개념과 이념을 통해, 오랫동안 우리의 정치적 문제를 한편에서 담당해 온 이념과 유물론의 문제가 어떤 새로운 모습으로 우리를 인도할 수 있는지 살펴보는 것도 필요하다.

이어지는 장에서는 우리가 직면한 새로운 통치성으로서 '신자유주의'를 다룬다. 민주주의의 후퇴와 빈부의 극심한 격차, 실업, 환경과 같은 가치들의 전면적 위기에 처하여 이론가들뿐만 아니라 대중들 역시 이를 '신자유주의'로 성격규정되는 '자본주의'의 결과물로 보고 있다. 보통 시장근본주의라고 알려진 신자유주의가 이러한 폐해를 낳는 줄 알면서도 우리는 왜 그 체제에 매혹되어 있는가? 왜 이 체제는 잘 작동하는 것처럼 보이는가? 그리고 이 체제는 그 자체로 자유에 근거하는데 이 체제로부터의 해방이란 무엇이며 또 그것은 어떻게 가능한가? 푸코의 통치성 이론과 들뢰즈의 자본주의 분석은 마르크스주의와 주류 경제학이 밟았던 길과는 다른 길로 신자유주의적 자본주의에 접근한다. 푸코의 신자유주의 통치성과 들뢰즈의 자본 기계에 대한 분석은 공히 인간을 기계로 이해하는 인간-기계론에 당도하고, 이 시대의 개인을 각기 자기를 운영하는 기업가, 누더기를 걸친 부르주아지로 보기에 이른다. 이런 체제로부터의 해방이 푸코에게는 쾌락과 자기에의 배려로, 들뢰즈에게는 욕망의 도주로 이어진다. 또한 신자유주의는 사회라는 개념을 해체하고 싶어하면서도 강고한 보수적 가족주의와 함께 가는 기묘한 통치성이다. 이는 신자유주의 체제가 비단 경제와 관련한 통치성이기만 한 것이 아니라 "우리의 영혼을 바꾸려는" 기획, 다시 말해 시장이 우리 삶의 전반적인 기준이 되는 하나의 윤리가 되는 기획이기 때문이다. 더욱이 시장이 우리에게 제공한다고 기대되는 부와 광범위한 자유는 하나의 환상일 뿐이며, 인간은 오로지 익명적인 부의 증가를 위해 요구되는 시장이라는 기계의 한 부품으로 기능할 뿐임을 살펴본다.

비교적 고전적인 마르크스주의와 이념, 그리고 자유주의의 문제를 다루고 나서, 우리는 들뢰즈의 사상사 전체를 통해 아직까지 주목받지 못한 들뢰즈의 흄 독해에 근거하여 들뢰즈의 정치철학에 대한 다른 접근을 시도해 보고자 한다. 역사적으로 흄은 경험주의를 가장 철저하게 밀고 나가 회의주의에까지 이른 철학자로 알려져 있지만, 들뢰즈는 흄이 철학을 다음 두 가지 점에서 쇄신했다고 평가하는 것 같다. 그는 첫째, 흄을 단지 '연합'론자로, 또한 경험주의의 핵심을 연합주의로 바라보는 데 이의를 제기하고, 흄 철학의 핵심을 항들 바깥에 있는 '관계'의 도입에 있다고 주장한다. 들뢰즈가 보기에 그것은 오히려 "경험 속에서는 결코 주어지지 않을 어떤 것에 대한 관념으로 우리를 이동시키기 때문"에 특이한 것이라 주장한다.[9] 들뢰즈가 중요하게 바라보는 두 번째 쇄신은 흄이 사회학적 관점에서 18세기를 지배하던 법과 계약 중심의 사유 환경 속에서, 이에 맞서는 제도와 체제로 문제의 틀을 변경하려 했다는 점이다. 흄에 따르면, 우리가 가지고 있는 정념passion이라는 본성이 "정신의 입구를 제한하여 정신을 특권이 부여된 관념들과 대상들에 고정"시키는 "편파성"partialité을 가지는데, 우리는 이 "제한된 동정"으로부터 "확장된 자비"로 이동할 수 있다.[10] 이는 어떻게 가능한가? 이때 중요한 역할을 담당하는 것이 바로 '관계'이다. 항의 바깥에 있는 '관계' 그리고 관계맺음이라는 것은 정신의 작동인데 이는 항에 고착되어 있지 않기 때문에 무한히 진행될 수 있다. 그렇다면 "상상은 정념을 반성하면서 정념을 풀어놓아 자유롭게 하고, 정념을 잡아 늘이며, 정념을 자연적인 제한 너머로 던져버린다. … 마치 비극에서 재현되는 정념인 슬픔이 상상이 행하는 거의 무한한 놀이의 기쁨 속에서 스스로 바뀌는 것과 마찬가지로 결국

9 질 들뢰즈, 「흄」, 『들뢰즈가 만든 철학사』, 박정태 옮김, 이학사, 2007, 135~136쪽.
10 앞의 글, 143~145쪽.

에는 정념 자신의 색조와 소리를 바꾸어 버"[11]리는 것과 같은 이치이다. 들뢰즈는 흄이 문화와 제도라는 인위적인 것의 구성을 이렇게 설명한다고 본다: 편파성이란 바로 나와 나의 가족이라는 혈연적 구성원에 대한 정념이며, 이 편파성의 확장, 제한된 동정으로부터 확장된 자비로의 이동으로 구성되는 것이 바로 제도이다. 흄은 개인의 편파적인 정념들 가운데서 일반적인 이해관계를 이끌어 내어 이를 믿을 만한 것으로 만드는 것이 정치의 할 일이라고 보았다. 이때의 제도는 정치-경제의 경직된 조건으로 환원되고 심리적이거나 사회적인 문제를 묻어 버리는 도구가 아니라, 이질적이고 개방적인 집단의 긍정적인 역동성을 지향하는 장으로서의 제도이다.

흄에 대한 저서는 들뢰즈의 첫 저작이지만 니체와 스피노자에 대한 연구에 가려 크게 주목받지 못하였고, 그에 근거한 정치철학의 가능성은 더욱이 환기되지 못하였다. 그러나 사망 전 네그리와의 대담에서 들뢰즈는 다시금 흄에게서 발견한 '제도'에 대한 평생의 관심을 드러냈고, 대의가 아닌 창조로서의 정치에 대해 역설했다. 또한 주체와 공동체에 대한 네그리의 질문에는 민중과 세계에 대한 믿음으로 답하였는데, 제도에 대한 질문은 바로 이 민중과 세계에 대한 검토로 보충되어야 한다. 어떤 것을 믿을 만한 것이라고 여기고, 이러한 시공간을 만들어 내는 것은 민중이기 때문이다. 민중은 아무 조건 없이 처음부터 존재하는 것이 아니라 탄생하는 것이기 때문에 민중은 어떻게 탄생하는지 물어야 하고, 그가 만들어 내는 시공간, 즉 세

11 들뢰즈,「흄」, 145쪽.

계는 어떠한 것인지 함께 물어야 한다. 이때 우리가 우회하는 문제는 폭력이다.

우리는 민중의 탄생을 카뮈와 사르트르의 진보적인 폭력 문제에 관한 고전적인 논쟁을 통해 간접적으로 보여 주고자 했다. 보통은 사르트르에 대한 들뢰즈의 칭송과 그가 마르크스주의자라는 점 때문에 들뢰즈를 사르트르와 더 친화적인 사상가로 보기 쉬운데, 우리는 오히려 들뢰즈가 자연주의자 카뮈와 더 가깝다고 본다. 특히 카뮈는 초월적인 이념이나 역사적인 진보를 망상이라고 보는 자연주의적 태도를 가지고 있는데, 이는 탈신비화를 평생의 모토로 삼았던 스피노자의 철학적 태도와 일맥상통한다. 내재성의 철학자 들뢰즈가 자연주의자와 같이 간다고 보는 것이 이상하지 않은 지점들이다. 자연주의의 특징상 폭력들을 구분하는 초월적인 기준은 있을 수 없으나, 자연을 배반하는 폭력에 대한 항거는 지지받을 수 있으며, 이는 연대나 이성의 노력으로 정당화될 수 있다. 항거로서의 예측할 수 없는 폭력은 벤야민의 개념을 빌어 신적인 폭력이라 칭할 수 있을 것이다. 그리고 이와 더불어 민중이 탄생한다.

한편 들뢰즈는 시간에 대한 사유를 한 걸음 더 깊이 내딛었다는 동시에 새로운 공간론을 개진한 철학자로도 평가된다. 시간에 대한 연구는 이미 상당히 진전되어 있으므로 여기에서는 특히 공간론을 따로 다루려고 한다. 물론 시간과 공간이 깔끔하게 분리되는 것은 아니다. 들뢰즈가 특히 라틴어를 사용하여 공간Spatium이라고 부르는 것을 검토해야 하는 이유는, 민중이 세계에 대한 '믿음'을 잃지 않았을 때 그들이 구축하는 것은 '새로운 시공간'이기 때문이다. 기존의 권력관계와 돈에 찌들지 않은 '세계', 그 세계가 가능하다고 '믿는' 사람들, 그 믿음에 기초하여 창조하는 '시공간'. 이것들은 서로 물고 물리는 관계에 있다. 그러므로 "우리는 어떤 시공간에 대한 믿음이 필요한가?" 이 질문은 불가피한 것이다. 우선 들뢰즈의 공간 개념을 밝히고, 세계로서의 시공간에 대한 구체적인 검토가 필요할 것이다.

디지털화, 인터넷, 위성, 통신 등등 현대사회의 조건들은 공간과 관련한 현대인의 사유를 급격히 변화시켰다. 공간은 이제 더 이상 정적이고 안정된 것으로 인지되지 않으며, 속도, 힘, 이미지, 흐름, 가상 등의 불안정한 것으로 인지된다. 지리학이나 공간과학, 혹은 문화인류학에서 시도되고 있는 공간에 대한 이러한 새로운 접근은, 어떤 의미에서는 현대의 철학이 가능하게 한 것이라고 할 수 있을 것이다. 들뢰즈는 공간에 대한 여러 현대적 접근의 와중에서도 특이한 입지를 점유하고 있다. 들뢰즈의 공간은 아인슈타인-양자역학 등의 현대과학과 관련하여도 유효한 의미에서 시간적인 것이며, 그 맥락에서 스스로 이질적이며 다수적인 것이다. 이 공간이 고전적인 공간이 아닌 것은 물론이며, 공간에 대한 현대적인 사유를 펼치고 있는 하비의 변증법적 공간과도 다른 비변증법적인 것이다. 여기에서는 현대의 몇몇 중요한 공간 이론가들과 논쟁하면서, 들뢰즈로부터 이야기할 수 있는 공간이 지금-여기의 유토피아이며, 장소-생산적인 것이라는 점을 밝힌다. 우리는 공간에 대한 검토에서 더 나아가, 인류의 절반 이상이 살고 있는 '도시'라는 더 구체적인 공간으로 접어들고자 하였다. 봉건시대에 도시는 해방의 상징이었으나, 현대의 도시는 빈곤과 착취의 공간으로 인식되고 있다. 도시 인구가 비도시 인구를 초과한 오늘날, 해방과 착취라는 이중성을 가지고 있는 도시는 우리 삶의 터전이라고 할 수 있다. 데이비드 하비, 코소, 네그리, 하트, 비르노 등은 도시의 이러한 이중성 위에서 도시를 둘러싼 진단과 전망을 내놓고 있는데, 이들이 직간접적으로 근거로 삼거나 대립각을 세우는 철학자가 들뢰즈이다. 들뢰즈의 존재론으로부터 추출할 수 있는 개념들과 존재들은 다음과 같은 질문을 유도한다. 도시는 유목적 노동자들, 빈민들, 철거민들을 유발하는데, 이들은 들뢰즈적 의미의 유목민인가? 유목민은 저항적 주체인가, 도시의 패배자인가? 이들이 민중인가? 들뢰즈적 의미의 긍정의 철학은 빈곤과 착취를 그대로 긍정하는 것인가? 들뢰즈의 유목민 개념을 빈부격차가 극심한 현대도시에서 찾아보기 쉬운 빈민, 노동자, 철거민이라고 보는 것은 정확하지 않다. 도시공간은 탈영토적인 공간이지만 그 역시 자본으로 환원시키는 지점에서 머무를 뿐인 공간으로, 새로운 공간을 창조하는 민중이나 유목민이 필연적으로 뒤따라 나오는 공간이 아니다. 민중 혹은 유목민은 주어진 공간, 세밀하게 탈영토화된 도시에서 자본으로 환원되지 않는 새로운 시공간을 창조할 역량이 있고 그것이 가능하다는 믿음이 있으며 그러한 시공간을 구성해 내는 실천 그 자체이다. 그리고 그 실천 방식은 이를테면 '소수적'이라 불린다. 이런 식으로 우리는 제도 이론으로서의 들뢰즈의 정치철학이 흄에 대한 독해로부터 시작하여 『자본주의와 분열증』에서 발견할 수 있는 구성적 실천과 소수적 사용의 개념으로 이어지고 또 발전하였다고 본다. 통제사회를 살아내고 있는 지금 우리가 이 사회에 대해 던질 수 있는 질문들, 그것은 이 새로운 시공간의 창조 가능성, 민중의 가능성에 가 있어야 하리라 생각한다.

1장 이념과 유물론

'왜 인간들은 마치 자신들의 구원을 위해 싸우기라도 하는 양 자신들의 예속을
위해 싸울까?' 어째서 사람들은, 세금을 더 많이! 빵을 더 조금! 하며 외치는
지경까지 가는 걸까. 라이히의 말처럼 놀라운 건 어떤 사람들이 도둑질을 하고 어떤
사람들이 파업을 한다는 점이 아니라, 굶주리는 자들이 늘 도둑질을 하는 건 아니며
착취당하는 자들이 늘 파업을 하는 건 아니라는 점이다.
—들뢰즈, 『안티 오이디푸스』

1. 들뢰즈-마르크스주의를 둘러싼 서사

국내외 현안에 대한 철학적 개입과 관련하여, 혹은 철학분야 자체의 연구주제에 있어서 2000년 전후부터 현재에 이르기까지 여전히 상당한 영향력을 발휘하고 있는 철학자들이 있는데, 그 가운데 들뢰즈는 특별한 위상을 가진다. 1996년에 사망한 들뢰즈는 프랑스의 동시대 철학자들, 예를 들어 라캉, 푸코, 알튀세르 등과 더불어 약간의 시차를 가지고 국내에 소개되었다. 당시 들뢰즈 철학은 그 전모보다는 실천철학이라고 간주되는 부분만이 부각되어 소개되었으며, 그 소개는 이미 마르크스주의라는 시각에 기반한 것이었고 그러한 해석의 주 책임자는 미국과 이탈리아의 진보 지식인 마이클 하트와 안토니오 네그리 등이다.

마르크스라는 이름은 진보의 대명사로 간주되기 때문에 들뢰즈를 마르크스와 더불어 수용한다는 것은 들뢰즈를 진보적인 지식인, 진보의 철학적 근거를 제공할 철학자로 해석한다는 점에서 문제가 없는 것처럼 보였다. 또한 이러한 수용은 당시 소련의 해체를 목격하면서 서구 공산주의 실험이 결국 역사적으로 실패임이 확인되었다고 여기고 마르크스 '이후의 진보'를 탐색하던 지식인들에게 불가피한 일이기도 했다. 즉, 새로이 각광받는 철학자는 반드시 진보여야, 다시 말해서 마르크스주의여야 했다. 이러한 수용은 그것이 적절하였는지 그렇지 않았는지를 차치하고서라도 들뢰즈 철학의 전모를 은폐하는 효과를 가졌다는 점은 피할 수 없었다. 또한 들뢰즈 수용 30여 년이 되어 가는 지금, 세계는 '소련 해체 이후의 진보'보다는 '신자유주의 실패 이후의 진보'를 살펴야 하는 시점이라는 점에서, 다른 한편으로 『21세기 자본』의 저자 피케티의 등장과 더불어 '진보의 새로운 패러다임'이 마르크스와는 다른 방식으로 가능해졌다는 점에서, 들뢰즈에 대한 마르크스적 수용을 전면적으로 재검토해야만 하는 시점이 되었다고 할 수 있다.

실제로 국내의 정치철학, 혹은 마르크스주의 연구자들은 '들뢰즈가 마르크스주의자인가? 그렇지 않은가?'라는 주제를 두고 격렬한 토론을 벌인 바 있다. 들뢰즈 연구자들 사이에서도 들뢰즈 해석에 대한 갈등이 있다. 들뢰즈가 마르크스주의일 수 없다고 강력하게 주장하는 쪽은 정통 마르크스주의자들이며, 들뢰즈 전공자들 거의 대부분은 들뢰즈-마르크스주의의 가능성을 의심하지 않는다. 이 문제에 관한 한 들뢰즈 전공자들 사이에 거의 이견이 없는 이유는 들뢰즈가 국내에 소개되었던 맥락과 경로가 마르크스주의였기 때문이며, 국외 연구의 상황 역시, 네그리와 하트라는 걸출한 정치철학자들이 들뢰즈를 들뢰즈-마르크스주의로 적극 자리매김했기 때문이다. 문제는 그 이후 들뢰즈를 둘러싼 사유가 들뢰즈-마르크스주의로 이견 없이 자리를 잡고 그 이상의 논의를 더 이상 허용하지 않았던 데 있다. 들뢰즈주의자가 아니면서 정통 마르크스주의자인 이의 눈에는 들뢰즈-마르크스주의가 무척 기이하게 여겨졌을 것임에 분명하다. 그리하여 이 두 사상의 세력들 사이에 큰 충돌이 있었다. 이러한 연구 결과물들에는 다음과 같은 것들이 있다.

들뢰즈-마르크스주의

§ 국외

- 안토니오 네그리, 『제국』, 윤수종 옮김, 이학사, 2001.
- 질 들뢰즈·안토니오 네그리 외, 『비물질노동과 다중』, 서창현·김상운 외 옮김, 갈무리, 2005.
- 파올로 비르노, 『다중』, 김상운 옮김, 갈무리, 2004.
- 니컬러스 토번, 『들뢰즈 맑스주의』, 조정환 옮김, 갈무리, 2005.

§ 국내

- 박지웅, 「들뢰즈와 가타리의 마르크스 사회구성체론 가로지르기」, 비평공간 클리나멘 기획, 『얼굴 국가 사건: 들뢰즈/가타리와 사유하기』, 한티재, 2012.
- 승준, 「비물질 노동과 새로운 주체성의 출현」, 안토니오 네그리 외, 『비물질노동과 다중』, 서창현 외 옮김, 갈무리, 2005.
- 연구공간L 엮음, 『자본의 코뮤니즘, 우리의 코뮤니즘: 공통적인 것의 구성을 위한 에세이』, 난장, 2012.
- 이진경, 『노마디즘 2』, 휴머니스트, 2002.
- 조정환, 「들뢰즈의 탈주체적 주체되기의 형상들」, 『한국프랑스철학회 추계 학술대회: 들뢰즈 20년 자료집』, 2015년 11월 28일.

들뢰즈-마르크스주의에 대한 비판

- 정성진, 「『제국』: 마르크스주의적 비판」, 『마르크스주의 연구』 창간호,

한울, 2004.

· 알렉스 캘리니코스·엘런 메익신즈 우드·조반니 아리기 외, 『제국이라는 유령: 네그리와 하트의 제국론 비판』, 김정한·안중철 옮김, 이매진, 2007.

이러한 논쟁의 구도는 매우 전형적이다. 들뢰즈를 전공하는 연구자들은 들뢰즈를 마르크스주의자로 보고, 마르크스 연구자들은 이를 어불성설이라고 보는 경향이 그것이다. 논쟁의 이러한 강력한 흐름이 상당한 시간을 지배해 온 상황에서 이제 우리는 이 문제를 정치적인 입장으로부터 거리를 두고 이론 그 자체로서 검토해 볼 필요가 있다. 그러기 위해서는 들뢰즈의 존재론으로부터 마르크스주의의 가능성을 살펴보는 것이 필요한데, 지금껏 그러한 연구는 별로 선호되지 않았으며 관심의 대상도 아니었다. 그래서 우리는 들뢰즈가 초기 수용자들의 관점대로 마르크스주의자로서 해석되는 것이 적절한 것인지, 만약 그 수용에 문제가 있다면 그것은 어떤 문제인지, 마르크스주의가 아닌 한에서 들뢰즈를 진보적 정치철학자로 자리매김하는 것이 가능한 일인지를 찬찬히 들여다 볼 필요가 있다. 이러한 작업은 마르크스의 이름을 공산주의의 몰락 이후 철학적으로 어떻게 수용해야 하는지와 관련한 문제, 논란의 여지 없이 세계를 지배하고 있는 고도의 자본주의를 부정하지 않는 진보가 가능한가 하는 민감한 문제를 다룸에 있어서 반드시 필요한 이론적 작업이다.

1) 들뢰즈는 마르크스주의자인가?

2015년은 들뢰즈가 사망한 지 20년째가 되는 해로서, 학계에서는 이를 기념하는 여러 학술대회를 기획했다. 그 가운데 한 학술대회[1]에서는 총 12명의 학자들이 들뢰즈와 관련한 자신의 연구주제를 발표하였다. 흥미로운 점은 모든 발표가 끝난 후 이루어진 종합토론이 사회자와 청중들의 질문에 의하여 자연스럽게 "들뢰즈는 마르크스주의자인가, 그렇지 않은가?"라는 주제를 중심으로 흘러갔다는 점이다. 발표에 참여한 12명의 학자들 가운데에 1/3은 이미 명시적으로 마르크스주의자로 자리매김한 학자들로서 이들은 들뢰즈가 마르크스주의자라는 입장에서 자신의 연구를 이미 상당히 발전시키고 있었고, 나머지 연구자들은 적어도 들뢰즈가 마르크스주의자가 아니라고 주장하지는 않는 입장이었다. 그러므로 들뢰즈를 마르크스와 관련하여 그 입장을 분명히 하려는 시도는, 다시 말해서 들뢰즈가 과연 진정으로 마르크스주의자인가를 문제 삼는 일은 시도된 적이 없었다고 할 수 있다.

2) 차이에 근거한 실천철학과 공산혁명은 양립가능한가?

들뢰즈의 철학은 차이-존재론이라 알려져 있으며 그 존재론적 함의를 다 적시하는 것은 어려운 일이다. 그러나 간략히 말하자면, 이 철학은 우리가 동일하다고 여기는 것들, 언어와 같은 표상들, 주체나 대상과 같은 존재들, 지시 가능하다고 여기는 모든 사물들 등의 존재들이 사실은 끊임없는 운동에 근거하고 있다는 보는 존재론이다. 안정적인 것으로 보이는 모든 존재가 사실은 운동에, 다른 개념으로 말하면 스스로 차이 나는 것에 의존하고 있으며 이로부터 탄생한다. 그의

1 2015년 11월 28일에 열린 한국프랑스철학회 추계 학술대회.

실천철학 역시 이러한 존재론에 근거하고 있다는 것은 분명하며, 실천철학이라고 해서 완전히 다른 존재론을 가정하고 있다고 여길 수는 없다. 이렇듯 들뢰즈의 실천철학이 차이-존재론과 불가분의 관계에 있다는 점을 염두에 둔다면, 마르크스주의의 이념이라고 할 수 있는 사적 소유의 철폐와 공산혁명이 들뢰즈 철학의 이념이 될 수는 없음을 자연스럽게 도출해 낼 수 있다. 실제로 들뢰즈의 실천철학의 중요한 근거라고 할 수 있는 가타리와의 공저 『안티 오이디푸스』와 『천개의 고원』을 보면, 사회주의는 존재를 부르주아와 프로레타리아라는 두 계급으로 바라보는 경직된 체계이기 때문에 자본주의에 의하여 소화·흡수되었고, 자본주의라는 사회체제를 모든 사회체제의 한계라고 적시하는 것을 목격할 수 있다. 다시 말해서 들뢰즈-가타리는 자본주의를 부정하고 이를 공산혁명에 의하여 다른 체계로 변형시켜야 한다고는 전혀 주장하지 않는다는 것이다. 정통 마르크스주의의 입장에서 볼 때 이러한 태도 혹은 입장은, '마르크스주의'의 이름을 아무리 광범위하게 허용한다고 하더라도 결코 받아들일 수 없는 지점이리라고 본다. 자본주의가 모든 사회체제의 한계라는 것을 받아들인다는 그 자체가, 마르크스주의에서는 자본주의와의 타협과 변절인데 어떻게 이러한 입장이 마르크스주의와 접속되어 하나의 새로운 유형의 마르크스주의를 탄생시킬 수 있단 말인가.

3) 왜 들뢰즈는 스스로 마르크스주의자라고 말했는가?

그렇다면 우리는 일단 들뢰즈가 네그리와의 인터뷰에서 "가타리와 나는 아마 방식은 서로 달랐겠지만 둘 다 여전히 마르크스주의자였다고 생각"[2]한다고 말한 것에 대하여, 이는 마르크스의 지적인 유산을 이어받고 그의 유물론적 태도를 소화하였음을 말하는 것이지, 들뢰즈의 실천철학이 곧바로 마르크스주의임을 주장하는 것은 아니라고 받아들일 수 있다. 대표적인 한 들뢰즈-마르크스주의자는 들뢰즈가 마르크스주의자임을 보여 주는 이유를 다음과 같이 정리하였다. "들뢰즈는 자본주의를 분석대상으로 삼는다는 것 이상으로 맑스가 자본주의를 내제적 체제로서 분석하고 있다는 점, 즉 자본이 스스로의 한계를 끊임없이 극복하지만 좀 더 확대된 형태로 그 한계들과 마주치게 된다는 점을 밝힌 것"이며, "들뢰즈가 마르크스주의자라면 그것은, 자본을 분석한다는 점에 그 이유가 있는 것이 아니라 자본의 한계를 사유한다는 점에 그 이유가 있다고 이해해야 할 것"[3]이라고 말이다. 만약 들뢰즈-마르크스주의자가 들뢰즈가 마르크스주의임을 이러한 이유로 주장한다면, 그것은 논란거리가 아니다. 이는 마르크스주의의 범위를 매우 넓게 보는 것이기 때문이다.

그러나 소위 정통 마르크스주의자들이 들뢰즈를 의심스러운 눈초리로 바라보면서 그가 마르크스주의자가 될 수 없다고 주장하는 대표적인 이유는 이러하다. "『제국』[4]에는 마르크스의 정치경제학 비판의 핵심인 공황론이 전적으로 부재[한다]. … 『제국』에는 위기가 없다."[5] "노동계급을 원자화하는 강력한 자본의 힘이 노동계급 전반에서 작동하고 있음을 간과하면서, 『제국』은 해방을 향한 평민들의

---

2 P., 190쪽.

3 조정환, 「들뢰즈의 탈주체적 주체되기의 형상들」.

4 네그리, 『제국』.

5 정성진, 「『제국』: 맑스주의적 비판」, 77쪽; 승준, 「비물질 노동과 새로운 주체성의 출현」, 320쪽에서 재인용.

근절할 수 없는 욕망에 관해 말하고 있다."[6] 즉, 위에서 이미 언급했듯이, 들뢰즈에게 '자본주의는 모든 사회적 체제의 한계이기 때문에 그 이후가 없다'는 점, 이 자체가 정통 마르크스주의자들에게는 들뢰즈가 마르크스주의자가 아님을 보여 주는 이론적 증거인 것이다.

4) 들뢰즈-마르크스주의자들은 들뢰즈가 정통 마르크스주의자라고 주장하는 것인가?

그렇다면 들뢰즈-마르크스주의자들은 들뢰즈 이론이 사실 마르크스주의적이라고 할 수는 없지만 자본을 분석하는 어떤 본질적인 지점에서 마르크스의 유산을 받아들이고 있다는 정도의 평가를 수용하는가? 명백하지 않은 지점은 바로 여기에 있다. 스스로를 들뢰즈-마르크스주의자로 자리매김하는 학자들은 들뢰즈가 이런 정도의 타협적인 '마르크스주의자'라는 타이틀에 만족하지 않는 듯 보이며, 들뢰즈를 통해 여전히 공산혁명을 주장하는 것처럼 보이는 곳이 다수 있다. 그들은 마치 '공산혁명'에 대한 국내외적인 거부감을 신경 쓰는 듯 그리고 철 지난 이론이라는 세간의 평가를 불편해하는 듯이 이 단어를 명시적으로 쓰지는 않지만, 암시적으로 그리고 간접적으로는 여전히 그 주장을 하고 있는 것 같다. "『제국』에는 마르크스의 정치경제학 비판의 핵심인 공황론이 전적으로 부재[한다]. … 『제국』에는 위기가 없다"는 마르크스주의자들의 비판에 대해서는, 이를테면 들뢰즈에게도 "새로운 위기가 존재한다"는 주장을 통해 그를 여전히

---

6 캘리니코스·메익신즈 우드·아리기 외, 『제국이라는 유령』, 21쪽.

'정통' 마르크스주의자로 변호하려는 모습을 보인다.

5) 우리는 왜 마르크스의 적자이고 싶어 하는가?

이것이 현재 들뢰즈-마르크스주의를 둘러싼 국내외의 논의의 맥락이다. 만약 들뢰즈-마르크스주의자들이, 다시 말해서 들뢰즈를 마르크스주의자로 독해하고자 하는 연구자 혹은 사상가들이 들뢰즈를 정통이라 불리는 마르크스주의로 자리매김하고 싶어 하는 것이라면, 이는 들뢰즈-마르크스주의의 문제가 단지 수사적인 것이 아니라 이론적인 차원에서 다루어져야 하는 문제임을 뜻한다. 그런데 들뢰즈-마르크스주의자들은 왜 명시적으로 공산혁명을 주장하지는 않으면서, 들뢰즈가 여전히 정통 마르크스주의자이기를 바라는가? 이 의문은 우리를 초창기 마르크스주의자들 사이의 수정주의 논쟁으로 데리고 간다. 마르크스주의가 형성되던 시기인 1840년대, 그리고 자본주의가 바로 그 마르크스주의의 영향으로 도입된 노동조합운동, 사회복지정책 등을 수용하여 초기 자본주의에 비하여 유연해지고 자기 한계를 확장해 가기 시작하던 19세기 말, 베른슈타인을 중심으로 하는 독일 사민당의 이념적 흐름은 정통 혁명이론을 비판하고 점진적 사회 개혁과 민주적 사회주의를 주장하였다. 이것은 마르크스주의에 대한 중요한 도전으로 여겨졌기 때문에 카우츠키나 로자 룩셈부르크 등에 의해 격렬히 비판되었음은 잘 알려진 역사적 사실이다. 오늘날 살기 좋은 나라라며 부러움을 사는 서유럽의 복지국가들에는 대부분 베른슈타인의 마르크스주의에 대한 수정주의 이론을 이념으로 삼은 정당들이 포진해 있다. 현실정치에서 또는 자유주의 국가들 내 정당과 정당 정치인들이 수정주의자라는 것은 아무런 문제가 되지 않는 경우가 많다. 그러나 이론적 지향이 강한 경우, 구 소련과 중국 등의 국가에서나 이론가들 사이에서는 19세기 말 독일 수정주의 논쟁 이후로도 반복적으로 이 논쟁이 되살아났다. 1948년 티토주의, 1956년 흐루시초프 등이 수정주의라는 비난을 받았다. 문제는 현실적으로 공산국가가 아닌 나라, 즉 자본주의 국가 내에서 자본주의와 가장 밀접한 관련이 있는 경제학 이론의 영역 혹은 자본주의에 대한 고찰을 수행하는 철학이나 사회학 등의 이론 영역에서이다. 이론가들은 자신의 이론의 근거를 명백히 해야만 주장이 유효하기 때문에 그 근거가 마르크스주의나 자본주의 둘 중 하나여야지, 그 가운데 어디쯤이어서는 안 되는 것이다. 또한 마르크스주의 이론에 공감하는 연구자들은 기본적으로 자본주의 사회에서의 극심한 빈부격차에 문제의식을 가지는 자들이기 때문에, 이미 학문이라는 문화 자본을 가진 자로서 스스로 부르주아지라는 죄책감이 있을 수 있다는 맥락에서 더욱 더 선명한 이론적 마르크스주의자로 남기를 바라는 경우가 가능하다. 이와 같은 두 가지 이유로 자본주의 사회의 들뢰즈-마르크스주의자들은 명시적인 공산혁명을 입에 담지는 않으면서도 스스로 수정주의자가 아닌 정통 마르크스주의자이기를 바라는 것이 아닐까 한다. 그리고 바로 여기에 들뢰즈-마르크스주의의 어려움이 있다.

6) 수정주의 논란에서 벗어난 제3지대 이론으로서 들뢰즈-마르크스주의가 가능한가?

우리가 들뢰즈-마르크스주의를 둘러싼 위와 같은 서사를 검토하는 것은 들뢰즈가 결국 수정주의자인지 정통 마르크스주의자인지를 확인하려고 하는 것이 아님을 마지막으로 지적해야겠다. 들뢰즈가 정통 마르크스주의자인지 아닌지를 둘러싼 연구자들의 논란은 들뢰즈를 진보 진영의 사상가로 자리매김하기 위한 것이 분명하다. 들뢰즈가 진보적인 듯 보이지만 사실은 자본주의와 타협한 수정주의자라고 한다면 그것은 진보적인 지식인의 입장에서 받아들일 수 없을 것이기 때문이다.

하지만 우리는 진보와 보수, 마르크스주의와 자본주의 체제가 서로 짝을 이루는 대립, 혹은 모순관계라는 것을 받아들이지 않을 것이다. 소위 수정주의가 이론적으로 받아들여지지 않는 것은 그 철학적·이론적 근거가 없기 때문이다. 이론적 근거가 마르크스주의와 자유주의 둘 뿐이라면 그 사이는 없는 것 아니겠는가. 그런데 들뢰즈-가타리가 자본주의와 관련하여 선보인 두 권의 저서는 기존의 마르크스주의와 자유주의 이론의 근거와는 다른, 완전히 새로운 또 하나의 근거를 제시하고 있다. 우리는 들뢰즈-가타리의 실천철학이 마르크스주의의 유산을 가지고 있지만 정통 마르크스주의는 아니며, 이를 통해 자본주의와 공산주의라는 이분법은 하나의 함정일 뿐임을 밝혀 보도록 하겠다.

2. 들뢰즈-마르크스주의는 가능한가

들뢰즈-마르크스주의에 대한 문제제기

들뢰즈와 마르크스주의 혹은 이론적 좌파의 관계에는 매우 복잡하고 다양한 문제와 의미가 함축되어 있어서 이것들을 모두 한 번에 드러내기는 어렵다. 하지만 들뢰즈의 존재론과 정치철학으로서의 마르크스주의 혹은 좌파의 문제는 현대에 무시하기 어려운 중요한 입지를 점유하고 있으며, 이 둘을 연결해 보려는 시도와 그 둘이 거의 같은 것이 아닌가 하는 막연한 판단이 횡행하고 있기 때문에, 이를 검토하는 것이 지금 우리에게 중요한 문제가 되었다. 이는 첫째, 시대적인 고민을 하는 많은 지식인들이 현대의 문제를 불평등의 심화로 보고 있기 때문이고 둘째, 고전적인 마르크스주의가 이 문제를 설명하거나 대응하는 데 문자 그대로는 적용이 어렵다고 생각하는 많은 지식인들이 마르크스주의를 갱신하고자 하기 때문이다. 즉, 들뢰즈-마르크스주의는 전 지구적 불평등의 심화에 대응하는 지식인의 자세와 관련이 있다. 그렇다면 들뢰즈-마르크스주의는 이 문제 해결에 대하여 어떤 실마리를 제공하는가?

이 질문에 대답하기에 앞서 해명해야만 하는 점이 있는데, 그것은 과연 들뢰즈-마르크스주의란 무엇이며, 그것이 이론적으로 가능한가 하는 점이다. 들뢰즈가 마르크스에 대하여 각별한 관심과 존경을 표했다는 것은 매우 잘 알려진 사실이다. 또한 이탈리아 자율주의 정치철학자인 네그리와의 인터뷰에서 "가타리와 나는 아마 방식은 서로 달랐겠지만 둘 다 여전히 맑스주의자였다고 생각"[7]한다고 언급함으로써 들뢰즈를 마르크스주의로 읽으려는 흐름에 대한 중요한 단서를 남겼다. 그러나 여기에서 눈여겨보아야 할 점은 들뢰즈가 스스로 말했듯이 그가 고전 마르크스주의의 핵심적인 몇몇 지점들을 벗어나지 않는 공저자 가타리와 '아마도 다른 방식으로' 마르크스주의자이리라는 점이다. 실제로 들뢰즈가 스스로 마르크스주의자였다고 생각하는 근거로 다음에 이어 말하는 것은, "자본주의 및 그것의 발달에 대한 분석을 중심으로 하지 않는 정치철학이란 없다고 믿었기 때문"이라는 것이며, "맑스에게서 가장 흥미 있는 것은 자본주의를 내재적 체계로서 분석하고 있다는 점[으로서]… 스스로의 한계를 계속 밀어붙이면서도 다음 단계에서 여전히 자본으로서의 자기 한계와 마주치게 되는 그런 체계"[8]로 분석하고 있다는 점이라고 덧붙이고 있다. 정치철학은 자본주의 및 그것의 발달을 내재적 체계로서 분석하는 것을 중심으로 시작해야만 한다는 생각이 그를 스스로 마르크스주의자로 여기게 하는 점이라고 볼 때, 이 점이 마르크스주의의 핵심 지표가 되는 것인지에 대해서는 의견이 분분할 수 있다.

들뢰즈가 가타리와 함께 쓴 자본주의에 관한 저서는 『안티 오이디푸스: 자본주의와 분열증』과 『천 개의 고원: 자본주의와 분열증 2』인데, 자본주의의 내재적 체계 분석은 『안티 오이디푸스』의 주된 내용이다. 8년이라는 시차를 두고 출판된 두 저서의 성격이 각기 정신분석의 틀 안에 있었느냐 그것을 넘어섰느냐, 또는 칸트적 색채를 강하게 띠고 있느냐 그 틀을 완전히 벗어났느냐 하는 여러 차이를 보이

7 P., p. 190.
8 P., p. 190.

고 있지만, 두 저서는 여전히 자본주의에 대한 분석을 중심으로 하는 '완전한 정치철학책'[9]이다. 그러나 들뢰즈는 『천 개의 고원』에서 제시하는 노선을 다음 세 가지로 요약하는데[10] 그것은 들뢰즈의 마르크스주의자라는 고백에 비한다면, 명백히 비-마르크스적이다.

① 사회는 모순이 아니라 도주선line
② 계급보다 소수
③ 전쟁이 아니라 전쟁기계

이 세 가지 노선은 들뢰즈의 정치철학이 마르크스의 중요한 세 가지 노선을 본인의 개념으로 수정·대체하는 것임을 분명히 보여 준다. 모순 혹은 적대, 계급, 전쟁 혹은 투쟁은 모두 마르크스의 핵심 테제이기 때문이다. 들뢰즈의 세 가지 노선을 검토해 보면 과연 들뢰즈-마르크스주의가 가능한지에 대한 대답을 좀 더 쉽게 해 볼 수 있으리라고 기대한다.

다른 한편, 들뢰즈를 마르크스주의로 읽고자 하는 경향은 들뢰즈가 스스로를 마르크스주의자라 칭했다는 단순한 한 번의 언급으로부터 비롯된 것이라고만은 할 수 없다. 그것은 고도의 자본주의와 불평등의 심화 앞에 선 상당수 지식인들의 고민의 결과, 들뢰즈를 마르크스로 자리매김해야만 했던 분위기에 기인한 것이기도 하다. 알렉스 캘리니코스는 1990년대 전후의 시대와 지식인들의 사정을 다음

9 P., p. 188.
10 P., pp. 190~191.

과 같은 신랄한 어조로 비판한다.

> 미국에서 로널드 레이건이, 영국에서 마거릿 대처가 조직 노동 계급을 공격하면서 추진한 신자유주의가 극에 달해 있었다. 그리고 1968~1976년 계급투쟁 고양기에 마르크스주의로 끌려온 지식인들은 서둘러 마르크스주의를 내팽개치고 있었다. … 환멸에 빠진 지식인들이 후기 자본주의와 타협하면서도 얄궂게도 후기 자본주의와 거리를 두려고 한 것이 바로 포스트모더니즘이라고 봐야 한다는 게 내 주장이었다.[11]

'포스트모더니즘'이라는 용어가 이미 그 자체로 매우 모호하고 부정확한 것인데, 캘리니코스에 따라 정의하자면 그것은 "질 들뢰즈, 자크 데리다, 미셸 푸코 같은 철학자들이 이룩한 만만찮은 (그러나 문제가 많은) 개념 혁신과, 잘해야 졸속이고 최악의 경우에는 부정확한 역사적, 사회학적, 예술적 판단이 뒤섞인 것"[12]이다. 그리고 포스트모더니즘을 "노골적으로 마르크스주의와 조화시키려 한 비판적 인사들(마이클 하트, 안토니오 네그리, 슬라보예 지젝)의 명성"[13] 덕분에, 들뢰즈는 어쨌거나 계속 마르크스와 한 배를 타게 된다. 이 외에도 공

---

11 알렉스 캘리니코스, 『포스트모더니즘: 마르크스주의의 비판』, 이수현 옮김, 책갈피, 2014, 8~9쪽. 밑줄 강조는 필자.

12 앞의 책, 같은 쪽; 1980년대 포스트모더니즘의 호황은 북아메리카와 영국의 자유주의 좌파 지식인들 사이에서 일어난 일이며, '가디언'과 잡지 『뉴 스테이츠먼』과 『마르크시즘 투데이』가 포스트모더니즘의 주장들을 홍보하는 역할을 했다. 그러나 "들뢰즈, 데리다, 푸코는 모두 포스트모더니스트라는 딱지를 거부했다"(앞의 책, 9, 13~14쪽).

13 앞의 책, 10쪽.

저자 펠릭스 가타리의 이름과 비교적 젊은 영국의 사회학자 니컬러스 토번[14] 등의 활약으로 결국 들뢰즈-마르크스주의라는 조어가 탄생하게 된다.

그러나 들뢰즈-마르크스주의가 이탈리아, 미국, 영국의 이러한 지적 분위기에만 의존하여 탄생한 것일까? 신자유주의가 극에 달해 있었을 때, 그리고 1968~1976년 계급투쟁 고양기에 프랑스의 분위기는 어떠했을까? 이 시기에 관한 여러 증언들 가운데 우선 푸코의 말은 매우 시사적이다. "1968년 이후에 일어난 일, 그리고 거의 틀림없이 1968을 가능하게 만든 것은 매우 강력한 반마르크스주의의 움직임입니다."[15] 푸코는 왜 68을 '반마르크스주의의 움직임'이라고 규정했을까? 그것은 첫째, 푸코가 보기에 68은 고전적인 혁명적 사회주의 프로젝트, 즉 한 사회관계를 다른 사회관계로 바꾸려는 시도가 아니라 권력의 분산적 경쟁이었다는 점,[16] 둘째, 68이 '새로운 사회운동'(페미니즘 운동, 성소수자 운동, 생태주의 운동, 흑인민족주의 운동 등)의 경험으로 기존 사회관계의 변화가 반드시 전체적이어야 하는 것은 아니라는 사실을 보여 주었다는 점 때문이다.[17]

캘리니코스는 푸코와 같은 방향의 전환이 "사회를 전체로 여기

---

14 토번, 『들뢰즈 맑스주의』.

15 Foucault, *Power/Knowledge*, Brighton: The Harvester Press, 1980, p. 57; 콜린 고든, 『권력과 지식: 미셸 푸코와의 대담』, 홍성민 옮김, 나남, 1991. 캘리니코스, 『포스트모더니즘』, 151쪽에서 재인용. 들뢰즈와 가타리의 말. "프랑스의 1968년 5월은 분자적인 것이었고" 따라서 "계급이라는 집단의 일부로 환원할 수 없는" 흐름, "미시정치"와 관련 있었다. MP., pp. 260, 264, 265.

16 캘리니코스, 『포스트모더니즘』, 151쪽.

17 Catharine A. Mackinnon, "Marxism and beyond", eds. C. Nelson and L. Grossberg, *Marxism and the Interpretation of Culture*, Houndmills: Macmillan, 1988, p. 131; 캘리니코스, 『포스트모더니즘』, 155~156쪽 재인용.

는 이론인 마르크스주의가 근원적으로 다양한 이론 분야의 한 조각으로 전락하고 그래서 계급투쟁을 인류 역사 내내 계속된 지배력 쟁취 투쟁의 한 사례로 취급하는 니체식 관점에 통합되기 딱 좋은 재료가 되고 만다"[18]고 비판한다. 캘리니코스의 이러한 언급은 마르크스주의가 다양한 이론 가운데 하나가 아니라 인류 역사의 본질에 관한 유일한 이론이라는 태도를 전제하는 것이고, 마르크스주의를 다양한 이론 각축의 장의 한 사례로 간주할 수 있도록 하는 철학적 근거로서의 니체를 불온한 사상으로 간주하는 것이다. 이렇게 마르크스주의적인 특정 테제가 부인된다는 자체가 불온한 정치적 변절로 여겨지기 때문에, 푸코든 들뢰즈든 그들의 정치철학이 반마르크스 혹은 비마르크스적 주장을 함축하고 있다 하더라도 결국 다시 마르크스로 재정위되는 경향이 있는 것이다. 캐서린 맥키넌도 이와 같은 시도를 한 학자 중 한 명으로 그는 "마르크스와 푸코의 사회이론이 근본적으로 양립할 수 없다는 생각은 무조건 틀렸다고 주장"하며, "방법론적으로 다원주의를 선호한다는 구실을 내세워 사실상 푸코와 들뢰즈 견해의 핵심을 슬그머니 들여"온다고 캘리니코스는 전한다.[19]

대체로 이와 같은 세 가지 이유와 시대적 분위기로 인하여 지식인들은 들뢰즈-마르크스주의를 필요로 했다. 이는 '마르크스'라는 이름이 진보의 상징으로서, 마르크스가 아닌 다른 이름으로 진보를 이야기해 본 적도 없고 그러한 이론적 근거를 제시해 본 적도 없다는 전 세계적인 지적 토양 때문이 아닌가 한다. 그러면 이제 들뢰즈-마

18 캘리니코스, 『포스트모더니즘』, 155쪽.
19 앞의 책, 같은 쪽.

르크스주의의 본 모습으로 한 걸음 더 걸어 들어가 보자.

사회는 모순이 아니라 도주선: 혁명적 흐름과 반동의 문제

들뢰즈-마르크스주의를 검토하면서 라이히의 이름을 빼놓을 수 없다. 들뢰즈가 가타리와 함께 저술한『안티 오이디푸스』는 보통 프로이트-마르크스주의 흐름에 놓여 있는 저서로 평가되는데 그 선구자적 질문을 던진 사람은 바로 라이히이다. 들뢰즈는 정치철학의 근본 문제는 아직도, 스피노자가 제기하고 라이히가 재발견한 다음과 같은 문제라고 본다: "'왜 인간들은 마치 자신들의 구원을 위해 싸우기라도 하는 양 자신들의 예속을 위해 싸울까?' 어째서 사람들은, 세금을 더 많이! 빵을 더 조금! 하며 외치는 지경까지 가는 걸까. 라이히의 말처럼 놀라운 건 어떤 사람들이 도둑질을 하고 어떤 사람들이 파업을 한다는 점이 아니라, 굶주리는 자들이 늘 도둑질을 하는 건 아니며 착취당하는 자들이 늘 파업을 하는 건 아니라는 점이다."[20] 이 문제를 경제-사회학적으로 재해석하면 아마 다음과 같을 것이다. "경제적 양극화는 왜 정치적 양극화로 귀결되지 않는가? 극심한 경제적 불평등과 빈부격차는 왜 같은 비율의 정치적 양극화, 곧 부르주아와 프롤레타리아라는 두 정치적인 진영으로의 양극화로 귀결되지 않는가?" 이러한 질문은 산업혁명 이전 시기인 스피노자 시대에도 유효했고, 1933년 라이히가『파시즘의 대중심리』를 쓰던 대공황의 시기에도 유효했을 뿐만 아니라, 1960년대 말 서유럽을 휩쓴 노동자 시위,

---

20 AO., 64쪽.

2001년 제노바 G8 정상회담 반대시위, 2007년 서브프라임모기지 사태 등에서 목격하듯이 지금도 유효하다: "왜 1920년대 말과 1930년대 초의 대공황에도 불구하고 대중들은 이데올로기적으로 좌익으로 향하지 못하고 파시즘과 같은 급진적 우익에 경도되었는가?" "이러한 현실 앞에 맑스주의는 무력하며 이미 사망선고된 맑스주의의 종래의 형상이 되살아날 가능성은 전무하다."[21] 들뢰즈 역시 같은 고민을 이어 나간다.

> 『안티 오이디푸스』에서 우리는 오이디푸스와 '엄마-아빠'가 정신분석, 정신의학, 심지어는 반정신의학, 문학 비평, 그리고 사유에 관해 만들어질 수 있는 일반적인 이미지 속에서 얼마나 심각한 폐해를 초래하는지를 보여 주려고 했다. … 68에 대한 반동은 아직도 오이디푸스가 얼마나 강고하게 가족 안에 남아 있는지를, 그리고 정신분석과 문학과 온갖 사유 속에 유년기의 슬픔이 하나의 체제를 이루고 있음을 보여 주었다.[22]

들뢰즈와 가타리는 68이라는 사건과 68 이후의 반동, 노동자들과 학생들의 운동의 분출과 그 이후의 반동, 그리고 그들의 삶의 경제적 조건들과 그들의 의식의 괴리들을 욕망적 생산에 대한 오이디푸스적 반동으로 진단한다. 오이디푸스는 무의식적 종합의 부당한 사용[23]이

---

21 서관모, 「계급과 대중의 변증법: 계급의식과 이데올로기」, 『사회과학연구』 23권 2호, 2006, 197쪽.

22 MP., 4쪽(이탈리아어판 서문).

23 '사용'이라는 개념은 다수와 소수 개념과 함께 등장한다. 들뢰즈와 가타리는 다수와 소수가

며, 이러한 부당한 사용은 개인의 욕망적 생산뿐만이 아니라 사회적 생산조차 반동으로 이끈다는 것이다. 다시 말해서 무의식적 종합의 정당한 사용에 의해 68과 같은 사건적 분출, 혹은 혁명적 운동이 실행될 수 있었다면, 무의식적 종합의 부당한 사용, 즉 오이디푸스적 종합은 하나의 혁명적 사건을 반동으로 주저앉히고 말았다는 것이다.[24] "무의식의 종합들이 주어질 때, 실천적 문제는 이 종합들의 사용과, 종합의 사용이 정당한지 부당한지 규정하는 조건들의 문제이다"[25] "우리는 하나의 혁명이, 이번에는 유물론적 혁명이 오이디푸스 비판을 통해서만 일어날 수 있다고 말해야 한다. 이것은 오이디푸스적 정신분석에 나타나는 것과 같은 무의식의 종합들의 부당한 사용을 고발함으로써 진행"[26]된다. 68에 대한 이러한 진단은, 알튀세르가 마르크스주의의 대상은 사회구성체이고 정신분석 치료의 대상은 개인이라고 말하면서 프로이트-마르크스주의의 불가능성[27]을 지적한 것에

두 가지 언어를 가리키는 것이 아니라 "언어의 두 가지 사용 또는 두 가지 기능을 규정하는 방식"(MP., 200쪽)이라고 말한 바 있다. '사용'은 '의미/해석'에 대한 들뢰즈의 마지막 관심이 사라진 후 의미/해석을 대체할 개념으로 등장한다. 다른 곳에서는 의미/해석을 대체하는 개념으로 주로 기계/생산이 부각되지만 '사용' 역시 주목해야 할 개념이다. 소수/다수 개념은 도구, 장치, 배치, 기계 등을 그 자체 소수/다수로 의미 규정하는 그런 개념이 아니고, 이러한 것들의 사용 혹은 기능을 규정하는 방식을 이르는 것이기 때문이다; 신지영, 「소수자-되기」, 『가족커뮤티니 개념들』, 전남대학교, 2023, 근간. 이는 들뢰즈와 가타리의 실체적 사유에 대한 철저한 결별을 보여 주는 것이기도 하다. 소수적 사용이라는 개념이 어떻게 정치철학적 개념이 되는지가 이 책의 4장의 주제이다.

24 바로 이러한 관점이 『안티 오이디푸스』를 이루고 있는 칸트주의적 색채라고 들뢰즈가 이르는 부분이다.

25 AO., 128쪽.

26 AO., 139쪽.

27 루이 알튀세르, 「맑스와 프로이트에 대하여」, 에티엔 발리바르 외, 『맑스주의의 역사』, 윤소영 옮김, 민맥, 1991, 116~117쪽.

비추어 보자면 그 입장이 매우 급진적이다. 이들은 알튀세르적 구분이 오히려 자본이 원하는 바이며, 사회와 개인을 구분하는 이러한 이론은 자본에 봉사하는 부르주아 이론이라고 본다. 자본은 사회적 생산은 합리적이며 개인의 환상을 구성하는 무의식적 생산의 비합리성과는 근본적으로 다르다고 주장하고 싶어 하고, 그리하여 사회적 생산에 비합리성, 망상, 왜곡, 그리고 도착은 없다고 주장하고 싶어 한다는 것이다. 그러나,

> **사회는 생산과정을 등록하면서 자기 고유의 망상을 구성한다.** … 특유하게 자본주의적인 것은 기입 또는 등록 표면을 형성하기 위한 충만한 몸으로서의 돈의 역할과 자본의 사용이다. 하지만 토지의 몸이건 전제군주의 몸이건 그 어떤 충만한 몸, 등록 표면, 외견상의 객관적 운동, 변태적이고 마법에 걸린 물신적 세계는 사회적 재생산의 상수로서 모든 유형의 사회에 속한다.[28]

이러한 분석은, 망상과 도착은 개인의 것이며 사회는 합리적 과정에 의해서 생산한다는 이론 혹은 입장에 대한 전면적인 도전이다. 사회 역시 각 사회에 고유한 망상을 구성하며 마법에 걸린 물신적 세계이다. 어떤 사회는 개인의 능력을 완벽히 객관적으로 파악할 수 있다는 생각 속에서 평가의 지표들을 끊임없이 늘리고 각 지표에 해당하는 점수를 정성스럽게 보정한다. 어떤 사회는 인간을 천연가스나 희

---

28 AO., 36~37쪽. 고딕 강조는 필자.

귀 성분과 같은 자원으로 바라보는 생각을 정성스럽게 구성하며, 이 생각을 합리적인 이론으로 만들기 위해 수많은 개념들을 만들어 낸다. 그러나 객관적임을 주장하는 이러한 생각이 망상이 아니라고 할 수 있는가? 잠시만 생각해 보더라도 사회의 움직임은 그 사회를 주도하거나 뒤따라가는 개인들의 빠르거나 늦은 속도와 방향감을 종합한 움직임일 것이 분명한데, 어째서 우리는 개인과 사회의 생산이 완벽히 다른 속성으로 이루어질 것이라고 판단하는가? 들뢰즈와 가타리는 그의 일의적인 존재론에 근거하여 개인과 사회에 본질적인 구분이라는 것은 없다고 생각하였다. 그것은 뒤이어 사회와 자연의 구분, 인간과 자연의 구분에 대한 생각에 대해서도 같은 반론을 취하게 한다. 다음을 보자.

> '산업과 자연', '사회와 자연'이라는 이런 구별 관계는, 심지어 사회 안에서 **생산**, **분배**, **소비**라 불리는 상대적으로 자율적인 영역들을 구별하는 조건을 이룬다. … 하지만 … 상대적으로 독립된 영역들 내지 회로들이란 없[다]. 생산은 즉각 소비이며 등록이고, 등록과 소비는 직접 생산을 규정하며, … 그리하여 모든 것이 생산이다. … 둘째로 더군다나 '인간'과 '자연'의 구별은 없다. … 산업은 이제 효용이라는 외면적 관계 속에서 파악되지 않고 자연과의 근본적 동일성 속에서 파악되는데, 이때의 자연은 인간의 생산 및 인간에 의한 생산으로서의 자연을 가리킨다.[29]

---

29 AO., 27쪽. 고딕체는 필자의 강조. 여기에는 들뢰즈의 주석이 달려 있다: "맑스에 따른 '자연'과 '생산'의 동일성 및 유적 삶에 대해서는 그라넬의 다음 주석 참조. Gérard Granel,

"생산은 즉각 소비이며 등록이고, 등록과 소비는 직접 생산을 규정하며 … 그리하여 모든 것이 생산"이라는 말을 함께 살펴보자. '인플루언서'는 주로 소비로 대중이 욕망하는 모습을 연출하고 자신의 SNS를 통해 '팔로워'들의 소비를 유발한다. 이러한 구조 속에서는 그의 삶 속에서 이루어지는 수많은 소비와 등록의 행동들이 그 자체로 생산이라고밖에는 말할 수 없다. COVID-19로 배달에 대한 수요가 폭발적으로 증가한 상황에서, 고용된 배달원 개념은 서서히 사라지고 스스로 개인 사업주가 된 '라이더'들은 플랫폼을 통해 배달이 필요한 사업주와 거래한다. 플랫폼은 그 스스로 아무것도 생산하지 않으면서 새로운 이익을 창출한다. 그러므로 모든 것이 생산이라는 들뢰즈-가타리의 말은 자본주의가 고도화되면 될수록 더욱 설득력을 가지게 된다. 생산과 소비와 분배가 명백히 구분되는 영역이려면, 자연과 산업 혹은 자연과 사회가 본질적으로 구분되어야 한다. 인간의 노동이 개입되기 전에 그저 주어진 대로 있는 것을 자연으로 두고, 이 자연에 인위적인 것을 덧붙여 새로운 것을 만들어 내는 것을 생산이라고 말할 수 있어야, 생산이 소비와는 다른, 그리고 분배와도 다른 무엇이 될 수 있다. 소비, 분배와 구분되는 생산으로 잉여가치를 확대하려는 시도가 점점 한계에 다다른 자본주의가 그 한계를 밀어붙이는 과정에서 어쩌면 스스로 자연과 산업, 자연과 사회, 사회와 인간의 구분마저도 해체해 버렸다고 말해야 할지 모르겠다. 자본주의가 아니더라도 들뢰즈는 그 일의적 존재론이 이미 같은 입장을 견지하고

"L'Ontologie marxiste de 1884 et la question de la coupure," *L'Endurance de la pensée*, Paris: Plon, 1969, pp. 301~310."

있었고, 들뢰즈-가타리는 애초에 자연의 일부인 인간이 사회와 산업을 일으킨다고 할 때, 이들 사이에 분절점이 있을 수는 있지만 실재적인 차이-본질적인 구분이라는 것은 있을 수 없다고 본 것이다.

그러므로 욕망적 생산은 비합리적이고 사회적 생산은 합리적이라는 구분은 허구이며, 사회적 생산 역시 특정한 형식하의 욕망적 생산이라는 것이 이들의 입장이다. 개인적 욕망과 사회적 생산이 같은 체제라는 이들의 분석이 함축하는 바는 무엇인가? 첫째, 무의식과 욕망의 관점에서 볼 때: 욕망의 흐름은 분열자적이며 자연적인데 오이디푸스라는 관념적 틀의 도입으로(외삽) 사회적이며 합리적인 과정을 밟는 것처럼 변질되었다. 둘째, 사회적 생산의 관점에서 볼 때: 사회적 생산의 모든 계획과 결과가 합리적 과정이라는 것은 허구이며 하나의 이데올로기에 불과하다. 즉, 이들은 개인뿐 아니라 사회 역시 분열적 욕망의 흐름이며, 사회적 생산이 합리적이라는 것이 허구인 만큼 개인의 욕망이 오이디푸스를 겪으면서 합리화된다 혹은 합리화되어야 한다는 것 역시 허구라고 주장하려는 것이다. "**자본**은 재고와 결핍이라는 **물신적 양상**을 띠고서만 존재한다. 오이디푸스의 코드에서도 사정은 마찬가지이다. 채취와 이탈의 에너지로서의 리비도는 이탈된 대상으로서의 남근으로 바뀌는데, 남근은 재고와 결핍이라는 초월적 형식으로만 존재한다."[30] 셋째, 이들이 보기에 욕망의 생산을 사회적 생산과 구분해 놓은 것은 플라톤 이래로 철학사적으로도 확인할 수 있는데, 이것은 유물론적으로 다룰 수 있었던 욕망, 즉 리비도 에너지의 경제를 관념론적으로 환원한 것이다. 플라톤이 욕망을 생산과 획득 가운데 획득 쪽으로 분류하면서 결핍이 도입되었고, 칸트가 욕망을 "자신의 표상을 통해 이 표상의 대상들의 현실성을 야기하는 능력"이라고 정의하면서 욕망에 의해 생산되는 대상이 '심리적 현실'이 되어 버렸으며, 결정적으로 정신분석이 오이디푸스를 도입함으로써 욕망의 관념론적 착상이 완성되었다는 것이다.[31] 그 결과, 욕망은 실재 과정이자 생산인데도 불구하고 기껏해야 개인의 환상으로, 그것도 결코 만족되지 않는 결핍과 맞붙어 가는 허구적 현실로 전락해 버렸다고 보는 것이 이들의 입장이다. 개인과 사회를 같은 욕망의 생산으로 보는 입장의 이러한 함축들은 마르크스주의와 프로이트 정신분석의 주요 테제를 동시에 겨냥하고 반대하는 것들이다. 오이디푸스가 욕망을 관념화한 주범이 되어 버린 한에서, 이들은 결코 정신분석과 함께 갈 수 없을 것이며, 욕망이라는 것은 아무리 중요하다 한들 하부구조에 의존하는 관념적 현실이라는 입장의 마르크스주의와도 함께 가기 어려워 보이기 때문이다. 이것이 '일종의' 프로이트-마르크스주의로 여겨지는 들뢰즈-가타리의 모습이다.

'왜 인간들은 마치 자신들의 구원을 위해 싸우기라도 하는 양 자신들의 예속을 위해 싸울까?'

프로이트-마르크스주의의 흐름의 방점은 아무래도 마르크스주의에 찍혀 있었다. 이 흐름은 바로 위의 질문에 대해서 마르크스만으로는

30 AO., 137쪽. 고딕 강조는 필자. 들뢰즈는 각 사회적 생산체제를 신경증과 정신병의 생산과 관련하여 연구한 결과도 있다는 것을 언급한다. "마치 조울증와 편집증이 전제군주 기계의 생산물이고 히스테리가 토지 기계의 생산물이듯, 분열증은 자본주의 기계의 생산물이라고 말하는 것은 정확할까?"(AO., 70쪽, 주석) 히스테리, 분열증 및 이것들과 사회구조의 관계에 대해서는 Georges Devereux, *Essais d'ethnopsychiatrie générale*, Paris: Gallimard, 1983, pp. 67ff.

31 AO., 58~59, 105쪽.

설득력 있는 답변이 불가능하다고 생각한 사람들에 의해 주도되었다. "극심한 경제적 불평등과 빈부격차는 왜 같은 비율의 정치적 양극화, 곧 부르주아와 프로레타리아라는 두 정치적인 진영으로의 양극화로 귀결되지 않는가?"에 대해 답하기 위해서였다. 앞선 스피노자의 질문이 자본주의의 모순을 염두에 둔 것은 아님을 생각해 본다면, 이 질문은 반드시 자본주의라는 특정 체제에만 던져지는 특수한 것이 아니라 보편적인 질문이라는 것을 알 수 있다. "어째서 사람들은, 세금을 더 많이! 빵을 더 조금! 하며 외치는 지경까지 가는 걸까." 왜 개인과 사회는 모두 그렇게 합리적이지 않은 것일까? 마르크스주의의 견고한 입장은 부르주아와 프로레타리아라는 두 모순적인 계급과 적대를 사회의 본질로 간주했기 때문에 그들의 경제적인 조건과 의식의 불일치를 도저히 설명할 수 없었다. 여기에 프로이트주의를 조금 가미한다면? 그러면 우리는 이 불일치를 설명할 수 있을까? 스스로 부르주아라는 환상을 가진 프로레타리아, 혹은 앞으로 부르주아가 될 수도 있다는 환상을 가지는 프로레타리아 등으로 말이다. 들뢰즈-가타리는 스피노자와 라이히가 제기한 위 질문에 대해서 이런 종류의 프로이트-마르크스주의적 답변을 하지 않았다는 것을 알 수 있다. 그들은 사회를 계급의 적대, 모순으로 보고 개인의 환상이 합리적인 과정을 왜곡하는 것으로 바라보는 방식이 아니라, 개인과 사회 모두 욕망의 분열적 흐름을 본질로 하고 이 흐름을 종합하는 정당한 사용과 부당한 사용이 사회를 혁명적인 방향으로 이끌기도 하고 반동적으로 후퇴시키기도 한다는 방식으로 사유했다. 욕망을 관념이 아니라 에너지 경제로 생각하는 유물론적 태도와 사회마저도 망상을 가진다는 전면적인 정신분석적 태도를 동시에 가지고 있는 명백한 프로이트-마르크스주의적 태도이지만, 이것은 기존의 프로이트-마르크스주의와는 완벽히 다른 사유의 평면에서 견지할 수 있는 태도라고 보아야 한다.

사회는 모순과 적대가 아니라 흐름과 도주선으로 이루어져 있으며, 개인은 사회의 생산과 분리된 생산주체가 아니라 개인의 망상이 사회의 망상에 겹쳐서 생산한다는 통찰이다. 이를테면 팀장으로 앉아서 일을 대면하는 한 인간이 아버지에 대한 긴장과 적대에서 완전히 벗어난 합리적인 사회인으로서 일을 수행할 수 없다는 의미다. 그는 아버지에 대한 적대라는 망상을 가진 개인으로서, 관리하는 직원들을 경쟁시켜야 최선의 결과를 얻을 수 있다는 사회적 망상에 결합하면서, 그 망상을 신념으로 확신하고 강화하는 부당한 종합을 수행한다는 뜻이다. 이러한 개인들로 이루어진 사회는 어떤 대표적인 몇 개의 그룹으로 구분되기 어렵고, 부르주아와 프로레타리아라는 두 계급의식으로 깔끔하게 구분되기는 더더욱 어려운, 흐름이다.

다중은 계급인가?

들뢰즈-마르크스주의의 가능성을 검토한다는 관점에서 '계급'의 문제를 다루지 않을 수는 없다. 계급이라는 개념이 마르크스에게만 특유한 개념은 아니라고 하더라도 그에게 핵심적인 개념임은 틀림없기 때문이다. 마르크스주의에서 프로레타리아 계급은 계급의식을 갖추고 혁명에 성공한 후 공산주의에 이르기까지 프로레타리아 독재를 수행한다.[32] 들뢰즈-가타리에게 계급을 대체하는 개념이 있는가? 서관모는 네그리의 들뢰즈-마르크스주의가 가지는 문제점이 '다중의 기획'에 있다고 주장하면서, 그것이 "마르크스의 계급투쟁의 도식을 대체하는 새로운 자유화[해방]의 기획"이라고 보았다.[33] 들뢰즈-마르크스주의자로 분류되는 네그리에게 있어서는 적어도 다중 개념이 계급 개념을 대체하는 것으로 간주되고 있음을 알 수 있다. 실제로 『다중』에서 네그리는 "다중은 프로레타리아 개념에 그 가장 풍부한 규정, 즉 자본의 지배 아래에서 노동하고 생산하는 모든 사람들이라는 규정을 부여한다"고 썼으며, "다중 개념은 계급투쟁에 대한 마르크스의 정치적 기획을 다시 제시할 수 있기 위한 것"이라고 함으로써, 다중이 계급 개념을 대체한다는 해석에 일조하였다.

> 프로레타리아트를 자신의 노동이 직접적으로나 간접적으로 자본주의적인 생산 및 재생산 규범들에 의해 착취되고 그 규범들에 종속되는 모든 사람을 포함하는 광범위한 범주라고 이해한다. 이전 시기에 프로레타리아트 범주는 그 전형적인 모습이 공장의 남성 대중masses 노동자인 산업노동자 계급에 중심을 두고 있었고 때로는 산업노동자 계급 아래 효과적으로 포섭되었다 … 오늘날 산업노동자 계급은 없어지지 않았지만 자본주의 경제에서의 특권적인 지위와 프로레타리아트 계급 구성에서의 패권적인 지위를 잃어버렸다.[34]

---

32 마르크스 계급이론의 독창성에 대해서는 칼 맑스·프리드리히 엥겔스, 『칼 맑스 프리드리히 엥겔스 저작 선집 2』, 박종철출판사, 1992, 497쪽 참조. 서관모는 마르크스 계급이론의 독창성을 다음과 같이 요약하였다. 1. 계급들의 존재는 생산의 특정한 역사적 발전단계들과 연결되어 있을 뿐이다. 2. 계급투쟁은 필연적으로 프로레타리아 독재로 귀결한다. 3. 독재는 모든 계급의 지양-계급 없는 사회로 가는 이행기를 이룰 뿐이다(서관모, 「계급과 대중의 변증법」, 199쪽).

33 서관모, 「네그리와 하트의 다중의 기획에 대한 비판」, 『마르크스주의 연구』 제6권 제4호, 경상대학교 사회과학연구원, 2009, 128쪽.

34 네그리, 『제국』, 91~92쪽.

『제국』에서 네그리는 다중 개념이 추상적이고 거의 시적인 수준에 머물러 있다고 말하면서, "누가 다중인가?"라는 질문에 대해서는 노동하는 주체의 현실이 다중에 대한 첫 번째 경험적 규정이라는 정도의 대답으로 말끝을 줄였으며[35] 다른 한편으로는 "다중은 '프로레타리아트화 이론'과는 완전히 무관하다"고 말하기도 하였다.[36] 다중이 프로레타리아 이론과 완전히 무관하다고 말한 것은 네그리가 보기에 현대의 노동이 마르크스주의 이론에서 다루는 노동 개념으로 분석 불가능하기 때문에, 다시 말해서 마르크스의 프로레타리아 개념이 현대의 "복잡하고 지적인 모든 노동-역량"을 규정하지 못하는 동질적 개념이기 때문이지, 프로레타리아 이론을 저버리려는 것은 아니라고 보아야 한다. 조금 더 들어가자면 다중의 대응개념은 노동이 아니라 민중으로서, 17세기 계약론 논쟁에 등장한 홉스의 민중에 대하여 스피노자가 제시한 다중과 비슷하다는 것이다. 민중이 홉스식의 근대 계약론의 당사자이자 등질적인 의지라면 다중은 일반화되지 않으며 대의되지 않은 의지들이다.[37] 비르노는 민중과 다중의 개념이 17세기의 논쟁에 핵심이었으며, 홉스와 스피노자가 민중과 다중의 아버지로 추정된다고 주장한다.[38] 다중과 민중에 대한 스피노자와 홉스의 입장을 비교해 보면 다음과 같다.

35 안토니오 네그리·마이클 하트, 『다중: 제국이 지배하는 시대의 전쟁과 민주주의』, 조정환·정남영·서창현 옮김, 세종서적, 2008, 13쪽(한국어판 서문).

36 앞의 책, 186쪽.

37 네그리·하트, 『다중』, 37~41쪽.

38 비르노, 『다중』, 37쪽.

① 스피노자와 다중

스피노자에게 물티투도multitudo는 공적인 무대에서, 집단적 행동에서, 공동체의 사태를 처리하는 데 있어서, 하나로 수렴되지 않은 채 … 그 자체로 존속되는 복수성plurality을 가리킨다. … 스피노자에게 물티투도는 시민 자유의 주춧돌이다.[39]

② 홉스와 민중

민중은 하나인 어떤 것이다. 즉 민중은 하나의 단일한 의지를 가지고 있고, 또한 단일한 의지가 귀속되는 것이다.[40]

그 결과 "홉스는 다중을 극도로 혐오한다". 왜냐하면 "[다중은] '지고의 제국', 소위 정치적 의사결정의 독점 — 바로 이것이 국가이다 — 에 대한 가장 커다란 위험"[41]이기 때문이다. "홉스에 따르면 다중은 정치적 통일[단일성]을 기피하고, 복종을 거부하며, 지속가능한 협정을 체결하지 않는다. 또 다중은 자신의 고유한 권리를 주권자에게 결코 양도하지 않기 때문에 법적 인격의 지위를 획득하지 못한다. 다중은 자신의 존재양식과 행동양식에 의해 이러한 '양도'를 금지한다."[42] 사회계약 협정, 주권의 양도, 최고 주권인 국가 등을 중심으로 하는 사회정치이론이 가능하려면 단일하고 지속적인 의지를 가지는 존재가 전제되어야 할 것이고, 이 존재가 바로 민중이다. 이와

39 비르노, 『다중』, 38쪽. 스피노자의 『신학정치론』(*Tractatus Politicus*)을 그 근거로 듦.
40 Thomas Hobbes, *De Cive*, 12장 8절(비르노, 『다중』, 40쪽에서 재인용).
41 비르노, 『다중』, 38쪽.
42 앞의 책, 41쪽.

는 반대로 스피노자는 홉스가 혐오한 다중을 지지하는데 그것은 다중이 '시민 자유의 주춧돌'이기 때문이다. 이것이 민중으로 환원되지 않고 국가나 체제에 의해 매개되지 않는 새로운 정치 영역을 구축하고자 하는 네그리와 하트에게, 다중이라는 저항적 주체 개념으로 재정립된 것이다.

다중이 프로레타리아 개념을 산업노동자라는 제한된 개념으로부터 분리하고 이를 좀 더 넓은 범주로 확장하려는 의도를 가진 개념이라는 측면에서 본다면, 다중이 노동계급을 대체하는 개념이며 이는 노동의 종말을 선언하는 일이라고 비판하는 것은 다소 부당해보인다. 다중이 문제가 되는 것은 노동의 개념을 확장한다는 데 있는 것이 아니라, 역사 발전의 원동력이 계급이 아니라 다중으로 옮겨진다는 데 있다. 이것이 마르크스 연구자들이 말하는 해방의 새로운 기획일 것이다. 역사가 노동하는 노예의 투쟁의 역사라는 입장이 견지되지 못하고, 다중의 도주하는 역량에 의해 주도되는 것으로 이해된다면, 이러한 구도 속에서 계급 적대와 변증법적 논리는 모두 와해된다. 왜냐하면 다중과 그 도주의 기획 속에는 적대도 매개적 변증법도 없기 때문이다. 네그리 이론의 난점은 이러한 다중을 역사 발전의 '주체'로 규정하고, 다중의 도주를 지나치게 낙관한다는 데 있을 것이다. 스피노자의 다중이나 들뢰즈의 소수자를 개념적으로 분석해 보건대, 다중은 네그리가 원하는 것처럼 일반화된 의지를 담보하는 주체가 될 수 없을 뿐만 아니라, 다중이 채택하는 기획인 도주는 항상 포획의 위협에 직면하며, 자본기계는 이 포획을 결코 포기하지 않는 기계이기 때문에, 다중의 도주 기획은 그렇게 낙관적이기 어렵다.

그렇다면 들뢰즈와 가타리는 계급에 대하여 어떤 입장을 가지고 있을까? 계급에 대한 다음 문단을 보자.

> 전前-자본주의 사회들에서 계급의 기호를 찾아보는 일은 이미 가능하다. 하지만 민족학자들은 이 원-계급들, 즉 제국기계에 의해 조직된 카스트들과 원시 절편 기계에 의해 분배된 신분들을 할당하는 것이 얼마나 어려운지 지적하고 있다. 계급, 카스트, 신분을 구별하는 기준들은 고정성이나 침투성, 상대적 폐쇄성 내지 개방성 등의 측면에서 찾아서는 안 된다. … 하지만 신분은 원시영토기계와 뗄 수 없는데, 이는 마치 카스트가 제국의 국가적 초코드화와 뗄 수 없는 것과 같다. 반면 계급은 자본주의 조건들 속에서 탈코드화된 상공업 생산과정과 관련된다. 따라서 계급의 기호 아래서 전체 역사를 읽을 수는 있으나, 이것은 맑스가 제시한 규칙들을 지킴으로써, 또 계급이 카스트와 신분의 음화(부정적인 것le negatif)인 한에서 그럴 수 있다. 왜냐하면 확실히 탈코드화 체제는 조직화의 부재를 의미하는 것이 아니라, 가장 음침한 조직, 가장 경직된 회계, 즉 언제나 거꾸로a contrario, 코드들을 대체하고 코드들을 포함하는 공리계를 의미하기 때문이다.[43]

> 자본주의의 공리계에서는 오직 하나의 계급만이, 보편주의적 소명을 지닌 부르주아 계급만이 있다. … 계급은 카스트와 신분의 바로 저 음화le négatif이다. 계급은 탈코드화된 서열, 카스트, 신분이다. … 코드들

43 AO., p. 180/267~268쪽.

에 맞선 투쟁을 이끌고 흐름들의 보편화된 탈코드화와 합류하는 한에서, **부르주아지는 유일한 계급 자체**이다.[44]

들뢰즈와 가타리는 역사를 계급의 기호 아래에서 읽어 내는 것이 가능하지만, 계급이 카스트와 신분의 음화인 한에서 그러하다고 말하고 있다. 즉 카스트나 신분과 같은 것이 곧바로 계급은 아니고, 더욱이 계급으로 향하는 어떤 목적론적인 과정에서 나타날 수밖에 없었던 것도 아니며, 탈영토화와 탈코드화가 보편화되는 욕망의 흐름에서 **결과적으로** 계급이 등장한 것으로 보아야 한다는 것이다.

> 자본주의가 현실화되려면 … **한편으로** 노동의 흐름은 이제 더 이상 노예제 또는 농노제에 의해 규정되는 것이 아니라 발가벗고 자유로운 노동이 되어야 한다. 그리고 **다른 한편**으로 부는 더 이상 토지, 상품, 화폐를 통해 규정되어서는 안 되며 오히려 등질적으로 독립한 순수한 자본이 되어야 한다. … 이것들이 갑작스럽게 추상적으로 결합되어 서로에게 보편적 주체와 임의의 객체를 부여할 때 바로 자본주의가 구성된다.[45]

계급이라는 것 역시 마찬가지로 읽는다. "귀족과 봉건제에 맞선 부르주아 계급의 투쟁을 찬양하는 바로 그 사람들[생시몽의 영향 아래 있던 19세기 프랑스학파]조차도 프롤레타리아 계급 앞에서는 멈추고

44 AO., 427쪽. 고딕 강조는 저자.
45 MP., 868~869쪽. 고딕 강조는 저자, 밑줄 강조는 필자.

산업가나 은행가와 노동자 간에 계급 차이가 있을 수 있다는 것을 부인하고, 다만 이윤과 임금 사이에서처럼 동일한 흐름의 융합일 따름이라고 보고 있다."[46] 들뢰즈는 마르크스적 테제인 "계급투쟁을 가로질러 역사 전체를 다시 읽는다는 것"조차 "탈코드화하며 동시에 탈코드화된 계급으로서 부르주아지와 관련해서 역사를 읽는다는 것"[47]으로 다시 자리매김한다. 계급투쟁으로서의 역사를 부르주아지의 역사로 바꾸어 놓는 것이다. 물론 이때의 부르주아지라는 것은 탈코드화하는 계급이면서 스스로 탈코드화된 계급이지만 말이다. 들뢰즈-가타리는 이런 식으로 마르크스를 탈-마르크스화하면서 자본주의를 비-마르크스적으로 읽어 낸다.[48]

또한 들뢰즈-가타리가 주장하는 보편화된 탈코드화 체제에서 나타나는 계급이란 탈코드화가 보편화되기 전에는 계급이 그 음화로서 신분으로, 카스트로 나타난 것이라는 입장으로서, 이렇게 이해하는 한에서 역사를 계급의 기호 아래 읽어 볼 수 있다는 뜻이므로 마르

46 AO., 428쪽. 들뢰즈의 각주: G. Plekhanov, "Augustin Thierry et la conception matérialiste de l'histoire," 1895, *Les Questions fondamentales du marxisme*, Paris: Editions Sociales, 1948.

47 AO., 428쪽.

48 이들에게 근본적인 존재는 오히려 소수인 것으로 보인다. 계급의 바깥으로서의 소수자(minorités)를 자리매김하고 있는 다음 텍스트를 보자. "소수자는 … 이러저러한 공리('율리시스 혹은 도시에 거주하는 오늘날의 평균적인 유럽인들' 혹은 얀 물리에가 말하듯이, '35세 이상의 남성으로서 특정 자격을 갖춘 국적을 가진 노동자Ouvrier')로부터 이들을 떨어뜨려 놓는 거리에 의해 정의된다. … 반면 소수는 아무리 많은 요소를 갖더라도 불가산 집합으로 규정[된다]. … 오히려 연결접속 … 공리화될 수 없는 퍼지 집합, … 군중이자 다양체를 구성한다"(MP., 586~587, 897~898쪽). 소수는 공리화될 수 없는 퍼지 집합이자 군중, 다양체이다. 소수는 불가산 집합, 그러나 정확히 말해서 집합이 아닌, 접속. 그러니까 소수는 잠재적인 것이며 과정이고 들뢰즈-가타리의 다른 개념 '되기'와 연결된다. 불가산 집합인 소수는 계급 바깥에 있으며, 그 힘의 일부는 유일한 계급인 부르주아지가 된다.

크스주의의 역사관과 다르다. 게다가 자본주의하에서는 "오직 하나의 계급만이, 보편주의적 소명을 지닌 부르주아 계급만이 있다"고까지 말하는 데 이르는 것을 보건대 들뢰즈-가타리가 보는 역사와 자본주의 체제는 마르크스의 시각과 상당히 멀어진다: "잉여가치에 의해 정의되는, 즉 자본의 흐름과 노동의 흐름의 구별, 융자의 흐름과 임금 소득의 흐름의 구별에 의해 정의되는 지배계급과 피지배계급이 어디까지나 존재한다고 말할 사람도 있으리라. 하지만 이는 부분적으로만 참이다. 왜냐하면 자본주의는 … 이 둘을 통합하기 때문이다."[49] 그러나 사회학적으로 '노동자성'은 매우 중요하다. 같은 의미에서 "노동자 계급은 있다"는 명제 역시 그 자체로 매우 중요하다. 부르주아 계급만이 있다고 주장하는 들뢰즈-가타리는 반동적인 철학자들인가, 그들은 자본주의에 투항한 것인가? 우선 우리는 들뢰즈-가타리의 테제와 마르크스주의의 테제가 다른 차원에서 말해지고 있다고도 말할 수 있고, 다른 한편으로는 마르크스주의와 들뢰즈-가타리 정치철학은 결코 타협할 수 없는 전선을 사이에 두고 있다고도 말할 수 있다. 우선 들뢰즈-가타리 역시 "[이러저러한] 구별에 의해 정의되는 지배계급과 피지배계급이 어디까지나 존재한다고 말할 사람도 있으리라"고 하였지 않았는가. 이들이 "오직 하나의 계급만이, 보편주의적 소명을 지닌 부르주아 계급만이 있다"고 말할 때, 그것은 우리가 많은 지표들에 의해 누가 봐도 프로레타리아 계급이라고 부를 이가 이제 더 이상 없다고 말하는 것은 아닌 것이다. 그들은 표면적

49 AO., 427, 429쪽.

으로는 여전히 스스로 노동자라 여기는 개인이 있고, 노동자들을 위한 조직이 있으며, 노동자라 분류되는 집단이 있다고 본다. 그러나 그들은 '표면적으로는' 노동자라 하더라도 '실재로는' 부르주아 계급이 아니겠느냐고, 왜냐하면 "자본주의는 … 이 둘을 통합하기 때문"이라고 말하는 것이다.

그러나 두 번째 의미는 사실 더 심각한 것이다. 우리 사회 최고의 물신인 아파트의 가격이 몇 년 사이에 급격히 상승하면서, 아파트를 사는 것이 현실적으로 어려워진 가난한 젊은이들 거의 대부분은 노동의 대가로 받는 임금만을 자산 증식의 수단으로 삼는 것이 매우 어리석은 자산 운용이라고 생각하게 되었다. 돈을 많이 벌고 싶은 사람들이 예전에는 일을 많이 하는 방법을 택했다면 지금은 노동이 아니라 투자를 선택한다. 그들은 스스로 더 이상 노동을 팔아서 돈을 버는 자가 아니라, 아주 조금이라도 투자를 해서 그 자산이 스스로 돈을 벌도록 하는 자산 운용자이기를 바란다. 다시 말해서 그들은 노동자가 아니라 부르주아이기를 선택하는 것이다. 그것은 매우 자연스러운 현상이다. 임금 상승률이 실물 가치의 상승률을 따라잡지 못한다는 연구결과를 들먹일 필요도 없다. 어마어마한 빚을 지고 아파트를 산 사람들이 어느 날 갑자기 한 사람이 평생 벌어서 저축할 부를 실현하는 것을 목도했다면 자동으로 선택할 길인 것이다. 아무리 가난하더라도 투자하는 노동자. 그들은 노동자인가 부르주아인가. 이런 현실을 앞에 두고도 여전히 몇 가지 기준들을 통해 그들을 노동자로 분류한다는 것이 무슨 의미가 있는가. 그들이 노동자인지 부르주아인지 분류하는 것이 힘들다면 이렇게 물어보자. 그들은 임금이 상승하기를 바라겠는가, 투자한 주식의 상한가를 바라겠는가. 그들의 심리와 행동은 이미 부르주아인 것이다. "여전히 지배계급과 피지배계급이 어디까지나 존재한다고 말할 사람도 있으리라. 하지만 이는 부분적으로만 참이다. 왜냐하면 자본주의는 … 이 둘을 통합하기 때문이다"라는 말은 결국, 자본주의가 발전할수록 점차 두 계급은 실제로 '부르주아'로 통합된다는 것으로, 역사를 주도하는 주체로서의 '노동자' 계급의 소멸을 말하는 것에 다름 아니다. 그러므로 들뢰즈-가타리의 계급에 대한 입장은 마르크스주의자의 입장과 결코 타협할 수 없는 전선을 사이에 두고 대치 중인 것이다. 또한 이 말은 자본주의에서 계급적대는 없으며, 마치 마르크스주의자들이 꿈꾸는 보편계급이 역설적으로 자본주의에서 부정적으로 실현된 것처럼 해석될 수도 있는 발언이다. 또한 두 개의 계급이 존재한다는 주장이 "부분적으로 참"이라는 말은, 우리가 자본주의 사회에서 목격하는 계급적대와 노동조직이 없다는 것이 아니라 그것이 단지 파생적이며 잠정적이고 부분적이라는 말이고, 그렇기 때문에 투쟁이 아닌 도주가 근본적인 전략이라는 말인 것이다. 투쟁이라는 것이 이미 코드화된 지점에서 맞서는 것이라면 도주는 그 코드를 무효화하는 것이며 다른 경로를 찾는 것이기 때문이다. 이것이 바로 국가 권력을 쟁취하려는 혁명의 시도가 항상 반동으로 되돌아오는 이유이고, '혁명'이라는 것이 여전히 존재한다면 그 개념의 혁신이 필요한 이유이기도 하다.

또한 만약 "맑스주의의 정체성이 계급 및 계급투쟁에 대한 맑스주의 자신의 정의에 … 전적으로 달려 있다는 것은 명확하다"[50]면, 이

---

50 에티엔 발리바르, 「계급투쟁에서 계급 없는 투쟁으로?」, 서관모 엮음, 『역사 유물론의 전화』, 민맥, 1993, 256쪽에서 재인용.

러한 입장이 마르크스주의자들에게 반드시 견지되어야 하는 핵심 입장이라면, 그리고 "맑스주의의 소멸할 수 없는 합리적 핵심. 그것은 사회적 적대의 문제설정"[51]이라면, 들뢰즈-가타리의 정치철학은 절대로 마르크스주의로 받아들여질 수 없을 것이다. 계급적 적대라는 것은 물론 부르주아와 프로레타리아라는 계급의 적대를 말하며, 알튀세르는 마르크스가 파악하는 이러한 적대의 변증법이 헤겔의 변증법과는 달리 불균등하고 화해 불가능하다는 점을 지적한 바 있다.[52] 그런데 이러한 적대는 그것이 아무리 잠정적이라 할지라도, 사회의 모순을 해결하기 위한 투쟁이라는 개념을 함축하고 있으며, 국가 권력을 차지한 후 프로레타리아 독재를 지향한다. 그러나 모순과 적대를 이론적인 핵심으로 보유하고 있지 않은 들뢰즈와 가타리의 정치철학은 투쟁이 아니라 도주를 권한다. 마르크스주의 관점에서 "이러한 방식의 근본적인 문제점은 그것이 부정성을 배제함으로써 투쟁이라고 불러야 마땅한 것에서 하나의 긍정적인 또는 구성적인 노선을 끌어내려 하는 것"[53]에 있다. 마땅히 투쟁해야 할 지점에서 도주해 버린다(구성주의적 도주 — 3장과 4장에서 다룸)는 이러한 테제가 마르

51 서관모, 「계급과 대중의 변증법」, 197~198쪽.

52 Étienne Balibar, "Le prolétariat insaisissable", *La crainte des masses*, Paris: Galilée, 1997, p. 248; 서관모, 「계급과 대중의 변증법」, 207쪽에서 재인용. "「자본」에서 부르주아지 또는 자본가들은 결코 하나의 사회적 집단이 아니라 오직 자본과 자본의 다양한 기능들의 '의인화', '가면', '담지자'의 형상으로, … '추상화'되는 반면, 프로레타리아트는 생산 및 재생산 과정에서 '집합 노동자', '노동력'같이 구체적이고 만질 수 있는 실체로서 나타난다(자본의 추상화와 노동의 구체성) … 즉 프로레타리아는 부르주아지의 타자로 정의되지 않는다"(서관모, 「계급과 대중의 변증법」, 210쪽).

53 Étienne Balibar, "Une philosophie politique de la différence anthropologique", *Multitudes* 9, 2002, p. 66.

크스주의자들에게 수용될 수 있을까? 물론 들뢰즈-가타리의 이 테제는 투쟁 자체를 포기하는 것은 아닐 것이다. 그러나 투쟁은 이차적으로 드러나며 근본적인 것은 도주이다. 투쟁은 도주의 표현적 양상이 될 수 있을 뿐이다. 이러한 이론적 난점을 해결하기 위해 들뢰즈-마르크스주의자 혹은 포스트마르크스주의자들은, 이를테면 라클라우의 경우 '비변증법적 부정성' 개념의 도입, 네그리의 경우 제국과 직접적으로 대립하는 '매개 없는 대립'의 도입을 선택한다.[54] 즉 들뢰즈를 마르크스주의 혁신의 한 판본으로 받아들이고 싶은 이론가들은 들뢰즈주의에 어긋나지 않으면서 동시에 마르크스주의를 만족시키는 개념을 새로이 추가하여 들뢰즈를 마르크스주의로 재정위하기 위한 노력을 끊임없이 이어 오고 있는 것이다.

그러나 서관모의 경우는 "들뢰즈의 도주 기획이 논리적으로 일관되고 마르크스와는 다른 방식으로 급진적"이라고 평가한다. 문제는 "도주의 기획에 만족하지 못하고 그것과 마르크스적인 해방 내지 자유화의 기획을 종합하려는 네그리의 야망"[55] 혹은 들뢰즈-마르크스주의자들의 욕망에 있으며, 이러한 욕망은 이들로 하여금 이념적 일관성을 견지할 수 없도록 만든다는 것이다. 그 결과 이론적인 관점에서 일관적이지 않다는 점에서는 우스꽝스럽게도, 그리고 앞선 이론적 입장을 견지하지 못했다는 점에서는 좌절스럽게도 『제국』이 출판되던 해로부터 9년 후인 2009년[56] 런던에서 개최된 컨퍼런스[57]에서 네그리는 『제국』 이전의 관점으로 회귀한다. 즉 제국-다중의 구도 속

54 서관모, 「네그리와 하트의 다중의 기획에 대한 비판」, 135쪽.
55 앞의 글, 같은 쪽.

에서 제국의 한 분절에 불과했으며 다중의 도주 기획에 중요한 대상이 아니었던, 전통적인 의미의 국가에 대한 대항 투쟁이 되돌아왔다는 것이다: "공산주의자가 된다는 것은 국가에 대항한다는 것을 의미한다"[58]는 입장으로 말이다.

자본주의에서 혁명은 투쟁으로 이루어지는가 아니면 도주로 이루어지는가

들뢰즈와 가타리가 사회와 자연, 인간과 자연의 본질적인 구분을 폐지하고 사회적 생산과 개인적인 욕망의 생산을 하나의 과정으로 설명하기 위하여 도입한 개념이 '기계'이다. 그것은 인간적인 과정이 자연의 과정과 다른 법칙에 의해 진행된다든지, 사회적 과정이 인간적인 과정과 다르게 이루어진다든지 하는 관념을 혁파하고, 욕망의 미시경제라는 유물론적 과정으로 모든 것을 설명하기 위하여 도입된 것이다. 이 개념은 『안티 오이디푸스』의 첫 장에 강렬하게 등장하여 많은 사람들을 당혹스럽게 만들어 왔다.

> 그것ça은 도처에서 기능한다. … 그것은 숨쉬고, 열내고, 먹는다. 그것은 똥 싸고 씹힌다. … 도처에서 그것은 기계들인데, 이것은 결코 은유가 아니다.[59]

---

56 2009년은 네그리와 하트의 『공통체』가 출간된 해이며, 이 저서에도 물론 이와 같은 이론적 변화가 나타나 있다.

57 2009년 3월 13~15일 런던대학교 Birkbeck Institute for the Humanities에서 개최된 'On the Idea of Communism' 제하의 컨퍼런스.

58 "Communism: some thoughts on the concept and practice", http://www.generation-online.org/p/fp_negri21.htm. 서관모, 「네그리와 하트의 다중의 기획에 대한 비판」, 142쪽에서 재인용.

59 AO., 23쪽.

도처에 기계들이 있으며, 그것이 기능한다는 이 말을 많은 사람들이 은유로 받아들이고 싶어 했다. 그러나 들뢰즈-가타리는 기계라는 개념을 은유가 아니라 하나의 엄밀한 철학적 개념으로 쓰고자 했던 것이 사실이다. '기계' 개념의 창시자로서 이들이 참고하는 이는 바로 도시학자 멈포드로서, 그는 기계를 다음과 같이 정의하였다.

> 만일 뢸로Franz Reuleaux의 고전적 정의를 얼마간 따라, 기계를 각 요소가 전문화된 기능을 갖고 인간의 통제 아래 기능하며 운동을 전달하고 노동을 수행하는 견고한 요소들의 조합이라고 여길 수 있다면, 인간기계는 정말이지 하나의 참된 기계이리라.[60]

멈포드는 기계를 정의하면서 기계란 특정한 전문적인 기능을 가진 요소들의 조합이 '인간의 통제 아래에서' 기능하고 운동을 전달하고 노동을 수행하는 것으로, 다시 말해서 기계 바깥에 인간이 존재하며, 인간이 기계로부터 초월한 존재로서 기계를 통제하는 것으로 보는 듯하게 묘사하였지만, 이 기계 개념을 좀 더 철저하게 가져간다면 기계를 구성하는 요소들의 조합과 기능의 수행, 운동의 전달은 순수하게 내재적인 것으로서 이를 통제하는 바깥은 없다고 볼 수 있다. 만약 인간과 기계의 관계를 멈포드처럼 기계 밖에서 기계를 통제하는 인간과 같이 바라본다면, 멈포드가 언급한 '인간기계'는 이 기계를 통제하는 인간의 바깥을 설정해야 할 것이다. 기계 개념을 이렇게 신학

---

60 AO., 248쪽. Lewis Mumford, "La Première mégamachine", *Diogène*, 1966년 7월.

적으로, 유비적으로 이해할 것이 아니라면, 가장 현대적인 개념으로서의 기계는 들뢰즈-가타리가 말한 것처럼 은유가 아닌 한에서, 기계를 통제하는 바깥이 없는, 완전히 내재적인 원리에 의해 운동하는 것이어야 한다. 바로 이런 의미에서 들뢰즈-가타리는 사회의 체제를 다루면서 사회체 혹은 사회기계라는 개념을 사용한 것이다. 그들이 사회를 바라보는 방식은 하나의 몸Body 혹은 하나의 기계로서, 그러한 관점에서 인간도 역시 기계이고 우주 역시 기계로 이해된다.

인간이 기계 밖에서 기계의 요소들을 통제하는 경우, 그 기계는 기술기계로서, "기술기계는 … 인간의 힘을 확장하고 어느 정도 풀어준다. 반대로 사회기계는 인간들을 부품으로 삼으며, 그래서 마치 인간들은 인간의 기계들과 함께 고려되고, 또 작용과 전달과 운동의 모든 단계에서 하나의 제도적 모델 속에 통합되고 내부화되기라도 하는 것 같다".[61] 들뢰즈와 가타리가 인간과 사회, 자연과 산업을 불문하고 도처에 그것이, 그리고 기계가 작동한다고 말할 때, 기계라는 것은 이렇게 개념화된 것이다. 그런데 자본주의라는 사회기계는 다른 사회기계들과 다른데, 그 다름은 바로 다음과 같은 부분에 있다.

> 자본주의가 보편적 진리라면 이것은 자본주의가 모든 사회구성체의 부정적인 것*le négatif*이라는 의미에서이다. … 역사 밖에 있는 것은 원시사회들이 아니다. 바로 자본주의가 역사의 끝에 있는 것이다. 바로 자본주의가 우발들과 우연들의 오랜 역사에서 귀결되는 것이며, 역

61 AO., 247~248쪽.

사의 끝을 도래하게 하는 것이다. 예전의 구성체들이 이를, 즉 안에서 올라오기에 올라오는 것을 애써 막아 바깥에서 왔을 뿐인 이것을 예견하지 못했다고 말할 수는 없다. 이로부터 역사 전체를 회고적으로 읽을 가능성이 나온다.[62]

자본기계 이전의 사회기계로 제시되는 원시영토기계와 군주기계는 욕망의 흐름이 원시부족이나 군주를 해체하지 않도록 하기 위한 각종 코드들의 집합으로 규정된다. 군주기계는 원시영토기계보다는 탈코드화된 욕망의 흐름들을 근거로 기능하는 기계였으나, 이러한 상대적인 탈코드화된 흐름을 다시 군주라는 마지막 항을 중심으로 초코드화하는 기계라고 본다. 그러나 이 두 사회기계들은 모두 일반화된 탈코드화된 흐름들이 등장하지 못하도록 작동하고 있었던바, 자신의 바깥에 자본기계를 예비하고 있었다고도 보는 것이다. 그런 의미에서 자본기계는 모든 사회구성체가 내쫓으려고 한 기계이며, 모든 기계의 한계이고, 부정적인 것이며, 그리하여 역사의 끝이다. 자본기계는 그 본질이 탈코드화된 흐름에 근거하기 때문에 탈코드화하는 코드를 무한히 공리로 추가할 수 있으나, 탈코드화한 흐름에 근거한다는 바로 그 이유 때문에 자기가 해체되지는 않는다. 다시 말해서 자본기계의 바깥이나 자본기계의 다음은 없다.

이러한 결론 혹은 이론적 함축은 마르크스주의자들에게 큰 충격과 실망을 주리라고 본다. 들뢰즈는 『안티 오이디푸스』의 세 가지 주

62 AO., 267쪽.

제를 요약하면서 "보편사는 존재하지만 이것은 우발성의 역사이다"[63] 라고 썼다. 역사에 필연적 과정은 없으며, 자본주의의 요소들은 보편적이지 않지만, "명백한 승리자"[64]인 자본주의로부터 회고적으로 보편사를 적을 수 있다고 보는 것이다. 위의 인용문에서 보았듯이, 이전의 모든 사회구성체를 자본주의의 부정적인 것으로 보는 한에서 말이다. 들뢰즈와 더불어 이 책을 같이 쓴 가타리가 여전히 공산주의자로 남아 있는 것이나, 공산혁명을 꿈꾸면서 들뢰즈-마르크스주의를 그 이론적 토대로 삼고자 하는 이론가들이 일관적이지 못하게 보이는 이유는 바로 이런 데 있다고 할 수 있다. 들뢰즈의 철학은 처음부터 끝까지 일관되게 일의적 존재론에 근거하고 있으며 그 정치철학은 분열적 흐름을 속성으로 가지는 욕망 일원론이다. 이러한 들뢰즈의 존재론 및 정치철학을, 계급적대와 화해 불가능한 모순, 그리고 프로레타리아 계급과 그 독재, 혹은 덧붙일 수 있다면 사유재산 철폐와 폭력에 의한 공산혁명과 함께 논의될 수 있다고 생각하는 것이 얼마나 어려운 일인지 금방 확인할 수 있을 것이다. 들뢰즈와 가타리가 자신들의 주장과 논의를 전개하면서 마르크스를 원용하고 마르크스가 자신들의 뜻과 같음을 증명하는 방식으로 텍스트를 구성했다고 해서, 이들의 텍스트가 곧 마르크스주의가 되는 것은 아니다. 그러나 가타리는 들뢰즈와는 달랐다.

가타리가 혁명투쟁이 "자본주의에 오염된 욕망경제의 모든 수준(개인, 부부, 가족, 학교, 활동가 집단, 광기, 감옥, 동성애 등의 수준)

63 MP., 4쪽(이탈리아어판 서문).

64 AO., 245쪽.

에서 전개되어야"[65] 한다고 보았을 때 그것은 들뢰즈와 『안티 오이디푸스』를 저술한 공저자로서 적절한 입장이라고 말할 수 있다. 그렇기 때문에 기존의 국가장치를 중심으로 한 혁명적 실천, 즉 국가 권력의 쟁취와 프로레타리아 독재라는 과정으로서의 혁명적 실천 대신 욕망 해방이라는 방향으로 분자혁명을 기획하고자 했던 것은 일관성 있는 이론적 행보다. 그러나 분자혁명은 "자신의 신체, 자신의 감각, 감수성, 성애의 재전유로서 분자적 구성요소들의 일종의 자치실행"[66]이라는 방향으로 나가게 되고, 이러한 혁명투쟁은 마르크스주의자로서 자신이 원래 추구했던 방향과 점차 멀어지는 것처럼 여겨질 수밖에 없었을 것이다. 그래서 가타리는 점차 '분자혁명'이라는 개념을 포기하였다. 이론적 일관성을 지킬 경우의 전략과 이론적 일관성을 무시할 경우 얻게 되는 행동강령은 매우 다르다. 1978년에 와서도 가타리는 "혁명적 변혁의 전망"이 완전히 가능함을 주장하는데, 그는 이 전망이 1) 일상생활 투쟁, 욕망투쟁, 2) 전통적인 노동자 계급투쟁, 3) 민족 해방투쟁 및 소수민족 해방투쟁을 발전시키고 쇄신하고 접합하는 것이라고 주장[67]하였고, 서관모는 가타리에 대하여 이렇게 평가한다. "'번개와 같은 가타리'의 사고는 논리적으로 엄격하기보다는 이렇게 분방하다. 70년대 말의 노동자운동과 관련하여 "거대한 탈주운동",

65 펠릭스 가타리, 『분자혁명』, 윤수종 옮김, 푸른숲, 1988, 45쪽. Félix Guattari, *La révolution moléculaire*, Paris: Recherches, 1977. 제2판은 그 후의 글들을 추가하여 1980년에 간행되었다. 1편은 『분자혁명』, 푸른숲, 1988로 번역, 2판에 추가된 글들은 다른 글들과 함께 윤수종 편역, 『가타리가 실천하는 욕망과 혁명』, 문화과학사, 2004에 수록되었다.

66 가타리, 『가타리가 실천하는 욕망과 혁명』, 26, 30쪽.

67 앞의 책, 339쪽.

"고삐 풀린 욕망의 대중적인 분자적 변이"에 대하여 말하는 가타리가 동시에 '전통적 노동자 계급투쟁과 욕망투쟁의 접합'에 대하여 말하는 것이다. 이러한 분방함이 바로 가타리의 매력이다. … 처음부터 프로이트주의와 맑스주의의 종합 같은 것은 생각하지도 않는 가타리는 얼마나 대담하게 양자를 활용하는가! 그러나 … 계급투쟁과 욕망투쟁의 화려하지만 불가능한 결합을 추구하는 가타리보다는 절제된 철학자 들뢰즈와의 공동작업 속에서 욕망의 미시정치의 일관된 이론가로 등장하는 가타리가 더 산출적이라고 해야 할 것이다."[68]

진보와 좌파의 이론적 갱신

이들이 꿈꾼 사회는 있었을까? 있었다면 그것은 무엇일까? 들뢰즈-가타리의 자본주의 분석으로부터 많은 연구자들이 내리는 결론은 지금까지 우리의 논의 주제와는 정반대로, 들뢰즈가 자본주의의 탈코드화, 탈영토화 과정을 더 가속해야 한다고 주장했다는 것이다. 그 근거가 되는 들뢰즈-가타리의 텍스트는 정확히 아래와 같다.

> 어떤 혁명의 길이 있을까? … 세계시장에서 파시스트적 '경제해법'이라는 기묘한 갱신 속으로 퇴각하는 것? 아니면, 반대 방향으로 가는 것? 말하자면 시장의 운동, 탈코드화와 탈영토화 운동 속에서 더욱더 멀리 가는 것? 아마도 고도로 분열적인 흐름의 이론과 실천의 관점에서 볼 때는 아직 충분히 탈영토화되고 탈코드화되지 않았기 때문에.

---

68 서관모, 「프로이트 맑스주의와 펠릭스 가타리」, 『사회과학연구』 제21권 통권호, 227쪽.

과정에서 물러나지 말고 좀 더 멀리 가라. 니체가 말했듯이 '과정을 가속하라'. 그러나 이 문제 속에서 우리는 아직 아무것도 보지 못했다.[69]

로널드 보그가 우선 그 해석을 따랐고,[70] 우리나라의 많은 연구자들이 같은 견해를 갖고 있다: "탈코드화하는 자본주의의 등가화하는 역능을 극복하는 유일한 방법은 자본주의를 폐기하거나 메시아적인 정의로 재형성하는 것이 아니라 자본주의가 열어 놓은 욕망의 역능을 집단으로 극한까지 나아가는 것에 있다."[71] 들뢰즈의 비전을 이와 같이 볼 때는 '자본주의 사회가 가장 바람직한 사회'라는 결론마저도 가능해진다.[72] 그렇다면 들뢰즈는 친자본주의자이며 신자유주의자인가? 우리는 이러한 해석의 근거가 되는 위 텍스트를 엄밀하게 읽어 볼 필요가 있다. 혁명의 가능성을 물으면서 그 대답을 두 가지 질문으로 되돌려 주는 것, 이것은 저자들이 논의를 전개하는 과정에서 자기들의 결론적 주장을 짐작할 수 있도록 독자들에게 던지는 하나의 단서와 같은 것이며, 독자들에게 이런 단서를 가지고 계속 생각해 보기를 권하는 논의의 기술이다. 사람들은 혁명의 길이 파시스트적 경제 해법에 있지는 않을 것이라고 생각할 것이기 때문에 너무나 쉽게 '시

---

69 AO., p. 285(필자가 직접 번역함).

70 로널드 보그, 『들뢰즈와 가타리』, 이정우 옮김, 새길, 1995, 169쪽. "편집증적인 과정을 극복하는 유일한 방법은 자본주의의 분열증적 경향을 그 체계가 폭발해 버릴때까지 강화하는 것."

71 윤일환, 「자본주의, 정의, 그리고 욕망-생산: 데리다와 들뢰즈, 그리고 마르크스의 유산, 2009년 연구보고서」, https://www.krm.or.kr/krmts/search/detailview/pdfViewer.html

72 강내희, 「욕망이란 문제 설정?」, 『문화과학』, 1993 봄, 41쪽.

장의 운동'을 더욱 가속하는 것이 답이라고 받아들이고 말았다. 그러나 그것이 두 저자의 결론이었을까? 들뢰즈와 가타리는 이 저서 말미에 니체의 말을 다시 반복한다. "과정을 완성할 것, 과정을 멈추지 말 것…. 사람들은 흐름들의 탈영토화, 탈코드화 속으로 충분히 멀리 가지 못하리라."[73] 이 책 결론에서 반복된 니체의 말은 이제 질문이 아니라 결론이며, 이것은 우리에게 과정을 멈추지 않는 것이 혁명의 길이라는 점을 명확히하는 문장이다. 그렇다면 위의 인용문에서 '시장의 운동을 가속하는 것'과 결론에서 '과정을 멈추지 않는 것'은 어떻게 다른가? 그것은 너무나 명백히, 그리고 아주 교묘히 다르다. 논의 중간에 저자들이 던진 질문은 독자들을 얄궂게도 현혹하여, 마치 혁명의 방향이 과정을 멈추지 않는 것인데, 그 과정이라는 것이 '시장의 운동'이라는 과정인 것처럼 생각해 보도록 유도한 것이다. 글 쓰는 과정에서 저자들은 보통 독자들을 잘못된 길로 유도하고 사실 본인들이 하고자 하는 말이 그것이 아님을 보여 주는 경우가 많은데 여기가 바로 그러한 부분이다. 시장의 운동은 그 자체로 편집증적인 과정과 함께 운동하기 때문에 그 과정을 멈추지 않는 것은 명백히 친자본주의적 입장이 된다. 들뢰즈와 가타리가 결론으로 가면서 우리에게 말하고자 한 것은, 자본과 시장의 운동은 모든 것을 자본으로 환원하는 편집증적 운동과 모든 것을 자본으로 해체하는 분열증적 운동이 시계추처럼 오가는 과정이기 때문에 시장의 분열증적 운동만을 가속하는 것은 가능하지 않다는 것이다. 분열증적 과정의 가속은 오로지 욕

---

73 AO., 627쪽.

망의 사용에서만 가능하다. '자본의 분열증적인 경향만을 가속한다'는 테제는 그 자체로 성립하지 않으며, 자본은 그 분열증적 경향을 강화하는 만큼 같은 정도로 편집증적 경향도 동시에 강화하기 때문에 실천적으로도 불가능하다.

자, 이제 우리의 질문에 대답해 보자. 들뢰즈주의는 마르크스주의냐 아니냐, 들뢰즈는 친자본주의자냐 아니면 공산주의자이냐. 어떻게 대답하는 것이 가장 적확할까. 우리는 이렇게 되물어야 하리라고 본다. 이러한 질문은 우리가 진정한 정치적 문제에 다가가는 것을 방해하는 덫에 불과한 것이 아니냐고, 그리고 진정한 해방을 불가능하게 하는 고도의 미끼가 아니냐고. 다시 요약해 보자. 들뢰즈-가타리의 자본에 대한 분석은 충분히 비판적이지만, 자본의 사회기계가 모든 사회기계의 한계라고 말하는 바람에 의심 어린 눈총을 받는다. 그런데 욕망은 무한히 도주하고 자본-국가는 포획한다. 그렇다면 이들이 자본-국가를 부정하는 것인가? 자본에 대한 들뢰즈-가타리의 기본적인 두세 가지 입장이 이 이론이 마르크스주의인가 아닌가, 공산주의인가 친자본주의인가라는 질문에 제대로 대답하지 못하게 한다. 그러므로 거꾸로 들뢰즈-가타리의 입장은 이와 같은 질문으로 파악하지 못하는 입장이라고 보아야 하지 않은가. 그래서 우리는 이 질문 자체가 함정이 아닌가 되물어야 한다. 이는 그저 들뢰즈-가타리의 자본 분석이 이와 같은 질문으로 파악되기 어려운 입장이어서만은 아니다. 오히려 우리의 되물음은 이 질문이 근본적으로 정치 사회의 문제에 대한 우리의 접근을 지나치게 하나의 질문으로 환원시키는 것이 아닌가 하는 심각한 반문이다. 정치에 대한 우리의 생각이 지나치게 두 개의 이념으로만 분류되어, 어떤 정치철학이든지 두 개의 입장의 이편이냐 저편이냐를 묻는 것으로 축소되고 왜곡되는 것은 아닌가 말이다.

들뢰즈는 개념의 혁신, 새로운 개념의 창조로 여러 영역에서 각광받는 철학자이다. 그는 서구 철학사에서 생기를 잃거나 굳어진 개념들을 재검토하고 혁신하여 새로운 형이상학적, 존재론적 지평을 열었다고 평가받는다. 그가 혁신한 개념 중 하나가 바로 이념이다. 이념, 물질-유물론, 차이 등의 개념들이 그와 더불어 새로이 구성되었다. 이런 종류의 많은 사유들이 정치철학의 영역에서는 오로지 자유(민주)주의나 사회주의냐, 자본주의냐 공산주의냐라는 낡은 이념적 구분의 틀 안에서의 자리매김을 위한 공방에 시달린다는 것은 안타까운 일이다. 우리는 들뢰즈-가타리, 더 넓게는 들뢰즈의 정치철학이 이러한 기존의 이념 논쟁에 잘 들어맞지 않는 새로운 사유라고 본다. 물론 그렇게 보기 위한 면밀한 철학적 분석과 기반이 필요할 것이다. 적어도 여기에서 이들의 정치철학이 친자본주의와 공산주의라는 이분법으로는 다룰 수 없다는 여러 근거들을 따져 보았다면, 우리는 곧바로 이들이 혁신한 이념과 유물론의 개념이 무엇인지 살펴보고자 한다.

3. 유물론의 미래와 이념

가. 유물론자 들뢰즈

생각한 것을 몸으로 수행하는 일과 물리적인 세계에서 일어나는 일에 대해 생각하는 것은 우리가 일상생활에서 아무런 어려움 없이 해내는 일들이라서, 이 지점에서 어떤 식으로든 해명해야 하는 문제가 있다고 대개의 경우에는 생각하지 않는다. 하지만 여기에는 근본적인 이론적 어려움이 있다. 즉, 어떻게 관념이 물질로 전달되는가, 어떻게 물질이 관념으로 이행하는가. 관념과 물질, 혹은 사유와 연장 사이의 이행불가능성은 스피노자가 다음과 같이 증명해 둔 바 있으며, 이 문제는 소위 '심신문제'로 몇백 년째 전해 내려오고 있다.

> 1부 신에 대하여
>
> 공리 4. 결과의 인식은 원인에 대한 인식에 의존하며 그것을 포함한다.
>
> 공리 5. 서로 아무런 공통된 것도 가지지 않은 것들은 서로 상대편에게 인식될 수 없으며 또한 한 개념은 다른 개념을 포함하지 않는다.
>
> 정리 3. 서로 아무런 공통점이 없는 사물들은 그것들 중 하나가 다른 것의 원인이 될 수 없다.
>
> 증명: 만일 사물들 간에 아무런 공통점도 없다면 그것들은 (공리 5에 의하여) 서로 상대방에 의해 인식될 수 없다. 그러므로 (공리 4에 의하여) 그중 하나는 다른 것의 원인이 될 수 없다. —Q.E.D.
>
> (스피노자, 『에티카』)

들뢰즈는 이 문제에 대한 19세기의 답변으로 현상학과 베르그손을 들었다(들뢰즈, 『시네마』). 현상학은 '의식은 ~에 대한 의식'이라는 의식의 지향성을 그 해결책으로, 베르그손은 '모든 것은 의식이다'라는 해결책으로 답했다는 것이다. 들뢰즈는 현상학적 해결책이라는 것은 의식의 빛을 사물 쪽으로 향하게 한 것 외에 다른 것이 없으며 이는 매우 불충분한 해법이라 보았고, 의식의 빛과 사물의 어둠이라는 두 대립의 방향을 완전히 바꾸어 버린 베르그손의 해법을 향해 자신의 답을 찾아 들어갔다. 베르그손의 해법은 좀 이상하게 들리겠지만, 사물이 빛이고 의식이 어둠이라는 해법이다. 이것은 이성을 빛으로 은유하고, 계몽이란 곧 이 빛을 켜는 것enlightenment으로 생각했던 오래된 철학적 전통과는 정반대의 사유이다. 그 정반대의 사유는 오히려 사물이 온통 빛나고 있고, 이를 드러나게 하는 것은 그 빛을 반사시키는 스크린으로서의 주관적 의식이라는 것이다. 그래서 들뢰즈는 유물론자라고 불리게 된다(물론 다른 근거들도 있지만). 앞서 들뢰즈-마르크스주의라는 틀을 혁파하면서, 이를 위해서는 유물론에 대한 개념적 혁신이 뒷받침되어야 한다고 말한 바 있다. 그렇다면, 들뢰즈는 어떤 유물론자인가?

나. 유물론의 문제

유물론의 양상들이 무척 다양하기 때문에 들뢰즈의 유물론이 어떤 의미의 유물론인지는 상당한 설명이 필요하다. 게다가 이를 마르크스주의에까지 연결시키려면 더욱더 기나긴 해명의 과정이 필요하다. 어쩌면 유물론의 분류학을 해야 할지도 모를 일이다. 유물론,

materialism의 어근이 되는 material부터 생각해 보자면 그것은 matter, 즉 아리스토텔레스의 질료에까지 이르게 된다. 아리스토텔레스에게 질료는 그 자체로는 아무런 성질이 없는 것이지만 형상이 현실적으로 드러날 수 있는 조건이 된다. '조건'이라는 단어는 매우 의미심장한 단어이지만, 고대에 질료라는 조건에는 별다른 중요성이 없었다. 고대에 질료가 형상에 대해 갖는 조건의 의미는 차라리 모든 것이 가능하지는 않다는, 형상을 제한하는 어떠한 어쩔 수 없는 것이라는 의미였다. 이후 근대에는 이 물질이 연장étendue으로 간주되었고, 이는 철학의 역사상 가장 피상적인 물질 개념이 아니었던가 싶다. 연장은 우주에 빈틈없이 펼쳐져 있는partes extra partes 것으로서 근대 경험주의의 근거가 되는 감각지각 가능한 것sensible을 일컬었고, 이 물질은 과학기술과 발전의 근거이자 증거였다. 이데아도 신도 쫓아낸 자리, 아무것도 확실한 것이 없다고 생각한 철학적 지평에서, 믿을 수 있는 유일한 것은 감각지각 가능한 물질이라는 피상적 경험주의의 입장과 과학기술에 대한 낙관적 전망 그리고 싹트고 무르익어 가는 자본주의가 혼연일체가 되어, 유의미한 것은 오로지 물질이라는 인식을 낳을 수 있었다. 소위 소박한 유물론이라고 말해지는 이 유물론은 이러한 물질에 근거한 것이다. 사회적 조건이 사회적 의식을 규정한다는 맥락에서 그 '조건', 그리고 '특정한 관계'를 의식에 앞세우는 유물론은 아마도 이런 종류의 소박한 물질 개념의 한계를 넘어서는 세련된 유물론의 일종이리라 생각한다.

그런데 마르크스주의는 물질, 노동, 사회적 관계, 역사적 조건을 의식에 앞세우는 유물론적 입장을 취하면서도 계급의식의 선험성을 주장하는 모순, 무엇보다도 경제적 조건이라는 하부구조를 상부구조의 궁극적인 원인으로 생각하면서도 다른 어떤 정치적 입장보다도 강력한 이념적 성향을 가지는 모순을 지니고 있다. 마르크스는 애초에 이론가나 철학자라기보다는 시대의 모순을 통찰하고 이를 극복하고자 했던 운동가이자 실천가였기 때문에 이론적 일관성에 대한 의문은 사실 지엽적이라고 본다. 하지만 이런 이론적 모순이 이후 연구사에 많은 혼동을 유발한 면도 있고, 그 때문에 어떤 것이 진정한 마르크스주의인가 하는 끝없는 논쟁이 시작된 면도 있으니 아주 중요하지 않은 것은 아니다. 그러나 이는 오히려 더 깊고 세련된 사유를 통해 해소되거나, 새로운 사유의 지평으로 우리를 안내할 수도 있다.

다. 들뢰즈가 구축한 유물론

'유물론자'로 불리는 들뢰즈의 철학적 숙고를 살펴보는 것은 그런 점에서 의미가 있다. 그렇다면 들뢰즈가 생각하는 물질, 그리고 물질과 관념의 문제에 대한 해답은 무엇일까. 나는 이를 다음 세 가지로 요약해 보고자 한다.

1) 우리는 몸이 무엇을 할 수 있는지 모른다
2) 물질과 의식의 역전, 미분
3) 이념의 물질성

1) 우리는 몸이 무엇을 할 수 있는지 모른다

이것은 스피노자의 명제로서, 철학적으로 별다른 공통점이 없어 보이는 니체에게서 다시 발견된다. 들뢰즈는 이를 스피노자-니체 동일성이라는 테제로 연결하면서 우리가 기존에 몸에 대해 가지고 있는 인식(몸은 정신의 감옥, 몸이 수집하는 정보는 믿을 수 없음, 몸은 본능을 가진 동물과 같다는 류의 인식)에 의문을 제시한다. 요즘 대중적으로 유행인 몸에 관한 한 예시를 보면 현대인인 우리는 이런 정도, 즉 정신의 감옥 혹은 본능적인 동물 같은 몸 정도로도 몸을 대우하지 않는 것 같다. 그것은 플루타르코스가 기록한 '테세우스의 배'라는 그리스 신화의 한 사례로서, 만약 우리가 배의 부식된 부분을 새 목재로 교체하여 수선하기를 거듭하면서 배를 유지한다면 어느 정도의 시간이 흐른 후에 그 배에는 기존의 배를 구성하는 목재는 하나도 남지 않는다는 이야기이다. 플루타르코스는 이렇게 물었다. 그렇다면 이 배는 처음과 같은 배인가 다른 배인가? 이런 사례로 자기동일성의 역설을 이해하려 하는 걸 보면, 현대의 우리가 인간의 몸을 얼마나 피상적으로 이해하고 있는지 알 수 있다. 인간의 몸을 구성하는 세포, 혈액, 뼈, 근육, 체액 등을 배를 구성하는 널빤지 정도로 생각하는 것이니 말이다. 인간의 몸을 구성하는 이 모든 요소들이 새 것으로 교체된다면 그는 같은 사람인가, 다른 사람인가. 이 질문이지 않은가? 이때 인간의 모든 세포가 7년을 주기로 한차례 완전히 교체된다는 사실의 맥락에서 생각하는 그 몸, 그러한 종류의 몸과 물질에 대한 생각이 가장 단순하고 소박한 의미에서의 유물론적 입장일 것이다. 그러나 여기에서 사람들이 전혀 고려하지 않는 것이 있다. 그것은 낡은 세포가 새로운 세포로 교체될 때, 그 새로운 세포가 완전히 독립적으로 생기는 것이 아니라, 그 주변에 있는 세포들과의 관계 속에서, 그리고 그 관계를 관할하는 어떤 힘의 일관성 속에서 생긴다는 점이다. 과학으로 대변되는 인간의 감각-지각-인식의 총아는 자기 자신을 구성하는 세포들과 그 역학관계를 관찰할 수는 있지만, 그것이 무엇을 하고 있는지 그리고 무엇을 할 수 있는지 결코 100퍼센트 알 수는 없다. 어쩌면 몸은 내가 의식하고 있는 것보다 훨씬 더 많은 것을 할 수 있을지도 모른다. 이것이 스피노자-니체의 몸에 대한 문제제기였다. 니체는 의식은 몸의 장난감에 불과하고, 의식이 가진 것이 작은 이성reason이라면 몸은 큰 이성Reason을 가지고 있다고 말한 바 있다.

2) 물질과 의식의 역전, 미분

그래서 그는 물질에게 권리적 의식conscience impersonnelle-전개체적 의식conscience préindividuelle을 부여하고, 우리가 평소에 알고 있던 인간적 의식은 주관적/감산적 의식으로 본다(들뢰즈, 「내재성: 생명…」, 『시네마』). 물질에 대한 이러한 이해를 떠받치고 있는 개념은 들뢰즈에게 다름 아닌 차이이다. 물질의 근본이 차이라는 것은 알기 쉽게 말하자면 물질이란 우선 궁극적으로 identify할 수 없다, 다시 말해서 그 identity(동일성/정체성)를 궁극적으로 지정할 수 없음을 뜻한다. 그러나 그 궁극적인ultimate 정체를 고정시킬 수는 없더라도 우리는 현실적으로 물질을 감각하고 지각하며 이러저러한 형태, 맛, 소리 등으로 확인한다. 들뢰즈는 그 확인되는 현상을 나타나도록 하는 그 근본에 대하여 묻는 것인데, 이는 마치 물리학자들이 물질의 궁극적인 실체가 있는지를 연구하는 일과 같다. 그래서 물리학자들이 원자핵을 넘어 쿼크로, 쿼크를 넘어 끈으로 점차 연구를 진행해 나가는 것처럼, 들뢰즈는 그러한 과학적인 성과와 발맞춰 이 문제를 철학적 개념을 통해 사유하려고 한 것이고, 그것이 바로 '차이'이다. 연구가 상당히 되어 있기 때문에 이미 널리 알려져 있는 차이에 대해 여기서 더 이야기할 필요는 없으리라고 본다. 차이로서의 존재를 가장 잘 보여 주는 상징으로 들뢰즈가 긴요하게 사용하는 것은 바로 미분이라는 점만 짚어 두자: "미분법은 예전에는 해결할 수 없었고 게다가 제기조차 할 수 없었던 문제들problème transcendental을 표현한다."[74] 원 A를 만들기 위해 한 점에서 다른 점으로 이동하는 점진적인 과정이 있다고 하자. 이 점은 '어떻게' 이동하는가. 데카르트 덕분에 원을 좌표에 올려놓을 수 있게 되었으니 좌표로 말해 보자. 이 점은 x축과 y축 각각에서 볼 때 그 변화량이 '어떤 비율을 유지하면서' 이동해야 하는가. 이 질문에 대한 대답은 어떤 점에서 얼마만큼의 이동이냐에 따라 달라지는데, 이 대답들 전체는 원 A의 역동성(변화가 어떻게 일어나는가)에 대한 해명이며, 이는 곧 원 A의 본질 혹은 속성이라고도 말할 수 있다.[75] 그 본질에 대한 대답이 바로 미분방정식. 원의 방정식에 대한 미분방정식 $dx/dy= -y/x$를 보자. x의 변화율을 극한으로 가지고 갈 때의 변화율 dx는 그 자체로는 값이 없다. 그 자체로는 값이 없는 극한에 대한 상징 dx. 극한은 '가장 작은 것"보다 더" 작은'이라는 '이행'의 의미가 들어 있다. 즉, dx는 확정 불가능한 양, 차이가 된다. 그런데 이 dx는 dy와 '특정한 관계', 즉 $-y/x$라는 관계로 관계 지어져 있으며, x가 확정될 때, $-y/x$라는 특정값을 갖는다. 이것이 미규정, 규정 가능성, 규정성의 종합이고, 들뢰즈가 '차이의 이념적 종합'이라고 부르는 종합이다. 그래서 들뢰즈는 "상징 dx는 세 가지 계기를 동시에 지

74 DR., 387쪽.
75 들뢰즈는 이러한 미분적 본질을 비본질이라고도 부른다.

닌다"[76]고 말한다.

dx가 존재의 세 가지 계기를 동시에 지닌다는 것은 무슨 의미인가? 규정, 미규정, 규정 가능성이라는 존재의 세 계기에 관한 칸트의 논의를 잠시 살펴보자. 칸트는 데카르트가 '생각하는 존재의 확실성'cogito ergo sum을 발견한 데 대하여, 그가 규정cogito과 미규정sum이 '어떻게' 관계 지어지는지에 관련한 그 '조건', 규정 가능성을 말하지 않았다고 지적했다. 그러니까 '생각함'이 '어떻게, 어떤 조건'에서 '존재함/있음'을 규정할 수 있다는 것인가? 이에 대해 칸트가 그 '조건'으로서의 '규정 가능성'으로 제시한 것이 시간이다. 생각은 시간 속에서 존재를 규정한다. 즉 규정과 미규정, 규정 가능성이라는 요소들은 존재를 해명하는 데 필수불가결하다. 그러나 여기에 시간이 조건으로 있는 한, 시간 속에서 규정되는 이 존재는 항상 해체 중이며, 해체 중인 존재를 다시금 묶어 두는 끊임없는 과정에는 불일치, 틈, 균열, 불균형이 들어오게 된다. 데카르트가 규정과 미규정으로 존재의 확실성을 자리매김하려 시도했다면, 칸트는 자아를 미규정으로, 세계를 규정 가능성으로, 신을 규정성의 이상으로 하여 존재를 구성하는 계기들을 서로에게 외부적인 것으로 분리해 둔다. 들뢰즈는 칸트가 분리한 이 세 계기를 하나의 존재로 통합하는 존재론을 개진한 것으로 이해하면 좋겠다. 세 계기가 외적으로 분리되는 것이 아니라 내적인 차이로 종합된다면, 그 존재는 그 자체로 불균등하게 되므로 반드시 운동하며 운동하면서 반드시 변한다. 존재를 자기동일, 불변, 영

76 DR., 375쪽.

원이 아니라, 차이, 운동, 불일치를 토대로 사유한다는 것이 바로 들뢰즈의 혁신이라고 불리는 지점이다. 물론 이를 설득하기는 매우 어렵다.

아리스토텔레스가 인간을 생각하는 동물로 정의하였을 때, 생각함이라는 규정은 인간이라는 실체에 대한 외적인 규정으로서 인간과 적합하게 연결되는 속성이며, 이 모두를 근거 짓는 것은 로고스이다. 이에 대하여 데카르트는 '생각하는 인간'을 존재의 근거로 세우려던 것이었다. 들뢰즈는 생각함, 인간, 동물, 세계, 신 등의 계기 혹은 규정들을 모두 dx로 해체하거나, 혹은 그 모든 존재자들의 원인을 dx로 보는 것이다. 그러므로 생각함이라는 규정을 인간이 독점할 수도 없으며, 인간의 의식의 전유물이라고 보는 것은 더더군다나 불가능해진다. dx로서의 물질. 그것이 들뢰즈가 제시하는 물질론, 유물론이다. 이렇게 되면 우리는 지금까지 있어 온 유물론들이 물질이라고, 혹은 물질적 조건이라고 여겼던 그 모든 것들을 포함하면서도 해체하는 유물론의 미래를 생각해 볼 수 있다. dx로서의 물질은 감각지각 가능한 연장으로서의 물질 이하의 것, 경제적인 생산관계, 물질적인 조건이라는 맥락에서의 물질 이상의 것, 스피노자와 니체가 경이의 대상으로 생각한 몸과 같은 무엇, 의식과 물질의 대립을 넘어서는 것을 모두 의미한다. 이것이 들뢰즈가 생각한 유물론이다.

3) 이념의 물질성

물질과 의식의 존재를 역전시키고, 물질을 오히려 의식에 의해 감산되기 전의 비인격적/전개체적 의식이라고 하면, 이념은 오히려 물질적인 것이 된다. 그는 이미 "dx는 이념이다"라고 말한 바 있다.[77] 그가 이념을 개념과 함께 설명하는 부분을 보면,

> 역동적인 질서 안에는 더 이상 재현적 성격의 개념이 존재하지 않으며, 미리 실존하는 공간 안에서 재현되는 그런 도형도 존재하지 않[는다] … 거기에 있는 것은 다만 어떤 이념이며, 그에 상응하는 어떤 공간 창조적인 순수한 역동성이다.[78]

이미 하나의 질 혹은 하나의 양으로 확정되고, 인간의 지각의 범위에 들어와서 어떤 내포로 또는 어떤 외연에 의해 규정된 어떤 개념이 있다고 할 때, 이념은 이러한 개념으로 포착되지 않는 어떤 것으로서, 이 개념이 반복할 수 있도록 하는 실증적 역량이다. (이를테면 '나무'라는 개념은 몇 가지 규정의 내포에 의해 정의되거나 어떤 범위의 외연에 의해 정의됨으로써, 우리가 a, b, c, d, e… 등의 사물을 보면서 반복적으로 나무, 나무, 나무, 나무, 나무라고 부른다. 그러나 이런 반복을 가능하게 하는 것은 개념이 아니라 이념이다.) 위에서 이념을 규정성-미규정성-규정 가능성이라는 세 계기의 내적 통일성이라고 해명한 부분에서 그 규정성은, 그러나 이렇게 개념을 정의하는 현실적인 규정(예를 들어, 1. 식물계 2. 광합성 3. 뿌리와 잎, 줄기… 등의 재현적 규정들)과는 다른 것으로 받아들여야 한다. 그것은 말 그대로 미분적 규정, 개념화/재현될 수 없는 규정성으로 보아야 한다. 이를테면

---

77 DR., 375쪽.
78 DR., 67쪽.

DNA를 구성하는 염기 A, T, G, C 는 20개의 아미노산을 만들어 내는데, 염기를 두 개씩 결합하면 16개가 만들어지고 세 개씩 결합하면 64개가 만들어져 정확히 일치하는 결합이 없다. 그래서 세 개씩 결합하는 모델을 만들고 그 결합체를 암호mot de passe라고 부른다. 몇 가지 배열은 묶여서 하나의 아미노산을 만들게 된다. 암호는 완전한 규정도, 미규정도 아닌데다가 그 관계/배열이 특정하게 정해진 몇 가지로 주어지므로 규정 가능하다. 즉 아미노산을 만드는 염기의 배열들은 바로 생명체의 이념이다. 즉, 특정 아미노산을 만드는 염기의 배열들, ATC, ATG, TGC, TCA 등은 규정이기도 하고 미규정이기도 하며 규정 가능이기도 하다는 것이다. 염기의 배열을 미분소와 같은 이념으로 이해하는 것은 돌연변이의 가능성을 설명할 수 있다는 이점도 있다. 그런데 들뢰즈를 언급하는 정말 많은 사람들이 들뢰즈가 말하는 규정을 현실적인 규정으로 오해한다.

이념이 이러한 것이라면 그것은 자기동일성, 영원불변성, 전체적인 통일성과는 관련이 없게 된다. 이 속성들은 플라톤의 이념, 이데아의 것이다. 그런데 사실 플라톤도 스스로 자신의 이데아론에게 심각한 문제가 있다는 것을 알았고 스스로 문제를 제기했었다. [영원, 불변, 단수적] 이념이 [변화하고, 다수적이고, 순간적인] 구체적인 것에서 반복된다면 이념과 구체적인 것은 어떤 방식으로 관계를 맺을 수 있는가? 참여의 방식으로? 분유分有의 방식으로? 구체적인 것이 이데아에 참여한다고 하거나 이데아가 구체적인 것에 분유된다고 하면 이데아는 훼손되지 않는가? 하나의 이념 이를테면 정의, 아름다움, 용기 등의 이데아들은 모두 결핍이 없고 선한 것들이며 서로 하나의 전체(이데아의 세계)를 이루는데, 아름다움의 이데아는 스스로 아름다움 그 자체[단순성]이면서 어떻게 또 다시 선한가? 만약 그렇다면 이데아는 그 자체로 다수여야 하지 않는가?' 등(플라톤, 『테아이테토스』)… 플라톤주의의 전복이 현대철학의 임무라는 니체의 테제를 이어받은 들뢰즈는 그가 전복해야 하는 것이 플라톤주의인 것은 오히려 다행이라고 말했다. 들뢰즈는 구체적인 것을 생산하면서 스스로 반복하는 플라톤의 이념을 받아들이면서 플라톤 자신이 제기한 『테아이테토스』에서의 문제를 현대적으로 소화해 플라톤의 영원불변하는 이데아를 스스로 차이 나는 이념으로 전복한 것이다. 이러한 이념을 들뢰즈는 dx라는 상징 외에, 문제-물음 복합체, 문제제기의 장이라고도 말했다. 물리학적 이념으로서의 원자, 생물학적 이념으로서의 유기체, 마르크스적인 의미의 사회적 이념 등[79]은 구체적이고 재현적이며 감각지각 가능한 현실적인 것들을 생산/반복하는 원인으로서 그 자체로 dx이다. 그러므로 dx는 문제제기의 장이며, 물음이고, 그것은 문제들로 펼쳐진다.

라. 미래의 유물론, 그리고 이념의 문제

들뢰즈의 유물론은 그가 누누이 강조하듯이, 주관적 의식이나 주관

79 DR., 402~415쪽. 사회적 이념은 생산관계와 소유관계를 표현한다. 이 관계나 비율들은 구체적인 인간들 사이에 성립하는 것이 아니라 노동력을 소유하는 원자들 사이에 또는 소유의 주체들 사이에 성립한다. … 이 변이성과 특이점들은 규정된 한 사회를 특징짓는 구체적이고 분화된 노동들 속에서 구현되고, 이 사회의 실재적 결합관계들(법률적, 정치적, 이데올로기적 관계들) 속에서 구현되며, 이 결합관계들의 현실적 항들(가령 자본가-임금 노동자) 속에서 구현된다(DR., 405쪽).

적 관념에 대립하는 것으로서의 대상, 사물, 연장, 질료 등에 근거를 둔 것이 아니다. 들뢰즈는 주체와 대상이라는 것이 이미 내재성으로부터 초월한, 즉 이미 왜곡되거나 축소된 존재라 보았다. 그의 유물론은 존재가 주체와 사물이라는 재현의 대상으로 전락하기 전 내재성의 평면에서의 존재를 두고 이르는 입장이다. 그 평면에는 논리적인 의미에서 나중에 올 주체와 대상을 생산할 모든 규정과 규정 가능성 그리고 미규정성의 장이 펼쳐져 있고, 우리에게 끊임없는 물음으로 존속한다. 그것은 주관적인 관념으로 마음대로 좌지우지할 수 없는 엄연한 현실reality이고, 의식적 주체는 이념에 비하여 항상 뒤늦거나 모자라거나 느리다. 이러한 유물론에서 이념은 이미 물질이며, 노동은 주체적이다(노동자가 아니라 노동, 노동생산물의 특정한 질, 노동자들의 질[80]). 이러한 유물론에 이르면 마르크스주의의 유물론이 품고 있는 것처럼 보이는 모순들이 상당히 해소될 수 있다. 즉, 마르크스주의는 유물론이지만 이념적이고, 의식적 주체의 (부르주아적) 관념론은 거부하지만 주체로서의 노동을 긍정할 수 있다. 그러나 그것이 마르크스주의가 원하는 것인지는 아직 알 수 없다.

중요한 것은 이념에 대한 들뢰즈의 개념 혁신이 마르크스주의가 처한 이론적 모순을 해소할 수 있느냐 아니냐의 문제가 아니라, 사회적 통념처럼 받아들여지는 '이념'이 유발하는 진부하고 지루한 논쟁들이 들뢰즈의 개념 혁신에 의해 그 문제의 틀을 바꿀 수 있는 것은 아닐까 하는 점이다. 이념은 아주 오래전으로 거슬러 올라가면 플

80 DR., 405쪽.

라톤의 이데아로부터 그 함의를 찾을 수 있으며, 가깝게는 헤겔과 마르크스 이래로 우리 근처에 있었다. 이러한 이념은 우리의 실천을 이끄는 영원하고 불변하며 총체적이고 통일적인 것으로서, 자유냐 평등이냐, 자유주의적 자본주의냐 사회주의-공산주의냐 등의 거대 담론을 이끈다. 이념은 영원불변/총체적/통일적이기 때문에 그 이념이 무엇이든 간에, 심지어 '자유'라 하더라도, 이념은 독단적일 수 있다. 또한 자유와 평등처럼 서로 양립하기 어렵다고 여겨지는 이념들을 한 집단의 선도 원리로 삼게 되면, 여러 집단이 이념의 양립불가능성 때문에 해결불가능한 논쟁에, 정당이라면 정쟁에 빠지게 된다. 그렇다고 해서 이념에 대한 무조건적인 비토veto로 이러한 일들이 해결된다고 하기도 어렵다. 이념이 없는 정당, 이념이 없는 정치는 무엇이 될 수 있을까. 그저 되어 가는 대로 되어 가도록 한단 말인가. 그럴 수도 없지 않은가. 우리는 나, 우리, 사회, 세계가 맺는 관계, 그 관계 때문에 유발되는 수많은 문제에 둘러싸여 있고, 뭘 하든 해야 할 필요를 느낀다. 어떻게 해야 할까? 이념을 들뢰즈처럼 혁신한다면, 이념은 우선 우리에게 문제제기의 장으로 다가온다. 그러므로 우리는 우리에게 이미 제시되어 있는 오래되고 낡고 게다가 오염되어 있는, 우리의 사유를 항상 그곳으로 이끌고 가는 정해진 문제의 틀에서 벗어나, 문제가 무엇인지, 과연 우리가 해결해야 할 것이 무엇인지 그 자체를 사유해야 한다. 들뢰즈가 강조한 대로(『프루스트와 기호들』) 생각한다는 것은 교과서에 나오는 문제, 누군가가 제시한 문제, 권력이 원하는 문제, 위에서 아래로 하달하는 문제를 푸는 것이 아니다. 들뢰즈가 말하는 사유는 까다롭다. 어떤 이는 평생 한 톨의 사유도 하지 않고 살아갈 수도 있을 만큼, 그가 말하는 사유는 드물게 일어나는 일이다. 사유는 오로지 우연히 강요에 의해서만 시작될 수 있다. 즉, 우리는 일어나는 것들이 제기하는 문제로 인해 너무 고통스러워서 이에 대하여 생각하지 않을 수 없을 때, 그때에서야 비로소 내가 무엇을 생각해야 하는지 생각해 보기 시작할 수 있다. 그때 우리가 사유의 대상으로 삼는 것이 바로 이념이다. 이념은 dx로서 아직 무엇인지 모르는 대상이기도 하고, 어떤 특정한 관계 속에 있는 것이기도 하고, a를 넣어 생각해 보면 b라는 답이 나오기도 하는 그런 존재이다. 우리 사회가 그 이념을 잉태하고 사유 속에서 성장시키고 산통을 겪고 어떤 식으로든지 답을 내는 것, 그것이 정치의 과정이다. 들뢰즈의 이념은 개념처럼 주어지는 것이 아니며, 개념들을 낳는 무엇으로서의 존재 그 자체이다. 이념이 해제되거나 상실될 수는 없다. 그리고 이러한 이념은 미규정-규정-규정 가능성의 종합이기 때문에 영원, 불변, 총체성, 통일성과는 상관이 없다. 그렇지만 모든 것을 생산하는 고전적인 이념의 역할을 한다. 이념이 이렇게 되면, 이념 때문에 극한의 대립에 빠지거나, 이념으로 인한 끝나지 않는 지겨운 논쟁에 빠질 이유가 없다. 우리는 문제에 대해 토론하면 되는 것이다. 각 정당은, 그리고 우리는 우리-사회를 어떠한 문제의 장으로 설정해야 한다고 생각하는가. 그것이 들뢰즈의 이념, 개념의 혁신으로부터 전개할 수 있는 새로운 정치철학의 모습이며, 새로운 유물론의 모습이다.

2장 자유와 자본

나는 그 누구에게도 철학적 논변에 의해 … 신자유주의 체제가 부당하다고
설득할 수는 없다. 그러나 이 체제에 대한 반대 이유는 꽤 간단하다: 그 체제를
받아들인다는 것은 사회와 환경 그리고 정치적인 결과들이 어떻게 되든 상관없이
끝없는 자본의 축적과 경제성장이라는 체제 아래에서 살아가는 것 외에
다른 선택지가 없음을 받아들이는 일과 같다는 것이다.
—David Harvey, *A Brief History of Neoliberalism*

1. 자유주의 통치성: 인구와 욕망

가. 자유 신드롬

대중이 이념을 영원불변하고 전체적이면서 통일적이라고 느낄수록, 그들은 그 이념이 아무리 그럴듯하더라도 차라리 모든 것을 각자에게 맡기라는 듯이 자유를 갈구하게 되는 것 같다. COVID-19 때문에 사회 전체를 락다운하는 조치는 '건강', '안전' 등의 이념이 함축된 조치라고 할 수 있기는 하다. 그러나 그것은 만약 감염병에 지나치게 많은 국민이 노출되면 사회가 기초적인 역할을 수행하지 못하고 무너져 버릴 수도 있기 때문에 이념 이전의 조치라고도 할 수 있다. 하지만 이러한 조치에 직면한 개인은 사회 전체의 안녕과 질서를 걱정하기 이전에, 이념과 전체를 위한 희생양이 되고 있다고 느낄 수 있다. '나'를 지켜 주지 못할 바에는 차라리 그 결과가 죽음일지언정 나에게 '자유'를 달라고 시위할 수 있게 되는 것이다. '자유'의 이념은 그만큼 강력하다. 이념과 자유를 대립항으로 두고, 이념이 진절머리가 나서 자유를 원한다는 것처럼 말하기도 하지만, 자유 역시 이념이고, 이데올로기이다. 어쩌면 자유라는 이념은 모든 이념을 해체하는 이념일 수도 있다. "모두 듣기 싫어. 내가 죽든지 말든지 날 좀 그냥 내버려 둬." 이러한 태도는 밀로 거슬러 올라가는, 『자유론』에 나오는 역사적으로 의미 있는 자유 이념이나, 1980년대를 주름잡던 대처와 레이건의 신자유주의까지 거슬러 올라갈 필요도 없는, 자유라는 단어에 대한 대중의 직관 같은 것이다. "날 좀 그냥 내버려 둬"Laissez-moi tranquille는 분열증자의 말이라고 하니, 자유에 대한 대중의 직관은 아주 정확하다고 해야 할 것이다. 모든 이념을 해체하는 이념으로서의 자유에 대한 직관 말이다. 그리고 이것은 들뢰즈-가타리가 자본에 대해 분석할 때, 자본을 편집증과 분열증 사이를 오가는 시계추라고 한 것과 일맥상통한다. 대중은 자본주의 사회에서 개인을 그냥 내버려 두기를, 내가 돈을 어떻게 벌든 상관하지 않기를 바라는 것이다. 사실 이러한 개인의 욕망이 정확히 신자유유주의가 가져다줄 세계를 욕망하는 것이 아닌데도 말이다.

2023년 초 한 신문에는 거의 비슷한 주장을 하는 두 글이 실렸다. 하나는 에디터의 글로서 '밀턴 프리드먼의 또 다른 실험장',[1] 다른 하나는 기고자의 글로서 '신자유주의의 끝물'[2]이다. 두 필자는 그날의 원고를 쓰면서 같은 생각에 잠겼던 것 같다. 우리나라는 신자유주의의 끝물에 올라타 밀턴 프리드먼의 또 다른 실험장이 되어 버린 듯하

1 김준기, 「밀턴 프리드먼의 또 다른 실험장」, 경향신문, 2023.1.13.
2 최종렬, 「신자유주의의 끝물」, 경향신문, 2023.1.13.

다는 것인데 신자유주의란 무엇이고 끝물이란 무슨 뜻이며 실험장이란 무슨 말인가. 우선 신자유주의의 주장은 대중이 알아듣기 쉽다. 다음을 보자.

프리드만

노동조합이 저임금 노동자들을 사용자들의 착취로부터 보호해 준다고 알려져 있지만 현실은 다르다. 성공한 노조에는 많은 봉급을 받는 노동자들이 포함돼 있다. 이런 노조는 다만 높은 임금을 더 높게 할 뿐이다. … 강력한 노조가 조합원들을 위해 확보하는 이익은 다른 노동자들의 희생에 의한 것이다.

학교 교육에서 부모와 자녀는 소비자이며 교사와 학교 관리자는 생산자다. 학교 교육의 중앙집권화는 단위를 대규모화하고 소비자의 선택 능력을 감소시키고 생산자의 힘을 키웠다. … 학교산업은 경쟁에 의해 결정될 것이다. 고객들을 만족시키는 학교만이 살아남을 수 있으리라.[3]

정부로부터의 소식들

"노조가 노동약자를 제대로 대표하지 못하고 있다. 노동시장의 이중구조와 노·노 간 착취구조 타파가 시급하다."(2022. 12. 26. 수석비서관회의)

---

3 밀턴 프리드먼(1912~2006)이 1980년에 출간한 책 『선택할 자유』(*Free to Choose*). 밑줄 강조는 필자.

"교육을 하나의 서비스라고 생각해 보자. 경쟁시장 구도가 돼야만 가격도 합리적이 되고, 소비자들이 원하는 다양한 관련 상품이 만들어질 수 있다. 교육도 마찬가지다."(2023.1.5. 교육부 업무보고)

"정부가 올해부터 보육과 노인·장애인 돌봄 등 사회서비스 영역에서 더 많은 돈을 낸 이용자가 더 좋은 서비스를 받는 '차등화' 방안을 본격적으로 추진한다.
9일 보건복지부는 윤석열 대통령에게 보고한 '2023년 주요 업무 추진 계획'에서 사회서비스를 이용할 때 본인부담금을 차등화하고 가격탄력제를 도입하는 '사회서비스 고도화 방안'을 오는 3월까지 마련할 계획이라고 밝혔다."[4]

대학에 붙은 한 홍보물

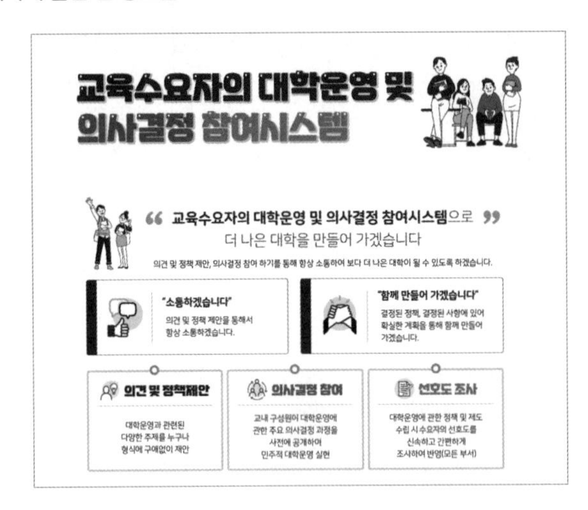

4 김태훈, 「취약계층 돌봄에 '자본 논리' 들이댄 정부… 노인·장애인 위한 사회서비스 '차등화' 추진」, 경향신문, 2023.01.09. 고딕·밑줄 강조는 필자.

신자유주의가 쉽다는 것은 다른 가치들을 고려할 필요가 없다는 데 있다. 이 태도는 위의 많은 사례들에서 볼 수 있듯이 기업에 요구되는 가치, 즉 '서비스'와 '경쟁'과 '성과'를 예외없이 모든 곳에 적용하면 되기 때문이다. 교육현장, 교육자, 보육, 노인, 장애인, 노동 등의 가치들을 각각 따로 검토하고 그에 알맞은 운영이 무엇인지 고민할 필요가 없이, 모든 영역을 기업 운영하듯이 서비스로 보고, 이 서비스를 운영하는 기관끼리 경쟁을 붙이고 성과를 내도록 하기만 하면 된다. 하루하루 먹고살기 바쁘고 지치는 대중은 더욱더 그러한 여러 가치와 여러 영역들을 따로 분리하여 생각하기 어렵다. 어느 기관이든 그것이 공공기관이고 공기업이고 공교육에 해당하는 것이라도, 적자는 나쁘고 이익을 남기면 좋은 것이라고 생각하는 정도의 쉬운, 쉽기 때문에 강력한 근거를 들이대는 신자유주의. 그것은 대중적 직관에 잘 맞는, 그리고 모든 가치를 해체해 버리는 자본주의의 본성에도 잘 맞는, 명실상부한 현재의 대세 이데올로기이다.

물론 위 두 글의 저자들은 그렇게 생각하지 않는다. 신자유주의는 끝물이고, 심지어 그 이론을 생산해 낸 미국 등 유럽 선진국에서는 이런 이데올로기에 맞춘 정책들이 제대로 시행된 적도 없다고 말한다. 또한,

> 정작 신자유주의를 주창하고 전 세계에 퍼트렸던 영국과 미국은 대놓고 발을 빼고 있다. … 얼마 전 영국 보수당 정부는 철강업체를 국유화했고, 실리콘 칩 디자인 회사가 미국 제조업체에 매각되는 것을 막았다. 특히 코로나19 팬데믹으로 일할 수 없게 된 노동자에게 국가가 대신 나서 임금 80%까지 지급했다. 절정기에는 거의 1000만 명이

보조금을 받았다. 미국 조 바이든 정부는 보건·교육에 3조6000억 달러 지출, 노조 권리 확대, 기업 증세와 같은 정책을 추진했다. 법인세 싼 나라만 골라 메뚜기 떼처럼 옮겨 다니는 다국적 기업의 세금 회피를 막기 위해 글로벌 최소 법인세도 도입했다. … 백악관은 자랑스럽게 선언한다. "바이든 대통령은 역사상 가장 친노동자적이고 친노조적인 대통령이다."(최종렬)

대신 쿠데타로 집권한 남미 군사정부들이 그의 이론을 '실험'했다….
무엇보다 시카고 보이즈가 깔아 놓은 자유지상주의 정책으로 경제력이 소수에 집중되면서 칠레는 남미에서 불평등이 가장 심한 나라가 됐다. 아르헨티나, 우루과이, 브라질 등에서도 군사정권이 들어설 때마다 시카고 보이즈의 자유시장 실험장이 조성됐다.(김준기)

왜 그런 이론이 고안되고 또 유행했으며 아직까지 맹위를 떨치고 있는 것일까.

수익성 있는 투자를 지속해서 확보해야 하는 '자본가의 영원한 모순'을 잠시나마 해소하기 위함이다.(최종렬)

식민지, 제3세계 등 지속적인 이익을 위한 자본주의의 확장 끝에 이제는 경계를 무너뜨리는 확장에까지 이른 것이 아마도 신자유주의일 것이다. 그러나

수익성 있는 투자는 가치 혁신이 이루어지는 곳에 있다. 단기 성과 내

기 경쟁만 있는 생태계에서는 가치 혁신은커녕 생존조차 어렵다. 일단 인건비 후려쳐서 이윤을 만들어 내자. 모든 기업이 앞다퉈 단기 경주에 뛰어들면 어떤 일이 벌어질까? 승리한 기업은 신이 날지 모르겠지만, 사회 전체에 가치 혁신이 사라진다. … 국민 대다수가 불안정한 하층민으로 전락한 하향 평준화 사회에서 가치에 헌신하는 사람이 나올 리 없다. 설사 나온다 해도 직무 중심·성과급제로 달달 볶이는 탓에 삶이 불안해서 장기간 가치에 헌신할 수가 없다.(최종렬)

우리가 쉽사리 찾아볼 수 있는, 소위 명품이라고 불리는 사치품 브랜드들이 어떻게 그런 위상을 가지게 되었는지에 대한 이야기는 대체로 단기적 수익 악화를 견디고 그 기간 동안 오히려 제품의 가치를 높이는 일에 투자했다는 식으로 요약된다. 가장 쉽게 떠올려 볼 수 있는 브랜드, 몽블랑. 몽블랑은 세계 정상들이 중요한 국가 간 협약서에 사인할 때 사용하는 만년필 브랜드로서 불황을 모를 것으로 보였다. 그러나 컴퓨터가 보급되면서 손글씨를 쓰는 일이 점차 줄어드는 바람에 만년필계에도 예외 없는 불황이 닥쳤다. 당시 몽블랑과 어깨를 겨루던 몇몇 브랜드들은 대부분 만년필을 포기하고 가벼운 필기구 생산으로 갈아탔지만, 몽블랑은 오히려 만년필 고급화를 시도했다고 한다. 대학에서 리포트를 손으로 직접 써서 제출하던 시대는 돌아오지 않았지만, 지금 우리는 '손글씨'라는 새로운 유행을 경험하고 있지 않은가? 우리는 다시 만년필을 찾기 시작했고, 아직까지 굳건하게 그리고 고급스럽게 만년필을 생산하고 있는 브랜드는 이제 몽블랑 밖에 남지 않은 것이다. 학문에 대해서마저 단기성과를 요구하는 마당에 직장인들이 겪는 스트레스는 어떨지 말할 필요도 없어 보인다. 성과와 이윤 앞에서 인건비 후려치기밖에 답이 없는 듯이 행동하게 된 우리는 개혁이라는 단어를 습관적으로 내뱉으며 직무급, 성과급을 쉴 새 없이 되뇐다.

> "직무 중심·성과급제로 전환을 추진하는 기업과, 귀족 강성 노조와 타협해 연공서열 시스템에 매몰되는 기업에 대한 정부의 지원이 차별화돼야 한다."(2023년 대통령 신년사)

> 경제지의 뉴스 한 꼭지
>
> 한국경영자총협회에 따르면 해외에 진출한 우리 기업 중 90% 이상은 국내 복귀에 부정적이었는데, 이 중 상당수는 높은 인건비를 이유로 들었다. 경총 관계자는 "연공급 중심 고임금 체계를 생산성 향상에 부응하는 직무, 성과 중심으로 개편해야 한다"고 강조했다.
>
> 다국적기업 한국지사의 경우 특수한 임금체계 때문에 본사로부터 인원 조정과 같은 압력을 받기도 한다. 저연차 직원은 50 정도의 임금을 받는데, 그보다 성과가 적은 부장급 직원은 100을 훌쩍 넘는 임금을 받다 보니 직무급이 중심인 본사에선 이를 이해하지 못한다는 것이다. 글로벌 제약회사 관계자는 "연공서열에 따라 임금이 올라가는 한국의 특이성을 이해하지 못하고 인원을 조절하는 측면이 있다"고 설명했다.[5]

5 문제원, 「[직무성과급 해법] ① 다국적기업, 韓 대신 中 간다… "한국은 직무성과급 무덤"」, 아시아경제, 2023.2.13.

서비스, 경쟁, 성과, 능력, 직무급, 우리의 주변을 맴돌면서 영혼을 잠식해 가고 있는 신자유주의의 유령, 그 정체는 무엇일까? 그리고 우리에게 남은 선택지는 신자유주의밖에 없는 것일까? 분명한 것은 그것이 우리가 살아 내는 시대의 거대한 현상이고, 이를 살아 내기가 점점 힘들어지는데도 불구하고 대중의 상당수가 그 현상을 지지하는 마법적 상태에 빠져 있는 것 같다는 점이다. 1등도 꼴등도 중간 등수도, 그 누구도 행복하지 않은 경쟁과 순위 매기기, 성과, 성과에 따른 인센티브의 배분을 대중이 지지하는 것처럼 보인다는 점, 그리고 이러한 구조로부터 진정으로 벗어나고 싶어 하지 않는 것 같다는 점이 그러하다. 빈부의 격차가 점점 더 커지고, 가난한 사람들은 점점 더 정치에 무관심해지는데, 그리하여 사람들의 목소리가 균등하게 대의되지 않는 민주주의의 위기라는 커다란 문제들 외에도 일상생활에서의 작고 섬세한 인간성 파괴, 피폐화에 이르기까지 우리가 느끼는 문제는 점점 감당할 수 없이 커지는데 말이다. 물론 자유주의의 역사도 길고, 자본주의의 역사도 길다. 그리고 그 역사의 길이만큼이나 다양하고 묵직한 이론들이 존재하고 그 이론들을 기반으로 이러한 종류의 문제들을 다루거나 해결하려는 많은 논쟁이 있어 왔다. 자유주의를 지탱하는 이론이 아담 스미스로 상징되는 현대의 주류 경제학 이론이라면 그 비판이론은 거의 항상 마르크스주의가 담당해 왔다. 마르크스주의의 비판은 생산관계에 따라 착취와 피착취, 부르주아와 프로레타리아 계급의 적대로 사회를 설명하는 기본 틀로 이러한 문제를 해결하려는 대표적인 시도였다. 아마 들뢰즈-가타리의 입장은 마르크스주의의 이러한 문제의 틀과 해결이 사실상 기능하지 않는 것 아니냐는 많은 사상가들의 생각을 대변하는 것이기도

하다.

자본주의는 생산관계를 지칭하는 말이고 자유주의는 통치의 유형으로 그 논의의 영역이 다르지만, 많은 사람들이 자본주의라는 생산관계를 가장 극단적으로 구현하는 통치성이 신자유주의 통치성이라고 보거나, "신자유주의[가] 빠른 속도로 자본주의의 현 단계를 묘사하는 대표 단어로 자리 잡았"[6]다고 본다. 현재 우리가 겪고 있는 신자유주의적 자본주의를 이해하기 위해 일단 자유라는 것, 자유주의라는 것에 대해서 좀 더 자세히 들여다볼 필요가 있다. 대중은 자유주의를 밀이 전개한 시민적 자유 혹은 사회적 자유라는 관점에서 절대적 가치로 인지하는 경향이 있고, 현재 우리 시대가 당면한 신자유주의의 폐해는 자유주의와는 별개의 것이라고 생각하기도 한다. 그러나 자유주의의 이념은 역사적으로 절대왕정이나 봉건제, 토지귀족 등의 특수한 권력의 서열에 대항하여 보편적인 인권을 앞세운 부르주아지의 운동과 뗄 수 없다. 밀이 거래의 자유를 말하면서 이것은 "개인의 자유의 원칙과 부합하는 면이 있기는 하지만 그 기반에서는 다르[고] … 예컨대 불량품에 의한 사기를 방지하기 위해 어느 정도의 공적 통제가 인정될 수 있는가, 위험한 직종에 고용된 노동자들을 보호하기 위한 위생 예방책 혹은 조치는 얼마만큼 고용주에게 강요되어야 하는가…[와 같은] 문제들이 자유에 관한 고려 사항들과 연관되는 것은, 다른 모든 조건이 같다면 사람들을 그대로 내버려 두는 것

6 이승철, 「새로운 (신)자유주의 비판을 위하여」, 콜린 고든·그래엄 버첼·피터 밀러 엮음, 『푸코 효과: 통치성에 관한 연구』, 심성보 외 옮김, 난장, 2014, 454쪽.

이 사람들을 통제하는 것보다 항상 더 나은 경우밖에 없다"[7]고 쓰고 있지만, 자유주의라는 이념은 그것이 시민권과 사회권에 관련되든 경제의 권리와 관련되든 부르주아지의 보편적 권리와 일정한 관련이 있는 것이 사실이다. 그런데 밀이 자유론을 쓰면서 가장 핵심적으로 견제한 것은 '사회'였다. 즉 부르주아로서의 보편적인 개인이 확보하려는 자유는 자유를 제한할 수도 있는 사회로부터 지켜 내고자 하는 것이었다는 뜻이다. 신자유주의에 대한 비판적 관점에서 보자면 이러한 주장에서 제기할 논점은 사회냐 자유냐 하는 것으로 귀착된다. 이 논쟁은 결과적으로 필요하고, 불가피하기도 하며, 언제나 현재적인 정치철학적 문제이기는 하지만, 그 어떤 쪽도 강력히 지지할 수 없는 딜레마로 우리를 내몬다. 이것은 자유주의의 역사가 길고 그 이름이 조금씩 변경되어 왔다 하더라도 끈질기게 존속하는 자유주의의 근본적인 모순인 것 같다. 지금도 신자유주의는 여전히, 정부의 개입, 증세, 사회복지, 노조 등에 대하여 적대적이지 않은가? 그러므로 이것은 자유주의의 문제이다.

푸코는 특히 '자유주의 통치성'에 대하여 오래 숙고한 것으로 잘 알려져 있다. 그는 다음의 세 가지 사유의 모형이 신자유주의라는 현상을 별것 아니게 만들어 버리고 있다고 본다. 그것은 '스미스, 맑스, 솔제니친'으로서, 우리는 "이로써 신자유주의를 결코 아무것도 아닌 것으로 만들며 동일한 유형의 비판을 200년, 100년, 10년 간격으로 반복하는 것이 가능해졌"다고 말이다.[8] 질문은 언제나, 착취와 피

---

7 존 스튜어트 밀, 『자유론』, 권기돈 옮김, 펭귄클래식코리아, 2013, 209~210쪽.
8 미셸 푸코, 『생명관리정치의 탄생』, 오르트망 옮김, 난장, 2012, 190쪽.

착취, 사회냐 개인이냐, 자유주의냐 전체주의냐의 방식으로 던져지고, 우리는 그 질문이 전제하는 답들의 한가운데 항상 딜레마적인 상태로 처해진다. 같은 문제가 되돌아오기 때문에 그것은 마치 삶의 조건인 양, 별것 아니게 되어 버리는 것이다. 사회냐 자유냐 하는 모순에 처하는 자유주의, 또 그만큼이나 모순을 담지하고 있는 마르크스주의 이론. 이 전통적인 두 가지 정치철학이론을 벗어나는 것은 불가능한가. 이런 맥락에서 푸코는 매우 독보적인 위치를 차지하고 있다. 『성의 역사』 1권을 쓰고, 다시 2권과 3권을 집필하기까지 8년의 공백기에 그는 콜레주 드 프랑스에서 강의를 하면서 2, 3권의 집필을 준비하고 있었는데, 이때 이루어진 '통치성'에 대한 연구는 그의 사후에 더욱 주목을 받았으며, 영미권과 독일어권에서 사회학이나 정치학의 한 영역으로조차 자리를 잡고 있다.[9] 푸코가 따라가고 있는 통치성의 역사에 대한 연구가 주목받고 있는 이유는 이것이 자유주의적 근대국가의 계보학이기도 하지만, 자유주의 통치성을 비마르크스적 관점에서 접근하고 있기 때문이다. 푸코와 들뢰즈 모두 현 시대와 관련한 연구를 기획하고 진행하였는데, 그 푸코적 판본이 '자유주의 통치성' 연구이며, 들뢰즈적 판본이 '자본주의와 정신분열증'이라는 주제의 연구라 볼 수 있다. '통치성'에 대한 푸코의 연구는 현재 우리의 자유주의적 자본주의의 정체를 해명하는 데 탁월한 연구라 평가된다. 동시대에 시대에 대한 고민을 나누었을 두 철학자 그리고 가타리가 특히 자유주의적 자본주의에 대해서는 어떤 시각을 공유했을까.

9 고든, 버첼, 밀러 엮음, 『푸코 효과』 참조.

나. 사건적인 시대, 인간-기계, 구걸하는 부르주아지

1) 사건

푸코가 고고학적으로 발굴해 내는 데이터와 그로부터 읽어 내는 통찰들이 들뢰즈의 존재론과 공명한다는 것은 어렵지 않게 확인할 수 있다. 푸코는 역사적 사실에 대한 고고학자적인 태도로, 그의 작업 전반에 다소 장황한 역사적 사실들을 나열한다는 점이 들뢰즈의 고전적인 형이상학적 면모와 다를 뿐, 시대에 대한 그들의 통찰에는 공통점이 많다. 물론 그들만이 아니라 20세기 중후반 시대가 공유한 '차이'와 '타자'라는 개념은 이미 잘 알려져 있다. 그렇다면 자유주의와 자본주의를 분석한 두 철학자가 이 시대적 정황을 포착하는 개념으로 공유한 것은 무엇인가? 그것은 첫째, '사건'이다. 그들은 우리의 시대가 고전 형이상학으로 설명할 수 없는 시대가 되었다고 본다. 다양한 분과학문들 역시 각기 다른 근거에 의해 사건의 존재론을 요청하였다. 정보혁명을 통해 공간이 탈물질화되었다고 보는 하비의 경우[10]나, 사물을 점과 같은 고정된 장소로부터 이해하는 것이 아니라 움직임으로부터 이해하는 '포스트구조주의 지리학' 같은 학문들이 그러한 예이다.[11] 이런 새로운 분과학문들은 그에 걸맞은 새로운 존재론을 요구한다. 안정적인 장소와 현장을 출발점으로 하여 선과 면과 입체로 확장하는 방식의 공간이해는 이제 가능하지 않고 효과적이지

10 데이비드 하비, 『희망의 공간』, 최병두 외 옮김, 한울, 2001, 98쪽.

11 Marcus A. Doel, "Un-glunking Geography: Spatial Science after Dr. Seuss and Gilles Deleuze", eds. Mike Crang and Nigel Thrift, *Thinking Space*, London and New York: Routledge, 2000, pp. 120~122.

도 않다는 통찰 때문일 것이다. AI, 양자컴퓨터, 대량 이주와 이민, 인종과 국적의 뒤섞임, 개인방송국의 시대를 연 미디어. 이러한 세계에서 아파두라이는 "재빨리 옮겨 다니는 이미지들과 탈영토화된 관객들"을 만나고 있다고 적은 바 있다.[12] 현대 정보 기술이 "속도가 점을 선으로 변형"[13]시켜 버렸기 때문에, 이제는 더 이상 안정적인 점적인 공간으로부터 지리학을 할 수 없게 되어 버린 것이며, 들뢰즈의 존재론은 이러한 시대에 대한 존재론으로 발명되었다고 볼 수 있다.

바디우는 이러한 시대를 '혼돈'으로 묘사하고, 그 의미를 다음과 같이 풀어 썼다. 이 세계가 혼돈스럽다는 것은 그것이 "하나의 의미에 의해서(예를 들어, 역사라는 하나의 의미에 의해서) 측정될 수 있는 운동 안에 놓여 있지 않다"는 것, 또 "그렇다고 해서 이 세계가 명확히 구분되는 부분들을 고정적으로 분류하거나 실용적으로 명세화한 체계에 (예를 들어, 과거 한때에 사람들이 프롤레타리아 계급과 부르주아 계급을 분명하게 구분한 뒤 그것들을 개념화한다든지 하여 이 세계를 설명한 적이 있었을 때에 보여 준 체제에) 속하는 것도 아니"라는 것을 의미한다.[14] 주로 경제 체제와 역사의 운동에 대한 예로써 20세기라는 현재를 혼돈으로 바라보는 바디우의 묘사가 지금 우리의 정치철학적 논의로 매우 절묘하게 되돌아와 주고 있다. 시대적 요

12 아르준 아파두라이, 『고삐 풀린 현대성』, 차원현·채호석·배개화 옮김, 현실문화연구, 2004, 12쪽.

13 MP., 54쪽. 들뢰즈는 이 문장에 대한 주석으로 "선형성의 출현과 속도에 따른 지각의 혼란에 대해서는 Paul Virilio, "Véhiculaire", ed. Jacques Bergue, *Nomades et vagabonds*, Paris: Union Générale d'Editions, 10/18, 1975, p. 43을 참고할 것"이라고 메모해 두고 있다.

14 바디우, 『존재의 함성』, 174쪽. 들뢰즈 존재론에 대한 비판의 맥락에서 제기된 현대에 대한 서술이다.

청이 되어 버린 이 '사건적인 것'이 자유주의적 자본주의를 파악하는 데 어떤 역할을 하는가? 들뢰즈와 가타리가 자본기계가 등장할 수 있었던 조건에 대해 기술하는 부분을 우선 살펴보자.

> 자본주의가 현실화되려면 … **한편으로** 노동의 흐름은 이제 더 이상 노예제 또는 농노제에 의해 규정되는 것이 아니라 발가벗고 자유로운 노동이 되어야 한다. 그리고 **다른 한편**으로 부는 더 이상 토지, 상품, 화폐를 통해 규정되어서는 안 되며 오히려 등질적으로 독립한 순수한 자본이 되어야 한다. … 이것들이 갑작스럽게 추상적으로 결합되어 서로에게 보편적 주체와 임의의 객체를 부여할 때 바로 자본주의가 구성된다.[15]

노동의 흐름이라는 것과 자본의 탄생이라는 것이 이미 하나의 규정성으로부터의 '자유', 혹은 규정성의 해체이기 때문에, 이러한 노동과 자본의 결합으로서의 자본주의는 그 자체가 이미 '해체'로 구성된 체제이다. 즉 자본주의는 보편적인 탈영토화를 토대로 하여 등장한 사건적인 것 그 자체이다. 정보와 기술, 이로부터 비롯되는 삶의 속도, 뒤섞임, 이러한 시대적인 요소들이 자본주의의 토대이다. 물론 자본주의는 자본이라는 원리를 재영토화의 마지막 원리로 보존하고는 있으나, 다른 사회구성체의 한계로서 존재하므로 독특한 지점에 존재한다. 이념을 다룬 장에서 살펴보았듯이 계급이 역사상 존재했던 카

15 MP., 868~869쪽. 고딕 강조는 저자, 밑줄 강조 필자.

스트, 신분, 서열 등의 음화인 것과 마찬가지로, 자본주의는 다른 사회구성체들의 음화이다. 들뢰즈는 푸코에게 보낸 편지에서도 『천 개의 고원』의 주요 테마를 다시 한번 요약한다. "나로서는 사회, 곧 사회적인 장이라는 것은 스스로 모순됨이 없는 것으로서, 사회에서 최초의 것은 그것이 도주한다는 것, 우선 사방으로부터 도주한다는 것이다"[16]라고. 도주는 사회의 근본 상태인데, 지금까지의 사회구성체들은 이 도주선들이 신분, 카스트 등의 특정 위계와 구성을 무너뜨리지 못하도록 영토화하고 코드를 만들고, 코드를 벗어나는 것들을 다시 코드화해 왔던 것이다. 자본주의는 그러므로 다른 모든 사회구성체들이 영토화, 코드화, 초코드화 등으로 막으려고 했던 내적 위협으로서, 결국 그 구성체들의 외부에서부터 도래한, 각 구성체들의 음화인 것이다.

푸코가 자유주의 통치성을 이전의 규율적 권력과 다르게 이해하는 과정에서 등장하는 것 역시 바로 '사건'이다. 자유주의 통치성과 규율적 권력은 사건을 해결하는 방식이 다르다. "오늘은 다른 예를 갖고 이 안전장치에 대한 분석을 재개해 보고자 합니다. 공간이나 환경과의 관계가 아니라 **통치와 사건의 관계**에 해당하는 그 무엇인가의 윤곽을 파악해 보기 위해서입니다."[17] 푸코가 들고 있는 예는 식량난이라는 '사건'이다. 자유주의적 질서가 등장하기 전에 이 사건은 이를테면 "수출, 비축, 가격인상을 금지함으로써", 즉 "금지와 방해"라는 부정적인 수단을 통한 규율권력의 기술로 다루어졌다. 이것은 군

---

16 G. Deleuze, "Désir et plaisir", DF., p. 116.
17 미셸 푸코, 『안전, 영토, 인구』, 오트르망 옮김, 난장, 2011, 56쪽. 고딕 강조는 필자.

주의 안녕과 국부의 축적이라는 봉건적 체계 내에서 이루어지던 조치들이다. 그러나 자유주의적 질서는 사건을 사건에 가장 걸맞은 방식으로 다루기 시작하는데 그것은 금지와 방해가 아니라 오히려 자유로이 순환하도록 하는 방식이다. "몇몇 국가들은… 곡물의 자유로운 순환이 더 많은 이윤의 원천일 뿐만 아니라 식량난이라는 재앙에 맞서는 데 훨씬 더 나은 안전메커니즘이라고 생각했다"[18]는 것이다.

> 더 정확하게, 더 자세하게 말해 보면, 자유란 당대에 전개된 안전장치의 상관물입니다. 제가 앞서 언급한 안전장치는 바로 이런 자유, 즉 18세기에 [이 단어가] 얻게 된 근대적 의미에서의 자유가 부여되고 나서야 제대로 작동할 수 있게 된 것입니다. 어떤 특정한 인물에게만 부여된 예외적 권리나 특권이 아니라 **운동과 이동의 가능성, 사람이나 사물의 순환과정으로 이해된 자유** 말입니다.[19]

군주라는 예외적인 특권을 가진 인물을 위한 통치가 아니라, 그 특권적 인물이 점차 사라져 가는 시대의 통치라는 것은, 즉 보편적인 개인들의 등장과 더불어 점차 발전해 간 자유주의 통치성이라는 것은 자기 자신(통치성 그 자체)의 영구한 지속을 유일한 목적으로 하며, 안전은 이를 위해 가장 중요하게 등장한 원리로 작동한다. 즉 그것은 우연과 우발성을 담보로 하는 이 사건을 애써 규정하고 규제하고 금지하려 하지 않고, "일어날 수도 있는 사건, 즉 발생할 수 있는 사건이지만 그것

18 앞의 책, 62쪽.

19 앞의 책, 87쪽. 강조는 필자.

이 현실화되는 것을 사람들이 사전에 막으려고 하는 사건"[20]인, 식량난을 가능한 한 자연스러운 방식으로 관리하고자 한다.

그러나 곡물의 '자유로운 순환'이라는 문제는 생각보다 훨씬 더 까다로운 문제이다. 왜냐하면 그것은 앞으로 일어날 사건에 대한 분석을 필요로 할 뿐만 아니라 이 일이 일어나도록 하기 위한 분석 역시 필요로 하기 때문이다.[21] 이때 푸코가 늘어놓는 분석의 대상들을 일일이 언급하는 것도 필요한 일일지 모르겠다. 즉 우리는 최초의 생산부터 최종 이윤, 각 부문의 이윤과 전체의 이윤, 내수시장과 국제 곡물시장 분석, 곡물의 판매가 가능한 모든 시장과 결부된 곡물 수입자와 곡물 판매자의 행위 양상 분석 등이다. 그리고 이 분석 속에는 과거와 현재 그리고 미래의 시간이 포함되어 있다. 자유주의적 자본주의의 '사건' 친화적 속성은 이렇듯 우리 삶의 모든 부분 각각을 시간별로 분석하고 이를 기반으로 계획을 세우는 데 근거하고 있다. 우리의 행동들과 그 생산들, 그리고 그 장소들은 모두 익명화되고, 미시적으로 파편화되며, 무한한 양의 데이터로 환원된다. 자유주의적 자본주의는 확률과 통계에 가장 걸맞은 통치술, 통계학과 빅데이터 친화적 통치술로서,[22] 시간과 환경, 장소와 정세, 이 모든 것들이 상품이 될 수 있는 가능성을 근거 짓게 된다. 푸코는 곡물의 자유로운 순환과 이를 통한 식량난의 해결이라는 문제가 이미 17세기 영국의 정치가들이 중농주의 경제학자들에 앞서서, 그리고 18세기의 프랑스 행정 정치 경제 책임

---

20 푸코, 『안전, 영토, 인구』, 60쪽.

21 앞의 책, 75쪽.

22 이언 해킹, 「통계학의 역사를 어떻게 할 것인가」 등, 『푸코 효과』, 제3부 참조. 강미라, 「빅데이터 시대의 통치성: 푸코의 관점에서」, 『현대유럽철학연구』 46집, 2017년 7월.

자들이 30년간 줄곧 생각해 왔던 문제라 전한다. 자유주의적 통치성은 이런 식으로 자기 스스로의 위험을 제거하고 스스로 안전해지는 통치술로, 이는 '사건'에 대한 이해와 관련하여 발전한 기술이다. 즉,

> 뭔가 "하게 내버려 둬라", "일어나게 내버려 둬라" 혹은 "사태가 일어나게 내버려 둬라"라는 뜻에서의 '되어 가다'라는 것을 수단으로 삼아서 말입니다. … 이 현상, 자연스럽게 진행되도록 놔둔 이 현실 자체가 틀림없이 스스로를 억제하고 규제하리라는 것이죠.[23]

2) 인간-기계: 기업가로서의 개인과 유일한 계급으로서의 부르주아지

들뢰즈가 현대 자본주의를 제한과 규정으로부터 벗어난 순수한 노동과 순수한 자본이 된 부의 우연한 결합, 즉 사건적인 것의 전면적인 등장으로 바라보았다면, 푸코는 현대의 통치성을 사건이 일어나는 것을 규제하거나 금지하는 것이 아니라 일어나도록 내버려 두거나 일어나지 않도록 몰고 가는 자유주의 통치성으로 보았다. 푸코에게 있어서 일어나지 않기를 바라는 사건이 일어나지 않도록 몰고 가는 방식은 무수한 정보를 모으고 분석하고 예측하는 것으로서, 확률과 통계, 빅데이터를 방법론으로 한다. 규제와 금지가 더 이상 기능하지 못하는 사회. 현대에 대한 두 사람의 진단은 이 지점에서 공통된다고 할 수 있겠다. 이러한 체제에서 개인은 어떻게 다루어지는가? 들뢰즈와 푸코는 이 진단에서도 공통된 시각을 보여 준다.

---

23 푸코, 『안전, 영토, 인구』, 77쪽.

푸코는 신자유주의를 그저 자유주의를 더욱 극단화한 것으로 보지 않는다. 관세와 국경과 같은 보호무역을 허용하지 않고 기업이 다국적으로 되어 국적 기업이라는 개념 형성이 어려워지는 정도, 자유로운 기업활동을 위한 각종 규제를 철폐하고 심지어 공기업마저도 돈을 벌어 이윤을 남겨야 하는 기업으로 개념화하는 정도가 아니라, 그가 보기에 "신자유주의의 문제는 포괄적인 정치권력의 행사를 시장경제의 원리에 어떻게 맞출 것이냐의 문제"로서, "자유주의 정책의 문제[를] … 경쟁의 형식적 구조가 작용할 수 있는 구체적 현실 공간을 실제로 정비하는 것"[24]으로 자리매김하는 것이다. 이제 더 이상 자유주의라는 정치적/정책적 이념이 수동적 자유방임에 그치지 않고, 시장경제에 알맞은 경쟁을 위한 공간 확립이라는 적극적 개입으로서 신자유주의로 정의된다는 것이다.[25] 프랑스에서 처음 신자유주의적 태도가 등장했을 때 이 자유주의는 적극적 자유주의로 불렸다. 경쟁이 더욱 활성화되도록 모든 가능한 노력을 다하는 정부의 등장과 더불어 개인은 하나의 자원, **인적자본**이 된다.[26] 이때 푸코는 흥미롭게도 이 인적자본을 기계로 설명하고 있는데, 그것은 노동자가 기계적 과정의 한 요소로서 자기로부터 소외된다는 의미의 휴머니즘적 관점에서가 아니라, 마치 기계에도 수명이 있어서 그 수명을 늘리고 효율을 높이기 위해 관리해야 하듯이 노동자에게도 수명과 능력의 효율적 사용이 있다는 관점에서 도입된 개념이다. 그렇게 되면 개인

---

24 푸코, 『생명관리정치의 탄생』, 191~192쪽.

25 푸코는 이 정책적 전환을 프랑스에서는 대략 1939년 '자유주의 혁신을 위한 국제연구위원회' 라는 상설위원회의 구성이 결정된 시점으로 보고 있다. 앞의 책, 191~197쪽.

26 앞의 책, 307~310쪽. 고딕 강조는 필자.

은 '자기 자신'이라는 자본을 가장 높은 가격에 가능한 한 가장 오래 파는 '기업가'의 위치에 서게 된다.

푸코의 경우:

> 인간-기계
>
> 달리 말하면 노동자의 능력은 바로 기계인데, 하지만 이 기계는 노동자 자신과 분리될 수 없는 기계입니다. … 노동자의 능력에 의해 구성된 이 기계, 말하자면 개별적으로 서로 연결된 능력과 노동자에 의해 구성된 이 기계는 일정 기간 동안에 일련의 임금을 받게 됩니다.[27]

> 호모 에코노미쿠스, 자기 자신의 기업가
>
> 호모 에코노미쿠스는 기업가, 자기 자신의 기업가입니다. … 자기 자신의 자본, 자기 자신을 위한 자기 자신의 생산자, 자기 자신을 위한 '자기' 소득의 원천으로서의 호모 에코노미쿠스가 그것입니다.[28]

그리고 이러한 인간/개인의 이해가 들뢰즈의 자본주의 분석에서 거의 그대로 발견된다. 인간-기계의 개념과 유일한 계급으로서의 부르주아지라는 개념이 그것이다.

---

27 앞의 책, 318쪽.
28 앞의 책, 320쪽.

들뢰즈의 경우:

> 인간-기계
>
> 이것은 인간이 기계에 예속되는 노동자나 사용자가 되는 것이 아니라 핵심적인 구성 부품이 되기 때문에 기계의 재발명이라고 할 수 있을 것이다.[29]

> 부르주아지 — 유일한 계급
>
> 잉여가치에 의해 정의되는, 즉 자본의 흐름과 노동의 흐름의 구별…에 의해 정의되는 지배계급과 피지배계급이 어디까지나 존재한다고 말할 사람도 있으리라. 하지만 이는 부분적으로만 참이다. 왜냐하면 자본주의는 … 이 둘을 통합하기 때문이다.[30]

챗GPT의 등장으로 소란스러운 요즘, AI라는 비교적 친숙한 단어까지 들먹일 필요도 없이 우리는 이미 스마트폰이 없는 단 한 시간도 상상하기 어려운 시대에 살고 있다. 스마트폰을 들고 있는 개인과 스마트폰이 없는 개인은 이미 완전히 다른 존재이며, 우리는 스마트폰을 들고 있는 개인과 같은 새로운 종을 지칭하기 위하여 포스트휴먼, 트랜스휴먼 등의 개념을 만들어 내고 있는 중이다. 기계와 인간의 분간 불가능성. 우리는 이미 그런 시대에 살고 있다. 들뢰즈의 위 문단은 인간-기계 개념을 설명하면서, 이 개념이 흔히들 상상하는 개념

29 MP., 878쪽.
30 AO., 429쪽.

이 아님을 주지시킨다. 즉 인간-기계는, 인간이 기계를 사용하거나/통제하거나 아니면 거대한 기계 장치의 한 부분으로서 인간이 기계에 예속되거나 하는 그런 개념이 아니라, 인간이 그 핵심 부품이 되는 기계를 말한다. 즉 인간과 기계는 내적인 차이의 관계에 있지, 서로의 외부에서 차이 나는 것들이 아니라는 뜻이다. 푸코와 들뢰즈의 정치철학적 분석은 의도하지 않은 채, 그리고 완전히 다른 개념 틀을 가지고 거의 같은 지점에 와 닿는다. 인간-기계, 기업가-부르주아지로서의 개인이 그것이다. 이 지점에서 푸코가 경제학적 이론의 인적자본 개념을 등장시켰다면, 들뢰즈는 드몽몰랭Maurice de Montmollin의 인간공학ergonomie 개념을 환기시킨다. 당시 횡행했고, 지금도 각광받고 있는 인간에 관한 태도들이다. 들뢰즈는 이렇게 말한다: "'정보라는 개념은 이미 인간 중심주의적 측면을 잃어버렸다.' 문제는 이미 기계에 대한 인간의 적응이 아니라, 경우에 따라 인간적 요소를 선택하느냐 아니면 그 외의 요소를 선택하느냐 하는 것이 되었다."[31] 정보는 이미 인간에게 봉사하기에는 그 규모가 지나치게 커졌으며, 말 그대로 빅데이터는 인간의 소비, 행동, 생각에 스며들면서, 서로의 정보를 교환하는 존재가 되었다. AI는 인간의 수족이라고 하기에는 이미 많은 영역에서 인간의 역할을 대체하고 있다. 시장에서 인간과 기계는 대체 가능한 힘이고, 서로 스며들어 분리가 불가능하다. 푸코가 개인을 인적자본으로 스스로를 관리하고 유지하여 가능한 한 오래 가장 높은 값으로 스스로를 시장에 파는 기업가라고 바라보는 것처럼, 들뢰즈

---

31 MP., 878쪽, 주 61: Maurice de Montmollin, *Les systèmes hommes-machines*, Paris, P.U.F, 1967.

는 우리가 모두 보편계급으로서 부르주아지라고 본다. 여기서 주목해야 할 것은 자본이라는 기계에서 인간이 스스로 노동자임을 충분히 의식화하기가 어려운 그러한 배치 속으로 들어가 버렸다는 점이다. 자기 소유의 트럭이나 자가용 혹은 오토바이가 있는, 사회에서 가장 소외된 개인이 오늘날 돈을 벌 수 있는 행정적 과정이 무엇인지를 떠올려 보자. 그리고 그들이 노동현장에서 마주하는 과정이 어떤 것인지를 떠올려 보자. 그러면 그들이 과연 여전히 사용자에게 착취당하는 노동자로 스스로를 의식할 수 있는 구조인지 아닌지 드러난다. 그들은 교통수단을 소유한 개인사업자로 스스로를 등록해야 하며, 배달을 하든 택배를 운반하든 그들을 고용한 사람은 없는 상황이다. 그들은 스스로 개인을 관리(매니지먼트)하는 1인 기업가로서 자기에게 일거리를 제안하는 자, 혹은 기관과 1대 1로 단기 계약하는 계약 당사자이다. 이윤 혹은 비용 계산에 따라 CCTV를 설치할지 경비원을 쓸지를 선택하는 오늘날, 노동자 대對 부르주아지라는 이분법이나 모순이 여전히 유효한가: "지금은 다만 다른 노예들에게 명령하는 노예들만 있을 뿐이다."[32] 그들은 '누더기를 걸친 자본가들'인 것이다.[33]

---

32 MP., 428쪽.

33 Frank M. Snowden, *Naples in the Time of Cholera*, Cambridge: Cambridge University Press, 2002, pp. 35~36.

다. 인구와 욕망

1) 인구population냐 개체군population이냐

자유주의 통치성 속에서 인간은 기업가로서의 개인으로 정립된다. 경쟁에서 살아남거나 경쟁이라는 체제 속에서 자신의 능력을 가장 효율적인 방식으로 장기 혹은 단기에 걸쳐 팔고, 노동력을 팔지 않는 시간은 자신의 능력을 끌어올리기 위한 투자의 시간으로 활용함으로써, 자신을 자유로이 처분할 수 있는 개인이 된다. 자신의 능력을 자유로이 사고판다는 환상 속에서, 즉 자유라는 환상 속에서 개인은 자유주의를 무한히 지지하게 되며, 이 과정을 통해 개인들은 현대과학이 제시하는 통계적 인간, 평균적 인간, 기준으로서의 인간으로 수렴해 간다. 아래와 같은 들뢰즈의 현대에 대한 평가는 정확히 이러한 푸코의 통찰을 지시한다.

> 현대의 권력 작용은 "억압이냐 이데올로기냐"라는 고전적인 양자택일로는 도저히 환원될 수 없으며, 오히려 언어, 지각, 욕망, 운동 등을 대상으로 하여 미시-배치를 통과하는 표준화, 변조, 모델화, 정보라는 절차를 내포하고 있다는 것이 강조되어 왔다.[34]

현대의 첨단 수리-과학적인 지식이 권력을 위해 생산해 내는 것이 바로 이러한 표준화, 모델화 프로그램이고, 이렇게 표준으로 수렴된

---

34 MP., 879쪽.

대상이 바로 '인구'이다. 푸코는 인구를 '완전히 다른 권력의 경제'와 더불어 등장한 '완전히 새로운 정치적 인물'[35]이라고 표현한다: "이전까지는 존재하지도, 인지되지도, 식별되지도, 뚜렷이 드러난 적도" 없는 인물, 인구가 바로 그것이다. 인구는 18세기 이후, "더 이상 법 권리의 주체를 모아 놓은 어떤 것, 규제나 법이나 칙령 등이 매개하는 주권자의 의지에 복종해야만 하는 온순한 의지들의 집합으로서 나타나지 않게 됐다"[36]고 본다. 인구는 기후, 물질적 환경, 조세 등의 법, 혼인과 양육 등의 방식 혹은 인습, 종교나 도덕의 가치들, 식량의 상태들 등 수많은 변수에 의존하는 종으로서의 인간을 말하는 것이다.[37] 이렇게 많은 변수로 좌우되는 인구에 결정적인 변수는 무엇일까. 푸코는 인구를 구성하는 이러한 복잡성을 단순화하는 한 가지 본질을 이렇게 본다: 인구는 '자연성'에 의해 이해되는 것으로, 이러한 인구를 이루는 "적어도 하나의 불변항"은 바로 '욕망'이다. 이윤의 갈망으로서의 욕망. 게다가 정신분석적 맥락에서 결핍으로 이해되는 욕망이라면 영원히 채워지지 않는, 언제나 제자리로 되돌아오는 부에 대한 욕망. 인구와 욕망은 이렇게 푸코에게서 한 쌍이 된다. 더 이상 주체가 없는 현대의 비원리적인 인물인 인구는 푸코에게서 통치성과 상관항을 이루며, 이미 포획된 존재로 등장한다.

들뢰즈-가타리의 자본 기계 분석은 어디로 향하는가? 위에서 살펴본 것처럼 들뢰즈-가타리는 부르주아지를 유일한 계급으로, 카

35 푸코, 『안전, 영토, 인구』, 105쪽.

36 앞의 책, 111쪽.

37 앞의 책, 112, 115쪽.

스트와 신분과 위계를 탈코드화하는 보편적인 유일한 계급으로 보기 때문에 계급 간의 대립을 말하기가 어렵다. 이론적으로 볼 때 들뢰즈-가타리는 대립이 다른 곳에 있다고 보았는데 그것은 "계급과 계급-바깥에 있는 자들 사이에", 기계의 노예들과 기계를 고장 내는 자들 사이에, "사회 기계의 체제와 욕망 기계의 체제 사이에, 자본가들과 분열자들 사이에" 있다. 전자와 후자는 흥미롭게도 모두 탈코드화 운동이지만 "공리계의 층위에서는 근본적으로 적대적이다."[38] 다시 말해서 들뢰즈-가타리에게는 부르주아지/인간공학의 바깥이 있다는 것인데, 그것은 그들의 개념으로는 바로 소수자이다. 자본기계를 분석하는 과정에서 우리는 그 탄생이 보편적인 탈영토화에 토대를 두고 있다는 점을 지적한 바 있다. 그러나 그렇게 탈영토화된 노동과 자본은 **절대적으로 탈영토화한 상태**로 존재하지 않고, '자본'이라는 원리에 의해 **자본화**된다. 이것을 들뢰즈-가타리는 마르크스를 인용하면서 "자본주의에서의 유일한 '주체성'은 자본"이라는 말로 다시 쓴다: 순환이라는 것이 자본을 주체성으로 구성하고, 이 주체성은 모든 주체화의 과정을 자본화한다.[39] 이것이 바로 들뢰즈가 말하는 '탈코드화된 흐름의 전체적인 적분'인바, 자본이 적분하는 것은 발가벗고 자유로운 노동과 등질적이고 독립적인 순수한 자본이다.[40] 마르크스는 자본을 비인격적인 것으로 보고, 노동을 하나의 주체로 보고자

38 AO., 430쪽.

39 Karl Marx, *Introduction générale à la critique de l'économie politique*, Paris: Pléiade I, 1977, p. 258. MP., 868쪽에서 재인용.

40 MP., 868~867쪽.

했으나,[41] 들뢰즈-가타리는 오히려 '자본'을, 자본과 노동을 적분하는 원리로서 자본주의의 '주체성'으로 보아야 한다는 주장이다. 즉 자본주의의 적분방식은 주관적이다. 그것은 게다가 노예적이므로, 자본주의는 욕망이라는 존재에 대한 부적합한 원리이다. 자본주의 사회구성체에서 부르주아지가 유일한 계급이라고 보는 관점은 필연적이나, 이는 부르주아지가 궁극적인 보편계급이라는 뜻도 아니고, 자본기계가 궁극적인 기계라는 뜻도 아니다. 그리고 들뢰즈에게 이 유일한 계급에 대립하는 것은 프로레타리아가 아니라 계급 바깥, 즉 소수이다.

계급의 바깥으로서의 소수자minorités에 대한 가장 자세한 정의는 다음과 같은데, 이를 통해 우리는 재미있는 비교를 할 수 있다. 우선 다음 정의를 검토해 보자.

> 소수자는 반드시 적은 수로 정의되는 것은 아니고, 되기 혹은 부유 상태, 다시 말해서 잉여적 다수를 구성하는 이러저러한 공리('율리시스 혹은 도시에 거주하는 오늘날의 평균적인 유럽인들' 혹은 얀 물리에가 말하듯이, '35세 이상의 남성으로서 특정 자격을 갖춘 국적을 가진 노동자Ouvrier')로부터 이들을 떨어뜨려 놓는 거리에 의해 정의된다. 소수는 적은 수여야 하는 것은 아니고, 큰 수를 포함할 수도 있으며, 절대적인 무한정의 다수를 구성할 수 있다. … 반면 소수는 아무리 많은

41 주체라는 관념론적 개념에 대한 비판에 근거하여 유물론을 전개한 마르크스가 어떤 측면에서 여전히 주체를 말한다는 점 등이 마르크스에서의 이론상의 어려움이라는 지적이 이미 있어 왔다. 서관모, 「계급과 대중의 변증법」, 206쪽 등 참조.

요소를 갖더라도 **불가산 집합**으로 규정되는 데서 소수자와 다수자의 차이를 찾을 수 있다. 셀 수 없는 것을 특징짓는 것은 집합도 아니고 요소도 아니다. 오히려 연결접속 … 공리화될 수 없는 퍼지 집합, … 군중이자 다양체를 구성한다.[42]

소수는 공리화될 수 없는 퍼지 집합이자 군중, 다양체이다. 소수는 불가산 집합, 그러나 정확히 말해서 집합이 아닌 접속. 그러니까 소수는 잠재적인 것이며 과정이고 들뢰즈-가타리의 다른 개념 '되기'와 연결된다. 소수자-되기. 이들에게는 여러-되기가 있는데 그 가운데 동물-되기를 보면 흥미로운 점을 알 수 있다. "모든 동물은 일차적으로 패거리이며 무리 … 따라서 무리에 대한, 다양체에 대한 매혹이 없다면 우리는 동물이 되지 못한다."[43] 여기에서 이들의 동물 무리에 대한 관심은 신화적이거나 과학적(생물학적)인 것이 아니라, 오히려 "팽창, 전파, 점유, 전염, 서식의 양태"[44]에 관한 것으로, 이는 통계학의 각종 지표가 모으는 무수한 데이터들로서의 '인구' 개념에 대응한다. 실제로 들뢰즈-가타리는 "사회와 국가는 인간을 분류하기 위해 동물의 특성을 필요로"[45] 한다고 씀으로써, 새로운 정치적 인물로서의 푸코의 '인구'와 그 통찰을 같이 했다. 그러나 같은 원어 population을 인구와 개체군으로 달리 번역하도록 만든 것이 두 사상의 전체 체계라는 것을 생각해 보면, 두 사상에는 번역의 차이만큼이나 많은 차이가

42 MP., 586~587, 897~898쪽, 저자의 강조.

43 MP., 같은 쪽.

44 MP., 같은 쪽.

45 MP., 454쪽.

있다고 보면 될 것 같다. 그 중대한 차이는 바로 푸코에게는 인구가 표준화, 모델화, 변조로 나타나는 지표이며 통치성에 대구를 이루는 포획된 대상인 데 반하여, 들뢰즈-가타리에게 개체군은 불가산 집합으로서 국가 포획을 벗어나는, 계급바깥으로 나타나고 있다는 점이다. 푸코에게 인구는 답이 아닌데, 들뢰즈-가타리에게는 개체군이 답인 것이다.

2) 욕망désir 혹은 쾌락plaisir

그리하여 또 다른 차이가 배태된다. 푸코는 인구를 이루는 '적어도 하나의 불변항'이 바로 '욕망'이라고 쓴 바 있다.[46] 그리고 뒤이어 그 욕망은 이윤의 갈망으로서의 욕망이라 보충한다. 인구라는 인물의 흐름과 경향성을 짐작하려면 그 욕망의 본질을 알면 된다. 즉, 욕망이란 푸코식으로 말하면 통치성의 대상이고, 들뢰즈식으로 말하면 포획의 대상이다. 그리고 그것은 포획된다. 그래서 푸코가 통치성에 대한 연구 이후에 나아가는 길은 욕망이 아니라 쾌락이며 그 쾌락에 대한 자기에의 배려인 것이다. 그러나 들뢰즈에게 욕망은 포획되기도 하지만 한편 도주하는 것으로서, 아니 들뢰즈에게 더 적합하게 표현하자면 그것의 본질은 우선 도주하는 것으로서, 그 일부가 포획되는 것이며, 포획된 욕망이 곧 쾌락이 된다. 즉 푸코와 들뢰즈-가타리의 분석은 이 지점에서 정반대로 움직이게 되는 것이다. 들뢰즈와 푸코는 정확히 이 점에 대한 논쟁을 벌였다.

46 푸코, 『안전, 영토, 인구』, 112, 115쪽.

우리가 최근에 만났을 때, 미셸은 나에게 아주 친절하고도 세심하게 거의 다음과 같이 말했습니다: 나는 욕망이라는 단어를 견딜 수가 없어요: 당신이 그 단어를 다르게 사용한다고 하더라도, 나는 욕망=결핍이라는, 혹은 욕망은 억압된다고 생각하거나 그렇게 산다고 생각하지 않을 수 없어요. 미셸은 덧붙였다: 그래서 나로서는 내가 '쾌락'이라고 부르는 것, 아마도 당신이 '욕망'이라고 부를 그것에 대해, 어쨌든 욕망과는 다른 단어가 필요했어요.[47]

들뢰즈는 푸코와의 만남에서 들은 이 이야기에 대하여, 이것이 단순한 단어의 문제가 아니라고 말하면서 욕망과 쾌락이라는 개념에 대한 자신의 이해를 덧붙인다. 그에게서 욕망이라는 것은 주체성과 대립하는 '이것임'으로서, 모든 조직화의 지층에 대립하는 기관 없는 신체인 데 반하여, '쾌락'이라는 것은 욕망의 내재적 과정procès을 방해하는 것으로서 조직화의 지층들에 속하는 것이다. 그러나 들뢰즈는 이것이 단순한 단어의 문제가 아니라고 말하면서도 혹시 푸코의 '쾌락-몸'이 자신의 '욕망-기관 없는 신체'와 대응하는 것인지를 묻는다.[48] 이 질문에 대하여 권력의 차원에서 그리고 저항의 차원에서 각기 검토한 후에, "나는 여기에서 더 이상 미셸의 현재 연구를 나와 관련짓고 나를 자리매김하기가 어렵다"[49]고 썼다. 아마도 그 연구는 후대에 남겨진 것일 테다. 다만 들뢰즈는 자신의 작업과 푸코의 작업

---

47 Gilles Deleuze, "Désir et plaisir", DF., p. 119.

48 Ibid., p. 120.

49 Ibid., p. 122.

이 완전히 다른 평면, 즉 자신은 배치들에 대한 내재성의 평면, 푸코는 아무래도 조직이라는 초월의 평면에서 전개되고 있는 것이 아닌가라는 결론을 내린다.[50] 그리고 잘 알려져 있다시피 푸코에게서의 저항은 통치성 강의 당시로 보자면 대항품행, 그 이후의 연구로 보자면 자기의 몸과 몸의 쾌락에의 배려에로 길을 접어들었고, 들뢰즈에게서 저항은 소수자-되기, 욕망의 근본 속성으로서의 도주라는 측면으로 접어들었다.

푸코가 쾌락과 자기에의 배려라는 길로 접어든 데 대해서는 "'사적인 자율의 추구'를 중시하는 '낭만주의적 지식인'"[51]이라는 비난이 잇따랐다. 들뢰즈의 도주라는 저항의 개념은 투쟁해야 할 때 투쟁을 불가능하게 만들고, 거시적인 관점을 허용하지 않으며, 작은 규모의 공동체적인 사유만을 가능하게 하는 개념으로 정치-사회철학의 영역에서 비토되어 왔다.[52] 푸코의 결론을 지지하기는 어렵지만, 푸코는 그 결론으로 평가될 철학자가 아니라는 것은 확실하다. 그의 작업은 결론에 이르는 과정에서 드러나는 자유주의 통치성에 대한 통찰

50 Deleuze, "Désir et plaisir", p. 121.

51 Richard Rorty, "Moral Identity and Private Autonomy: The Case of Foucault", *Essays on Heidegger and Others*, London: Cambridge University Press, 1991. 사토 요시유키, 『권력과 저항: 푸코, 들뢰즈, 데리다, 알튀세르』, 김상운 옮김, 난장, 2007, 97쪽에서 재인용.

52 푸코와 들뢰즈 등 영미권에서 포스트구조주의라고 명명하는 철학자들에 대한 평가는 대체로 비슷하다. 대표적으로 데이비드 하비, 『희망의 공간』, 253, 314쪽 참조: "어떻게 그리고 어떤 종류의 대안이 구축될 수 있는가에 대해 아무런 단서도 제공하지 않았다"(253쪽); "상대적으로 작은 규모에서 거둔 자연과의 조화라는 원칙에 입각해서 너무 주변화되거나 너무 제한적이다. 유토피아적 환경주의의 많은 잔류물은 자본주의의 경관에서 찾아질 수 있다(청정한 공기, 청정한 물, 대도시 지역에서 적절한 하수처리장을 위한 운동과 전원 도시, 교회, 휴양 지역에 접근). 그러한 성과와 운동이 과소 평가되어서는 안 되지만…"(314쪽).

에 의미가 있다. 앞서 검토했듯이 욕망 우선론으로서의 사회이론을 가지고 있는 들뢰즈-가타리에게 사회는 모순과 적대로 이해되지 않으므로 주된 저항은 투쟁이 아니라 도주여야 함은 자연스러운 일이다. 푸코가 자유주의 통치성을 분석할 때 핵심적으로 등장하는 것과 들뢰즈-가타리가 자본주의를 분석하는 데 있어서 중요하게 고려하는 것은 경제적인 생산관계에 있어서의 계급적 적대나, 혹은 개인의 자유와 이 자유를 제한하는 사회의 양자택일이라는 틀이 아니었다. 이들은 공히 현대의 신자유주의적 자본주의라는 메커니즘을, 규정과 원리 그리고 제한과 금지의 보편적인 해체, 들뢰즈-가타리 용어로 말하자면 보편적인 탈영토화를 토대로 이해하고 있다. 그래서 푸코는 규율권력으로부터 18세기를 전후로 하는 자유주의 통치성이라는 새로운 권력관계의 분석으로 관심을 옮겨 간 것으로 볼 수 있다. 그러한 보편적인 탈영토화라는 사건적 현상-시뮬라크르적 현상 속 개인은 자유를 구가한다는 환상 속에서 스스로 관리하는 인적 자본, 인간 기계, 기업가로서의 개인, 누더기를 걸친 부르주아지가 되었다. 통계적으로 표준화된 인간으로 수렴해 가면서 스스로 자유롭게 능력을 강화할 수 있는 인간공학적 사유로 무장하게 된 개인이, 무엇 때문에 신자유주의에 대해 문제를 제기하고, 자본주의의 무엇에 대해 저항할 것인가? 우리 시대의 개인은 이제 저항할 대상도 없고 저항할 원리도 잃어버린 셈이다. 신자유주의의 문제는 이렇게 교묘하기 때문에 더욱 심각하다. 들뢰즈-가타리에게 투쟁, 법, 조직, 기관, 투쟁을 이끄는 개념 등이 두 번째로 따라 나오는 것들secondary이라고 해도, 그것이 중요하지 않은 것은 아니다. 다만 이들의 주장은, 이제 더 이상 그 스스로 투쟁의 원리로서 합리적으로 견고하게 서 있는 주체를 기대하기 어렵고 몇 가지의 명세로 사회를 분류하기 어려워진 현대에, 조직과 법을 움직이는 투쟁의 방식이 좀 더 면밀해져야 함을 의미할 뿐이다.

에세이 이미 지쳐 버린 젊은 부르주아지[53]
—우리는 빨리 생산수단을 확보해야 한다

졸업생 한 명이 최근에 읽은 책에 대해서 이야기해 주었다. 그 책의 메시지는 월급을 받아서 그것을 모아 내 집을 사고 부를 축적한다는 생각은 정말 어리석다는 취지였던 것 같다. 이런 생각을 가지면 우리는 영원히 노예로 살 수밖에 없으며, 우리가 노예인 이유는 생산수단을 가지고 있지 않기 때문이라고 했다. 우리는 생산수단을 확보해야 한다. 그래야만 노예의 처지에서 벗어날 수 있다. 생산수단을 스스로 확보하는 길, 그 길이 바로 '부의 추월차선'이다. 이 이야기를 전한 친구는 우리가 이 진실을 가능한 한 빨리 알아서 가능한 한 빨리 '같이' 서행차선에서 추월차선으로 차선을 변경해야 한다고 전도하는 심정인 것 같았다. 생산수단이 없는 사람들을 노동자라 불렀고, 그래서 노동자는 생존을 위해 자신의 노동을 팔 수밖에 없으며, 바로 그 점 때문에 노동자가 자신의 삶에서 여러가지 방식으로 소외당하고 노동 역시 착취된다는 설명은 '고전적인' 이야기다. 대부분의 젊은이들이 이런 고전적인 이야기조차 학습하지 못하고 학교 문을 나선다.

그런데 만약에 말이야. 자기의 생산수단(자본, 토지, 건물 등… 예전에는 건물/빌딩에 대해 말했지만, 요즘은 서울 아파트조차 그 생산수단에 속하게 되었다)을 소유하지 못한 사람들이 다수인 지금, 너도 나도 빚까지 내서 어떻게든 아파트에 당첨되거나, 주식이나 비트

53 「부의 추월차선」, 단디뉴스, 2021.06.21.

코인의 막차라도 타서 대박이 나기를 바란다면 말이야. 사회를 전체적으로 볼 때는 어떤 일이 벌어질까. 지금 아파트 값은 정말 비정상적이야. 집을 살 타이밍을 놓친 사람들은 망연자실해졌고 벼락거지라는 단어까지 생겼지. 그래, 아파트 값은 비정상적으로 올랐어. 다들 비정상이라고 해. 그건 무슨 뜻이냐 하면 그 아파트 값이 사실은 정상수준으로 돌아오는 게 맞다고 많은 사람들이 생각한다는 거야. 그런데 또 다른 한편으로는 많은 사람들이 그 가격에 아파트를 이미 샀고, 또 지금도 어떻게든 사려고 해. 지금 그 책은 우리에게 그러라고 권하는 거잖아. 그러면 어떻게 될까. 그 아파트 값은 비정상이지만, 그럼에도 불구하고 계속 올라야 하잖아. 아파트 값과 주식과 비트코인에 대한 '우리'의 마음이 모순으로 쪼개지잖아. 내가 우연히 아파트에 당첨되면 천국이고, 그 우연에 들지 못한 사람은 불행한 거지가 되지. 이런 과정이 계속되는 게 맞을까. 그럼 어떻게 해야 하지? 이런 상황에서 우리가 해야 할 일이 뭐지? '나'라는 뿔뿔이 흩어진 개인들이 각자 자기가 살 바를 알아서 꾀해야 한다고 스스로를 다그치고 또 그래야 한다고 독려할 것이 아니라, 바로 이 순간에 '사회'가 뭔가 기능해야 한다고 우리 모두 요구해야 하지 않을까? 이 어려움을 사적으로 해결하는 것이 맞을까? 능력없는 사람은 어떡해? 그들은 그냥 거지로 살아?

이십 대 어른들에게 지금 이 세상은 가혹하다. 하루아침에 몇 억씩, 몇 천 억씩 벌거나 잃는 것을 옆에서 목격하는 이 젊은이들의 심정은 어떨까. 이런 세상을 빨리 따라잡으라는 수많은 매뉴얼들 속에서 정신을 차리고 산다는 것은 어려운 일이다. 이십 대 어른들은 가혹하고 척박한 환경 속에서도 생명의 뿌리를 내리려고 애쓰면서 『부의 추월차선』 같은 책을 보는 것이다. 사회는 부를 위한 추월차선을 깊이 홈 패어 놓았고, 표준화로부터 일탈해 있을 가능성이 가장 크다고들 생각되는 젊은이들이 의외로 이 표준화된 홈에 이미 상당히 포획되어 있다. 그들은 자기도 모르는 사이에 이미 부르주아 의식을 가지고 있으며, 노동자로 사회생활을 시작하는 순간에조차 노동자 의식을 분별해 내지 못하거나, 그럴 필요를 못 느낄 가능성이 크다.

2. 신자유주의의 모순, 중단된 과정

가. 시장은 가족을 요구하고

신자유주의의 역사에 대한 데이비드 하비의 인상적인 서술 속에서 마거릿 대처는 신자유주의를 다음과 같은 방식으로 선언했다.

> '이제 사회와 같은 것은 없으며, 오로지 개별적인 남자들과 여자들만 있다'—그리고, 그녀가 덧붙이기를, 결과적으로 그들의 **가족**이 있을 뿐이다.[54]

'가족'이라는 단어가 신자유주의 선언에 등장한다는 것은 매우 의미심장한 일이다. 이는 가족의 문제가 비단 겉으로 드러난 문화와 관습 그리고 정치적인 보수 이데올로기와 관련된 것만이 아니라, 소위 정치-경제의 문제와 그리고 특히 오늘날에는 신자유주의라는 자본주의의 체제와 밀접한 관련이 있음을 명백히 선언한 것이라고 볼 수 있기 때문이다. 가족이라는 것은 언제나 우리에게 어떤 막연한 '안식처'라는 느낌을 주지만, 어쩌면 그것은 대처의 저 무서운 선언 속에서 불길하게 등장한다는 사실 자체가 우리에게 말해 주듯이 하나의 '덫'일 수도 있다.

대처의 선언을 조금 더 풀어서, 우선 그 시대,—대처가 총리

54 David Harvey, *A Brief History of Neoliberalism*, Oxford: Oxford University Press, 2004, p. 23. 고딕 강조는 필자.

가 된 1979년 봄 즈음—그들, 즉 대처, 레이건, 등소평 등이 공유했던 신자유주의의 개념이 무엇인지 살펴보도록 하자. 대처는 영국 그리고 세계 경제가 직면한 스태그플레이션의 문제를 해결하기 위해 1945년 이후 영국이 채택했던 케인즈주의에 기반한 사회민주주의 국가의 제도들과 정치적인 방법들을 포기하고 공급경제학적 해결책을 받아들이기로 결심한다.[55] 경제적인 문제를 해결하는 방법의 이러한 변경은 다음과 같은 과정들을 도입하게 된다. 즉, 노동조합 권력, 경쟁의 유연성을 방해하는 모든 형태의 사회적 연대, 그리고 복지국가에의 약속을 무너뜨리거나 후퇴시키고, 공적인 사업의 민영화, 세금 감면, 기업이 주도하는 경제, 기업 친화적인 환경 조성 등을 추진하는 것이 그것이다.[56] 노동 유연성, 기업 친화, 기업 주도 경제발전, 민영화 등은 이미 우리에게 매우 낯익은 개념들이다. 그리고 신자유주의는 노동조합, 세금, 재정지출, 환경·소비자 보호를 위한 규제, 최저임금 등 기업 활동의 자유를 저해한다고 간주되는 것들에 적대적이다. 이미 충분히 분석되고 설명된 신자유주의의 이와 같은 특징들을 나열하는 것은 더 이상 큰 의미가 없다. 그러므로 우리는 조금 더 근본적인 질문을 던져 보자. 신자유주의는 무엇인가? 혹은 질문의 방향을 조금 바꾸자면, 신자유주의는 무엇을 원하는가? 이 질문에 대답이라도 하듯이 대처는 영국 경제의 방향을 위 인용문처럼 바꾼다는 것을 천명하면서, 가차 없는 어조로 다음과 같이 말했다고 한다.

55 *Ibid.*, pp. 22~23.
56 *Ibid.*, p. 23.

'경제는 방법일 뿐, 목표는 영혼을 바꾸는 것이다.'[57]

대처가 말한 '영혼을 바꾸는 것'이 무엇인가에 대한 설명을 하비에게서 찾아 보자면 다음과 같다. "시장과 시장의 신호들이 모든 배당적 결정allocative decision을 가장 잘 정한다고 가정하는 것은, 모든 것이 원칙적으로 상품으로 다루어질 수 있다고 가정하는 것이다. 상품화는 과정들, 사물들, 사회적 관계들 위에 재산권의 존재를 가정하는데, 이는 이런 것들에 대한 가격을 매길 수 있음을 의미한다. … 시장은 인간의 모든 행동에 대한 적절한 안내자 — 하나의 윤리 — 로서 작동할 것이라고 가정된다."[58] 즉, 신자유주의는 시장market을 윤리로 만들겠다는 이데올로기인 것이다.

시장이 윤리가 된다는 것은 정확히 무엇인가? 신자유주의자들이 생각하는 최고의 원리는 '사적 소유'이며, 이들은 어느 영역이든 사적 소유가 작동하지 않는다면 그것이 바로 경제발전과 복지에 최대 장애물이라고 생각한다.[59] 공적인 영역의 민영화라는 경향이 이를 잘 보여 주지만, 이 경향은 시장이 윤리가 되는 지경에까지는 아직 이르지 못한 것이다. 사적 소유가 윤리가 되는 지점, 우리의 영혼이 바뀌게 되는 지점은 다음에서 잘 드러난다.

이전에는 국가가 통제하고 운영하던 분야들이 사적인 영역으로 전환

57 Harvey, *A Brief History of Neoliberalism*, p. 23.
58 *Ibid.*, p. 165.
59 *Ibid.*, p. 65.

> 되고, … 경쟁 — 개인들, 기업들, 영토적 실체들(도시들, 지역들, 국가들, 지역적인 집단들) 사이의 — 이 최고의 덕목이 된다 … 시장에서의 개인적이고 개별적인 자유가 보장되는 반면, 각 개인은 자기 자신의 행동과 안녕을 책임져야 한다. 이 원칙은 복지, 교육, 보건 그리고 심지어 연금에 이르기까지 그 영역이 확대된다.[60]

분야를 가리지 않고, 당사자가 누구인가를 가리지 않고, 경쟁이 최고의 덕목이자 윤리적 기준이 되어 버리는 이러한 사고방식을 우리는 경험하고 또 목격해 왔다. 시장이 모든 배분의 가장 적절한 기준이라 간주하는 신자유주의는 이전에는 우리가 감히 상품으로는 여기지 못했던 영역들, 이를테면 출산, 교육, 학문, 의료, 공무 등에까지 침투하였으며, 우리는 보편적인 경쟁과 성과급이 모든 조직의 운영 방식으로 자리 잡은 시대에 살고 있다. 즉, 우리에게는 이미 '유일한 윤리는 시장'인지도 모른다.

시장이 윤리가 된 지금, 신자유주의가 우리에게 가져다준 것은 무엇인가? 보편적인 자유. 일단 그것이 하나의 결과물인 것은 확실하다. 소위 플랫폼 사업이라는, 가장 현재적인 또는 혁신적인 사업 모델은, 전문적인 직업을 가지지 못한 많은 노동자들에게 초단기 일자리를 제공한다. 그들은 대체로 라이더로서, 스스로를 사업자로 등록하여 플랫폼 사업자와 초단기 계약을 한다. 이들은 '자유로이' 자신이 일할 시간과 노동의 양을 정할 수 있다고 생각하도록 유도된다. 모

60 *Ibid.*

든 것의 상품화는 우리로 하여금 자기 자신을 상품으로 포장, 기획하여, 상품성을 높이도록 유도되고, 스스로 상품으로서 경쟁하도록 견인된다. 인적자본과 호모 이코노미쿠스라는 푸코의 개념이 바로 그것이었다. 그러나 나에게 주어진 시간, 노력, 정성, 관계, 의무 등 모든 가치들을 상품으로 바꾸어 스스로 경쟁력을 키워서 결국 내가 얻는 것은 '경제적인 풍요와 복지 수준의 향상'이어야 할 것인데, 그것이 전체적인 풍요와 복지가 아니라는 점이 문제가 된다. 결국 신자유주의라는 자본주의의 새로운 통치성도 부익부 빈익빈을 피할 수 없다. 이를 증명하듯이 대처 이후 40여 년이 지난 지금, 하비는 "신자유주의의 가장 실질적인 성과는 부와 소득을 발생시키기보다는 재분배했다는 점"[61]이라고 진단했다. 즉 신자유주의는 부와 소득을 순전히 증가시켰다기보다는, 소득과 복지를 부익부 빈익빈이라는 방향으로 재분배하여 부자와 가난한 자의 차이를 더 확대했다는 것이다. 그리하여 경쟁력을 갖춘 개인은 그렇지 못한 개인과 비교하여 지나치게 많은 부를 차지하고, 그들에게 부와 복지가 편중 배분되는 것이다. 그러나 자유주의 통치성은 개인이 부의 축적에 성공하거나 실패하는 것을 그 개인의 자기 자신에 대한 매니지먼트의 성공 혹은 실패로 생각하도록 이미 개념화하였기 때문에(인적자본 개념), 더 심화된 부익부 빈익빈이라는 현상에 처한 개인은 사회의 역할을 요구하는 것이 아니라 자기가 어떤 점에서 자기 자신에 대한 매니지먼트에 실패하였는지를 생각하도록 강제된다. 자유주의 통치성이라는 사유의 평면

61 Harvey, *A Brief History of Neoliberalism*, p. 159.

은 이러한 개념으로 깊이 홈 패어 놓았기 때문에, 익명적 개인 전체, 곧 인구는 이 홈에 의해 표준화된다. 우리는 그렇게 생각하는 것으로 모델링된다.

또한 하비가 지적하듯이 신자유주의는 애초에 일관성있는 체제가 아니며 모순을 안고 있다: 국가는 자유시장을 위해 물러나 있어야 하지만 동시에 기업친화적 자유시장을 만들기 위해 적극적으로 개입해야 하는 모순, 자유시장은 권위적 통치를 필요로 한다는 모순, 자유경쟁은 결과적으로 독과점으로 환원된다는 모순, 사회라는 아이디어 자체를 해체하기를 원하지만 오히려 사회를 아노미 상태로 만드는 모순, 그 결과 사회를 통제하기 위해 다시 사회라는 아이디어를 도입해야 한다는 모순 등이 그것이다.[62] 푸코의 분석에서도 비슷한 통찰을 찾아볼 수 있었다. 그는 자유주의 통치성이 모든 것을 "내버려 두지만", "자연스럽게 진행되도록 놔둔 이 현실 자체가 틀림없이 스스로를 억제하고 규제하리라는 것"을 함께 안고 있는 체제라고 보았다.[63] 또한 신자유주의가 프랑스에 처음 도입되었을 때 그것이 '적극적' 자

62 하비가 요약한 신자유주의의 다섯 가지 모순들(*Ibid.*, pp. 79~80).

1. 신자유주의 국가는 단지 시장의 기능을 위한 무대를 마련하고 뒤로 물러나 있는 것으로 기대되지만, 다른 한편으로는 좋은 기업 환경을 만들기 위해 적극적으로 나서는 것으로 기대되기도 한다.
2. 시장을 실행시키는 데 있어서의 권위주의가 개인적인 자유라는 이상과 불편한 동거를 한다.
3. 국제적인 자유무역은 어떤 종류의 전 지구적 통치(예를 들면 WTO)를 필요로 한다.
4. 경쟁이라는 덕목이 내세워지는 동안, 실제로는 독과점이 견고화되고 극소수의 중앙집중적인 다국적 기업들 내에서 초국가적 권력이 코카콜라 대 펩시로 환원된다.
5. 대중적인 수준에서 시장의 자유에로의 드라이브 그리고 모든 것의 상품화는 너무나 쉽게 사회적 비일관성을 낳는다. 사회적 형태 혹은 심지어 사회라는 아이디어 그 자체를 해체한다는 것은 바로 사회질서에 큰 구멍을 남긴다.

63 푸코, 『안전, 영토, 인구』, 77쪽.

유주의라 불렸다는 점도 이를 증언한다. 자유주의가 '적극적'이라는 것은 시장이 경쟁을 위한 공간이 되도록 하기 위해 정치가 적극 '개입'함을 뜻했다는 것이다. 신자유주의의 모순을 한마디로 요약한다면, 자유지상주의 이념인 신자유주의가 실제로는 권위적 통치 및 국가의 적극적인 개입을 필요로 한다는 것이다. 만약 그러한 권위적 통치를 도입하지 않으면, 하비가 말하듯이 "아노미와 싸우기가 어렵고, 반-사회적 행동들을 통제할 수 없게 된다. 이를테면 범죄, 포르노그라피, 타인들에 대한 가상 노예화. '자유'를 '기업의 자유'로 축소시킨다면 모든 '부정적인 자유들'이 활개를 칠 것이다".[64] 칼 폴라니는 사회를 통제 불능의 상태로 만드는 '부정적인 자유들'을 구체적으로 나열하였는데, 그것은 '동료를 착취할 자유, 공동체에 대해 그만큼의 서비스를 제공하지 않으면서 과도한 이익을 취할 권리, 기술적인 발명들을 공공의 이익을 위해 쓸 수 없도록 할 자유, 사적인 이익을 위해 비밀스럽게 초래한 공적인 재앙으로부터 이익을 취할 자유'[65]로서, 이는 시장 경제의 부작용이라 설명한다. 사회라는 아이디어 자체를 해체하기를 원하면서도 자유시장을 지키려면 사회는 해체되지 말아야 하기 때문에, 자유주의에는 사회질서를 유지하기 위한 최소한의 장치가 필요하다. 자유시장을 지키는 최소한의 사회, 가족. 신자유주의는 자유를 시장의 자유로 환원시킴으로써 사회를 해체하는 과정에 돌입하고 그 결과 가족 역시 해체에 직면하게 되지만, 시장은 가족의

---

64 Harvey, *A Brief History of Neoliberalism*, p. 80.

65 Karl Polanyi, *The Great Transformation: The Political and Economic Origins of Our Time*, Boston: Beacon Press, 1954, pp. 256~258. Harvey, *A Brief History of Neoliberalism*, p. 36에서 재인용.

해체를 원하지 않는다는 아이러니. 그것이 신자유주의와 가족의 기묘한 동거, 그리고 신자유주의가 가족을 강조하는 보수성을 보이는 이상한 조합의 비밀이다.

나. 가족주의는 시장의 생산에서 반복된다

그러나 '가족'은 이미 오랫동안 그리고 고전적으로 '자본주의'의 발생 및 역사와 밀접한 관계를 가진 것으로 분석되어 왔다. 엥겔스는 선사시대에 대한 모건의 연구를 중요한 전거로 하여[66] 가족의 기원을 유물론적으로 분석하였다.[67] 그에 따르면 현재 우리가 영위하고 있는 일부일처제를 기반으로 한 가족이라는 형태는 "비교적 거대한 부가 한 사람의 — 그것도 한 남자의 — 수중에 집적된 결과이며, 또한 이 부를 다름 아닌 바로 그 남자의 자식에게 상속시키려는 욕구의 결과"[68] 이다. 우리는 이미 일부일처제의 가부장적인 가족 이데올로기가 여성의 혼전순결과 혼외정사 금지, 그리고 어린아이의 성욕 부정 등 매우 보수적인 자본주의 이데올로기와 함께 간다는 것을, 그리고 이것이 어린아이로부터 성인 남녀가 겪는 신경증의 원인이 된다는 것을 프로이트와 더불어 잘 알고 있다. 엥겔스에게 주목해야 할 것은 현대

---

66 Lewis Henry Morgan, *Ancient Society, or Researches in the lines of Human Progress from Savagery through Barbarism to civilization*(『고대 사회, 또는 야만에서 미개를 거쳐 문명에 이르는 인류의 진보 경로에 대한 연구』), London: Macmillan, 1877.

67 프리드리히 엥겔스, 「가족, 사적 소유 및 국가의 기원, 루이스 H. 모건의 연구와 관련하여」, 『칼 맑스 프리드리히 엥겔스 저작 선집 4』, 최인호 외 옮김, 김세균 감수, 박종철출판사, 1991.

68 앞의 글, 87쪽.

'가족'의 형태가 '부의 축적', 그것도 '사적 소유'를 근거로 하는 부의 축적과 관계가 있다는 것이다. "여자뿐만 아니라 남자도 가격을 갖게 된다 — 그의 개인적 성질이 아니라 그의 재산에 의거한 가격을": 그리고 가격이 매겨진 남자와 여자가 결혼이라는 "계약을 체결하기 위해서는 자신의 인격, 행위, 재산을 자유로이 처분할 수 있는… '자유롭고' '평등한' 인간들을 만들어 내는… 자본주의적 생산"이 전제되어야 했다는 것이 분명하다.[69] 즉, 일부일처제 가부장적 가족은 자본주의가 근거가 되는 성적인 결합의 모델이 된다. 이렇게 되면 가족은 명백히 자본주의의 사적 소유와 축적된 부의 상속을 그 근본적인 속성으로 하는 경제적인 단위로 분석되지만, 그것이 성적인 결합과 금지, 그리고 가능한 성적인 결합의 형태를 정해 주는 이데올로기의 전달 경로가 됨으로써, 단순한 경제적인 의미를 넘어서 사회적 관계와 심리적 억압를 내포하는 복잡한 총체가 되어 버렸다. 가족은 이미 엥겔스가 분석한 경제적인 속성만으로는 충분히 이해할 수 없는 복잡성을 갖추고 있는 것이다. 엥겔스의 분석에서 생략된 가족과 자본주의 결합의 비-경제적 의미는 프로이트-마르크스주의의 후예로서 들뢰즈-가타리의 연구에서 상당 부분 해명된다.

우리는 '신자유주의는 무엇을 **원하는가**'라는 질문을 던짐으로써, 신자유주의를 하나의 욕망의 체제로 파악하려고 이미 시도하였다. 그것은 푸코가 자유주의 통치성을 연구하면서 그 통치성과 짝을 이루는 새로운 인물로서 '인구'를 제시할 때, 인구를 설명하는 불변항

---

69 엥겔스, 「가족, 사적 소유 및 국가의 기원, 루이스H. 모건의 연구와 관련하여」, 91쪽.

으로서 '욕망'이 언급된 것과 맥락을 같이 한다. 들뢰즈와 가타리는 사회구성체의 계보학을 욕망의 체제라는 관점에서 풀어 나간 것으로 잘 알려져 있는데, 이는 그 자체로 이미 마르크스와 프로이트를 결합하려는 시도이다. 알튀세르가 마르크스주의의 대상은 사회구성체이고, 정신분석의 대상은 개인이기 때문에 프로이트-마르크스주의가 불가능한 기획이라고 지적하였지만, 들뢰즈와 가타리는 우선 사회와 개인을 전혀 다른 대상으로 규정한 것 자체에 이의를 제기하여 프로이트-마르크스주의를 가능하게 한다. 『안티 오이디푸스』의 전반부는 바로 이러한 구분이 허구라는 것을 보여 주는 데 할애되어 있다. 즉 개인의 욕망은 환상이라는 비합리적 대상을 생산하고, 사회는 합리적으로 생산한다는 구분 말이다. 이들은 사회 역시 자기 고유의 망상을 구성한다고 주장하는 한편, 욕망이 생산하는 것은 환상만은 아니라고 주장함으로써 두 대상의 구분을 폐기한다.[70] 다음으로 들뢰즈와 가타리가 사회와 개인에 대한 두 이론을 결합시킬 수 있었던 것은 두 이론이 공히 '과정'procès을 대상으로 삼기 때문이다.

> 맑스는 말했다. 루터의 공적은 종교의 본질을 객체의 측면에서가 아니라 내면적 종교성으로 규정했다는 점이다. 애덤 스미스와 리카도의 공적은 부의 본질 내지 본성을 더 이상 객체적 본성으로서가 아니라 탈영토화된 추상적이고 주체적인 본질, 즉 생산활동 일반으로 규정했다는 점이다. … 프로이트에 대해서도 같은 말을 해야 한다. 프로

---

70 AO., 27, 36~37쪽.

이트의 위대함은 욕망의 본질 내지 본성을 더 이상 대상들, 목표들 심지어 원천들(영토들)과 관련해서가 아니라 추상적이고 주체적인 본질, 즉 리비도 내지 성욕으로 규정했다는 점이다.[71]

추상적이고 주체적인 본질이라고 불리는 생산활동 일반, 그리고 리비도 내지 성욕은 공히 과정이다. 들뢰즈와 가타리는 자본주의 이전의 사회구성체들, 영토 기계나 전제군주 기계에서는 개별적인 인간들이 사회에 "가족의 신분과 가족에서의 신분에 따라, 즉각 생산자들(또는 비-생산자들)"[72]로 기입되지만, 자본주의에서 "구체화되는 것은 추상량으로서의 생산력과 생산수단"[73]이라고 봄으로써, 자본주의가 대상이 아니라 과정 그 자체에 근거한 체제라고 주장한다. 그것은 정신분석도 마찬가지이다: "스미스와 리카도는 이번엔 생산수단의 사적 소유라는 형식으로 이 본질을 다시 대상화하고 소외하고 재영토화"했으며, 프로이트 역시 "이 본질을 여전히 사적 인간의 마지막 영토성인 가족과 관련시키고 있다"고 비판하면서,[74] 자본주의나 정신분석의 본질은 그러한 대상화된 부나 재영토화된 가족 드라마로서의 성욕이 아니라 '과정' 그 자체라고 주장했다. 자본주의는 생산이라는 과정을 자본 혹은 사적 소유라는 자본주의 제1원리에 관련하여 상대적으로 탈영토화하는 체제이며, 정신분석은 리비도라는 과정을 가족과 관련시켜 역시 상대적으로 탈영토화하는 체제로 본다는 것이다. 이

71 AO., 453~454쪽. 밑줄 강조는 필자.

72 AO., 442쪽.

73 AO., 443쪽.

74 AO., 453~454쪽.

때 이 가족이라는 형식, 그리고 오이디푸스 콤플렉스라는 형식은 자본주의의 대상적 형식과 겹치게 된다.

> 출발 집합에는 사장, 족장, 사제, 짭새, 세리, 군인, 노동자 등 모든 기계와 영토성, 우리 사회의 모든 사회적 이미지가 있다. 하지만 도달 집합의 극한에는 단지 아빠, 엄마, 나만 있으며, 아빠가 받은 전제군주 기호, 엄마가 떠안은 잔여 영토성, 나뉘고 절단되고 거세된 나만 있다. … 사회장은 오이디푸스로 복귀한다. … 언표주체는 사회적 인물이며 언표행위의 주체는 사적 인물이다.[75]

이들에 따르면, 하나의 인간은 언표주체로서의 사회적 인물과 언표행위의 주체로서의 사적 인물로 나뉘거나 겹쳐진다는 것인데, 개별 인간의 의식이 모든 사회적 이미지를 담보하고 있다 하더라도 행위하는 무의식적 주체는 엄마와 아빠를 욕망하는 나로 환원된다는 것이다. 그리하여 사회적 생산이 오이디푸스 콤플렉스라는 형식을 통과하면서 거세되고 승화된다. 즉 "가족을 가로질러 투자되는 것은 언제나 경제 정치 문화 사회장"[76]인 것이다. 사회적 생산의 한 예로서 문학작품의 생산에 관해 말하자면 "문제가 되는 것은 작가와 그 독자들의 개인적 오이디푸스화가 아니라, 사람들이 작품 자체를 지배적 사회 코드들을 따라 이데올로기를 분비하는 소소한 표현 활동이 되도

75 AO., 446쪽.
76 AO., 445쪽.

록 복속시키려 시도하는 오이디푸스 형식"[77]이라고 말하는 식이다. 이를테면 나는 드라마 작가로서 천대받는 인물과 모순으로 가득 찬 사회를 묘사하려고 하지만 결국 너무 지나친 설정이나 묘사는 하지 못하게 된다. 사회의 지배적 코드를 지키지 않는다면 아무도 그 작품을 보려고 하지 않을 것이기 때문이다. 이러한 과정에서 '나'는 자본의 거세를 받아들여 오이디푸스 형식을 통해 사회적인 생산을 추진하게 된다. '과정을 중단시키는 것'이다. 한 인물은 사회적 장에서 생산하면서 동시에 가족 내에서 욕망 구조를 갖추므로, 리비도의 과정과 사회의 생산과정은 별개의 것으로 구분하여 다룰 수 없게 된다. 그리고 여기에서 '가족'은 '과정의 중단'의 한 이름이 된다. 자본기계가 욕망의 분열증적 운동과 더불어 그 운동을 다시 '자본'으로 환원하는 편집증적 운동으로 욕망의 과정을 중단시키는 사회구성체라면, 가족은 그 사회기계의 피상적 합리성 배후에 숨겨진 중단된 리비도의 영토라는 것이다. 가족은 자본기계에 봉사하고 자본기계는 가족을 필요로 한다.

다. 자유주의의 극단에서 자유와 의사소통의 확대라는 환상

여기에서 잠시 짚어 보아야 할 점은, 시장을 통한 자유의 확대와 이를 기반으로 하는 경제발전이라는 것이 우리에게 가져다줄 세계란 어떤 것인가이다. 앞서 우리는 이 문제에 대한 하비의 전망이 밝지 않음을

77 AO., 237쪽.

지적한 바 있다. 간단히 정리하면, 신자유주의적 경제정책 이후로 부익부 빈익빈 방향으로의 부의 재분배가 더욱 심화되고 있다는 점, 그리고 불가피하게 부정적 자유가 난무한다는 점이었다. 게다가 신자유주의는 권위주의 통치를 동반하는 모순을 안고 있다. 신자유주의에 대한 검토의 끝에 하비는 이런 결론을 내린다.

> 나는 그 누구에게도 철학적 논변에 의해 … 신자유주의 체제가 부당하다고 설득할 수는 없다. 그러나 이 체제에 대한 반대 이유는 꽤 간단하다: 그 체제를 받아들인다는 것은 사회와 환경 그리고 정치적인 결과들이 어떻게 되든 상관없이 끝없는 자본의 축적과 경제성장이라는 체제 아래에서 살아가는 것 외에 다른 선택지가 없음을 받아들이는 일과 같다는 것이다.[78]

우리는 이미 이러한 문장을 읽어도 그다지 놀라지 않을 정도로 신자유주의를 갈망하는, 영혼이 바뀌어 버린, 신자유주의가 우리의 윤리가 된 그런 시대에 살고 있는 것 같다. 우리는 이미 정서적인 장애인이 되어 가고 있으며, 자본 축적에 유리한 것을 판단하는 일 외에는 아무런 윤리적 판단능력이 없는 기계가 되어 가고 있는 중인 듯하다. 그러나 많은 학자들이 이러한 무제한의 자유가, 혹은 자유의 확대가 우리에게 유토피아를 선사해 줄 것이라고 믿었다. '사회를 복원해야 한다'고 주장한 폴라니도 산업사회의 발전과 시장의 자유가 유토피

78 Harvey, *A Brief History of Neoliberalism*, p. 181.

아가 도래하도록 하는 어떤 조건이라고 생각한 듯하다.

> 시장경제를 통과하는 것은 전례 없는 자유의 시대를 열 수 있다. 법적이고 현실적인 자유가 이전보다 더욱 확대되고 일반화될 것이며: **규제**regulation와 **통제**control는 극소수를 위한 자유뿐만이 아니라 모두를 위한 자유를 완성하게 될 것이다. … 오래된 자유와 시민권이 산업사회가 모두에게 제공하는 여가와 안전에 의해 발생한 새로운 자유에 덧붙여질 것이다. 이러한 사회는 정의와 자유 모두를 담보할 수 있다.[79]

시장의 자유는 부정적인 자유를 번성하게 만드는 부작용이 있지만, 결국 시장의 번영과 자유의 확대를 통해 정의롭고도 자유로운 세계가 가능하리라고 생각한 것이다. 공공연한 좌파이자 코뮤니스트인 네그리조차도 그가 과연 자본주의에 대한 비판적인 지식인인지 의심스러울 정도로 자유지상주의적인 면모를 보인다. 그는 들뢰즈와의 대담에서 이렇게 말했다.

> 한편, 이 마지막 시나리오—**'의사소통'의 통제**Contôle라는 권력이 오늘날 헤게모니를 쥐고 있다는 시나리오—는 말과 상상력에까지 미치는 가장 높은 수준의 완성된 지배를 보여 줍니다. 그러나 다른 한편, 오늘날만큼 모든 사람, 모든 소수자들, 모든 특이성들이 잠재적으로 말을

79 Polanyi, *The Great Transformation*, pp. 256~258; Harvey, *A Brief History of Neoliberalism*, p. 37에서 재인용. 오래된 자유는 밀이 주장한 양심의 자유, 언론의 자유, 직업 선택의 자유 등을 말하며 새로운 자유란 앞서 언급된 부정적 자유들을 말한다. 고딕 강조는 필자.

> 할 수 있고, 그리고 이 말과 함께 가장 높은 정도의 자유를 누리게 된 적은 없었습니다. 『그룬트리세』의 마르크스적 유토피아에서 **코뮤니즘이란 기술적인 토대 위에서 바로 이 자유로운 개인들의 횡단적 조직화**로 그려졌습니다. 코뮤니즘을 여전히 생각해 볼 수 있을까요? 의사소통 사회에서는 그것이 어제보다는 덜 유토피아적인 것이 아닐까요?[80]

네그리는 마르크스의 유토피아를 "자유로운 개인들의 횡단적 조직화"로 이해하고 있는데, 그가 보기에 그것은 우리가 지금 경험하고 있는 발달한 자본주의의 성과인 "기술적인 토대"와 상당한 경제적인 풍요 위에서 가능한 것이다. 어쩌면 마르크스의 이론이 거의 대부분 자본주의에 대한 분석에 바쳐졌다는 것을 상기해 볼 때, 그리고 그가 꿈꾼 유토피아가 자본주의가 자신의 모순의 극단에 이르러 결국 프로레타리아의 혁명이 이루어진 이후 도래하는 것이라는 점을 생각해 볼 때, 마르크스주의자가 역사의 발전 과정 속에서 자본주의의 가속화를 지지한다는 것은 어쩌면 자연스러운 일일지도 모른다. 그래서 마르크스주의자는 어떤 의미에서는 극단적인 자유주의자일 수도 있다. 헝가리 유대인으로서 좌파였던 폴라니도, 이탈리아 공산주의 지식인인 네그리도, 잠정적으로 자본주의의 신자유주의적 길을 지지했을 수 있다. 그 이후를 도래하게 하기 위하여 말이다. 마르크스도 같은 맥락에서 자유무역을 지지한 바 있다. 그는 1848년 브뤼셀 민주주의 협회의 공개 회의에서 있었던 「자유무역 문제에 관한 연설」에

80 P., p. 236. 고딕 강조는 필자.

서 "보호무역 제도는 보수적인 반면, 자유무역 제도는 파괴적입니다. 자유무역 제도는 오래된 국민성을 해소하고 부르주아지와 프롤레타리아트 사이의 적대를 극단까지 밀고 나가게 합니다. 한마디로 말해 상업 자유의 제도는 사회 혁명을 촉진시킵니다. 여러분, **오직 이러한 혁명적 의미에서만 저는 자유무역에 찬성하는 것입니다**"[81] 라고 했다. 물론 연설의 대부분은 자유무역주의자들의 주장을 처음부터 끝까지 위선이라고 말하는 것이었지만 말이다. "여러분! 자유라는 추상적인 말에 속지 마십시오. 누구의 자유란 말입니까? … 그것은 노동자의 피땀을 눌러 짜내기 위해 자본이 누리는 자유입니다."[82]

그렇다면 폴라니와 네그리의 낙관적인 전망은 미심쩍기도 하지만 너무 순진한 것이 아닌가. 시장의 자유가 가져다주는 경제적 풍요와 기술적인 토대가 대다수의 개인들을 최악의 가난에서 벗어나게 하고 최소한의 자유를 누릴 수 있게 한다면, 그 자유로운 개인들로부터 유토피아를 꿈꾸는 것이 이전보다 훨씬 생각해 볼 만한 일이 된다고 보는 것 자체가 말이다. 두 학자의 낙관적 전망에서 눈에 띄고 또 많이 걸리는, 자유지상주의 경제체제가 가져다줄 사회의 모습에 대한 규정이 있다. 폴라니에게서 그것은 '규제와 통제', '안전'이며, 네그리에게서 그것은 '의사소통에 대한 통제'이다. 앞서 우리는 신자유주의가 그 자체로 모순적인 체제임을 확인한 바 있는데, 경제적 풍요

81 칼 마르크스, 「자유무역 문제에 관한 연설」, 『칼 맑스 프리드리히 엥겔스 저작 선집 1』, 최인호 외 번역, 박종철출판사, 1991, 359쪽. 필자의 강조.

82 앞의 글, 같은 쪽. "그럼에도 불구하고 노동자들이 토지 소유자들에 대항하여 자유 무역론자들과 연합했던 것은 봉건제의 마지막 잔재들을 일소하기 위해서, 그리고 이제는 오직 하나의 적만을 상대할 수 있기 위해서"였다는 것이다.

를 가져다줄 것으로 간주되는 시장과 자본의 자유는 여기에서도 규제와 통제 그리고 안전에 의해 보장된다. 즉 폴라니와 네그리가 막연하게 꿈꾸었던 완성된 사회의 모습이라는 것, 그리고 자유로운 개인들의 횡단적인 조직이라는 의미에서의 코뮨이라는 것은 이 신자유주의라는 체제를 통해서는 결코 실현될 수 없다. 그것은 '통제된 자유'이며, 오로지 '시장의 자유'일 뿐이다.

네그리의 질문에 대하여 들뢰즈는 다음과 같은 회의적인 대답을 내놓았다. "당신은 혹시 통제 혹은 의사소통의 사회들이 '자유로운 개인의 횡단적인 조직'으로 여겨지는 코뮤니즘에 어떤 기회를 다시 제공할 수 있는, 저항의 형태를 불러일으킬 수 있는 것은 아닌지 물었습니다. 글쎄요, 그럴 수도 있겠죠. 그러나 그것은 소수자들이 말을 할 수 있는 한에서 그리 되는 것은 아닐 겁니다. 말, 의사소통 이런 것들은 썩었어요. 돈이 완전히 그것들에 침투했어요. 창조한다는 것은 언제나 의사소통하는 것과는 다른 것이었습니다. 통제를 벗어나기 위해 중요한 것은 오히려 비-의사소통이라는 어떤 틈들, 어떤 차단기들을 만들어 내는 것입니다."[83] 들뢰즈가 인터뷰에 대한 대답으로서 간명하게 언급한 이 '돈의 침투'는 네그리가 질문에서 전제로서 깔아 둔 현대 사회에 대한 들뢰즈-가타리의 전망 즉, '의사소통'의 통제Contôle라는 권력이 말과 상상력에까지 미치는 가장 높은 수준의 완성된 지배를 보여 주는 사회, '통제사회'라는 전망에 대한 다른 표현이다. 이들은 다른 곳에서 사회에 대한 이러한 분석을 자세히 풀

83 P., pp. 237~238. 필자의 강조.

어놓은 바 있다. 이미 앞선 장에서 언급했듯이, 그들은 마르크스와 푸코, 그리고 프로이트의 작업을 딛고 다음과 같이 진단한 바 있다. "현대의 권력작용은 '억압이냐 이데올로기냐'라는 고전적인 양자택일로는 도저히 환원될 수 없으며, 오히려 언어, 지각, 욕망, 운동 등을 대상으로 하여 미시-배치를 통과하는 표준화, 변조, 모델링, 정보화라는 절차를 내포하고 있다"는 것이다. 고대의 전제적 사회 구성체에서는 인간이 기계와 함께 기계장치의 한 구성요소가 되어 초월적인 통일성의 관리 아래 노예화asservissement되었다면[이것은 억압의 문제], 근대국가와 자본주의는 어떤 상위의 통일성에 의해 인간이 '노동자' 혹은 '사용자' 등의 '주체'로 구성되어 기계에 예속assujetissement되도록 한다는 것이다[이것은 무의식을 포함하는 이데올로기의 문제]. 그래서 들뢰즈에게서는 주체화subjectivation라는 개념이 우선은 예속이라는 의미로 부정적으로 사용되었다. 들뢰즈에게서 주체sujet가 된다는 것은 인간-기계라는 체제에서 특정한 주체로 작동되는 것으로 간주된다.[84] 그리하여 들뢰즈로부터 주체의 긍정적인 모습을 이끌어 내기 위해서는 우선 탈주체화의 과정을 거쳐야 한다. 그런데 현대 자본주의 체제는 억압과 이데올로기로는 더 이상 설명할 수 없는 새로운 권력의 체제가 펼쳐지는바, 그것이 바로 통제-의사소통의 체제라고 말하고 있는 것이다. 이제 기계라는 것은 동력 기계로 또는 부분적인 역

84 들뢰즈가 개념화한 최초의 주체화가 자본주의의 사회적 예속을 뜻한다는 것은 다음 문장으로 확인 가능하다. "사실 자본은 모든 인간을 주체로서 구성하는 주체화의 점으로 작용하지만 여기서 한쪽의 '자본가'는 자본이라는 사적인 주체성을 형성하는 언표행위의 주체가 되는 한편, 다른 한쪽의 '프로레타리아트'는 불변 자본을 실현하는 기술적 기계에 예속되는 언표 주체가 된다"(MP., 877쪽).

할로 제한되는 것이 아니라, 보편적이고 전면적으로 인간과 더불어 배치되는 체제로 전화한다. 이 두 체계의 차이는 정도의 차이가 아니라 '정보의 개념이 이제는 인간중심적인 면모를 잃어버린다'는 것을 뜻하는, 규모와 차원의 차이이다. 이를테면 TV는 시청자들에게 "시청자 여러분, 프로그램을 만드는 것은 당신입니다"라고 말하면서 시청자를 주체로 부르지만, 시청자는 이미 사용자도 소비자도 아니며, 소통의 입구와 출구 혹은 피드백의 한 부품일 뿐이라는 뜻이 된다.[85]

여기에서 인간은 언표주체와 언표행위의 주체로 분열 또는 결합하는데, 이 두 주체의 매개자가 미디어이다.[86] 인간은 생산자, 사용자, 소비자로 스스로를 인식하지만[언표주체], 사실은[언표행위의 주체] 정보화되고 피드백하는 기계에 대한 기계일 뿐이다. 그리하여 인간은 표준화되고, 변조되고, 모델화된다. 우리는 점차 여론조사와 빅데이터가 내놓는 통계의 정규분포표에서 정상 범위 내에 위치하도록 통제된다. 의사소통이라는 것은 더 이상 인간중심주의적 개념이 존재하지 않는 인간-기계 시스템 속에서 인간과 기계 간의 상호 내적인 소통을 말할 뿐이며, 기계에 대한 인간의 사용이나 활동, 혹은 이상적인 의미에서 주체로서의 인간과 인간의 상호 의사소통을 말하는 것이 아니다.[87] 그것이 들뢰즈가 생각하는 의사소통과 통제의 사회라는 시나리오이다. 다시 말해서, 네그리의 전망과는 달리 자유와 의사소통의 확대는 그 이면에 이러한 통제의 민낯을 감추고 있다는 것이다.

85 MP., 879쪽.
86 MP., 같은 쪽.
87 MP., 같은 쪽.

라. 중단 없는 과정, 제도화

'가족'이라는 단어가 가치중립적으로 느껴지지 않는 이유는 위에서 보았듯이 그 존재의 근거가 '소유관계', 즉 자본주의와 밀접한 관계가 있기 때문이다. 또한 그것이 종종 매우 강력한 정치적 보수성을 보여 주는 지표가 되는 이유는, 일부일처제 결혼 제도라는 것이 결혼 적령기의 여성과 남성 개인이 각기 자신을 적정 가격에 처분할 용의가 있는 상품으로서의 자유를 누린다는 것을 전제로 하고 부부의 사적 소유를 보장하기 위하여 결혼 외의 성적 결합을 금지하는 기제를 가지고 있기 때문이다. 신자유주의는 가족주의를 필요로 한다. 그렇다면 이 '가족'의 전제인 상품화, 자기 자신에 대한 자유처분, 자유계약이라는 것으로부터 또한 다시 한번 자유로울 수 있는 진정한 집단성이 가능할까?

가족제도의 정치경제적 의미를 분석한 엥겔스는 그 방법을 다음과 같이 말한 바 있다. "현대의 개별 가족은 아내의 공공연한 또는 은폐된 가내 노예제에 기초하고 있으며, … 가족 내에서 남편은 부르주아이고 아내는 프롤레타리아트를 대표한다. … 결혼의 완전한 자유는 자본주의적 생산과 이 생산이 만들어 놓은 소유관계들이 제거되고, 그 결과 오늘날 아직도 배우자의 선택에 아주 큰 영향을 미치고 있는 모든 부차적인 경제적 고려들이 제거되는 때에"[88] 가능하다. 조금 더 자세하게 말하자면, "일생 동안 화폐나 그 밖에 사회적 권력 수

---

88 엥겔스, 「가족, 사적 소유 및 국가의 기원, 루이스H. 모건의 연구와 관련하여」, 85, 93쪽.

단으로 여자의 몸을 사는 경우가 단 한 번도 없는 남자들과 진정한 사랑 외에 다른 어떤 고려로 남자에게 몸을 맡긴 적이 … 일생 동안 한 번도 없는 여자들의 세대"[89]가 오면 그 두 남녀의 결합은 자본주의적 생산과 소유관계로부터 자유로울 수 있다는 것이다. 그러나 이러한 규정은 앞서 말한 바와 같이 지나치게 극단적으로 경제적인 관점에서만 가족을 바라본다는 한계가 있다. 이러한 엥겔스의 제안을 조금 더 현대적으로 재탄생시킨다면 어떤 모습이 될 수 있을까?

들뢰즈식으로 말하자면 엥겔스의 비전은 우선 돈에 물들지 않은 소통이 가능해지는 것을 말할 것이다. 그것은 앞서 다룬 '과정'이 돈에 의한 중단 없이 끝까지 가는 것을 의미한다. 그것의 실현은 들뢰즈-가타리의 용어로 말하자면, **'되기'를 통해 달성되는 다양체적 집단의 구성**이라고 제안해 볼 수 있다. 만약 이러한 구성주의적 접근이 들뢰즈에게 가능하다면 이는 가족과 자본주의의 결착을 정치-경제적인 관계의 관점에서만 파악한 엥겔스를 확장하고 보완하는 새로운 정치·사회이론으로 제시될 수 있을 것으로 보인다. 3장은 바로 이 가능성에 대해 검토한다.

89 앞의 글, 94~95쪽.

3장 믿음과 제도

결국 국가의 가장 주된 문제는 대의가 아니라 믿음의 문제이다. 흄에 따르면 국가는 일반적 이해관계를 대의하는 것이 아니라 믿음의 대상으로 만[드는 것이다]…

— David Hume, *Treatise of Human Nature*

1. 구성주의적 제도 이론: 믿음의 정치

'흄'이라는 입구: 세계에 대한 믿음과 제도

들뢰즈가 사망하기 5년 전(1990), 네그리와 함께 한 최후의 육성 인터뷰[1]는 들뢰즈가 제기한 정치철학의 전모에 관해 많은 영감을 준다. 네그리는 자신의 이론적이고 실천적인 경로에 발 딛고 들뢰즈의 철학적 여정을 조망하면서 질문을 던지는데, 네그리가 보기에 들뢰즈는 본격적인 저술을 시작했을 때부터 가타리와 더불어 자본주의에 관한 두 권의 책을 마무리 짓기까지, 즉 거의 사유의 전 과정에 걸쳐 '정치적인 것le politique에 대한 계속적인 접근'을 해 왔다: "흄에 대한 저술로부터 푸코에 대한 저술에 이르기까지, [당신에게는] 제도에 대

1 이 인터뷰 이후 들뢰즈 본인의 저술은 『소진된 인간』이라는 베케트에 관한 짧은 철학적 에세이뿐으로, 인터뷰 시점이 저서를 통한 작업이 거의 마무리된 시점이라는 점에서, 즉 들뢰즈 본인의 사상적 과정 전체를 두고 한 대담이라는 점에서 더욱 의미 있는 발언들이라고 보아야 할 것이다.

한 지속적인 문제제기[가 있었습니다…] 정치적인 것에 대한 계속적인 접근은 어떻게 탄생한 것입니까? 또한 어떻게 이 문제가 저술 속에서 항상 존재할 수 있었습니까? 운동과 제도의 관계는 왜 항상 문제적입니까?"[2] 여기에서 주목할 만한 것은 네그리가 조망한 들뢰즈의 정치철학이 '제도'를 중심으로 지속적으로 제기되어 왔다는 점이다. 들뢰즈는 다음과 같이 대답했다.

> 내가 관심을 두었던 것은 **대의보다는 집단적인 창조**였습니다. '제도'에는 법loi이나 계약과 구분되는 어떤 운동이 있지요. 내가 흄에게서 발견한 것은 **제도와 권리에 관한 매우 창의적인 개념**이었습니다.[3]

> 세계를 믿는다는 것, 그것이 우리에게 가장 부족한 것입니다: 우리는 세계을 완전히 잃었어요. 우리는 세계를 박탈당했죠. 세계를 믿는다는 것, 그것은 아주 작더라도 통제를 벗어나는 사건들을 불러일으키는 것, 또는 제한된 표면과 부피의 것이라 하더라도 새로운 시공간을 낳는 것입니다 […] 창조création와 민중peuple이 동시에 필요하지요.[4]

제도의 문제는 들뢰즈, 들뢰즈-가타리의 정치철학적 문제에 대한 방대한 논의의 장에서 지금까지 그다지 주목받지 않았던 문제였을 뿐 아니라, 어느 정도 소외되고 방치되어 왔다고까지 보이는 문제이기

---

2 P., p. 229. 대괄호 삽입은 필자.

3 P., pp. 229~230. 고딕 강조는 필자.

4 P., pp. 238~239.

때문에 더욱 우리의 주의를 끈다. 제도의 문제제기는 네그리 말대로 들뢰즈의 첫 저서인 『경험주의와 주체성: 흄에 따른 인간본성에 관한 시론』(1953)에서부터 이미 상당한 관심하에 전개되고 있는데, 이 저서가 주목받지 못한 만큼 이 내용 역시 주목받지 않았다. 흄이 들뢰즈에게 남긴 이론적 흔적이 그 이후의 저서 안에서 많이 발견되지 않을 뿐 아니라, 들뢰즈는 그 이후 흄보다는 니체와 스피노자를 중심으로 존재론을 구축해 가는 것처럼 보였기 때문이다. 그러나 말년에 접어들어 자신의 사유를 전체적으로 정리하는 과정에 다시 '제도'가 등장하고, 뒤이은 들뢰즈 본인의 답변에 그의 정치에 대한 관심과 그 핵심에 '제도'가 있다는 것을 풀어 나가고 있는 것을 보자면, 그가 1953년 흄에 대한 책을 쓸 무렵 캉길렘이 지휘한 총서에서 『본능과 제도』[5]라는 제목의 선집을 출간하였다는 사실까지도 다시 상기하게 만든다. 들뢰즈가 흄에게서 받은 영감과 제도에 대한 관심은 독자로서 들뢰즈에게서 읽어 내는 것보다 훨씬 더 크고 강력한 것이었으리라 짐작하게 된다.

게다가 네그리와의 인터뷰 말미에 등장하는 "세계에 대한 믿음"Croire au monde[6]이라는 구절은 들뢰즈에 대한 평생의 독자라 하더라도 참으로 낯선 메시지인데, 이 '믿음'이라는 개념 역시 흄에 대한 첫 저서의 중심 주제였다. 들뢰즈가 이 대답을 할 때 네그리의 질문은 세계에 관한 것도 믿음에 관한 것도 아니었다. 네그리도 그랬지만

5 *Instincts et institutions*, textes choisis et présentés par G. Deleuze, collection dirigée par G. Canguilhem, Paris: Hachette, 1953.

6 P., p. 239.

지금까지 많은 연구자들이 정치와 관련한 철학적 질문으로 거의 언제나 '주체'를 생각했고, 근대적 주체가 무효화되거나 인간이라는 형상이 역사의 산물일 뿐이라는 것을 받아들일 때, 정체적 행위의 주인 역할은 누가, 어떻게 하게 되는지에 대하여 물어 왔다. 그 질문을 하기 위해 많은 연구자들이 들뢰즈에게서 '주체화', 혹은 '주체화의 과정'이라는 개념에 주목해 왔다. 주체라는 개념을 만약 진정으로 삭제한다면 그때 우리에게 남은 그 행위자는 무엇으로 부를 것인가? 그럴 경우를 위해 남겨 둔 개념은 '공동체'une communauté 정도가 있으며, 네그리와 하트는 이를 토대로 '공통적인 것'the common 그리고 '공통체'commonwealth[7]라는 개념을 만들어 냈다. 그러므로 네그리의 질문은 사실 다음과 같은 것이었다. "주체가 시민권을 정립할 수 있습니까? […] 스피노자가 말한 공동체, 토대는 없지만 강력하고, 전체는 없지만 절대적인 공동체를 어떻게 생각해야 합니까?"[8] 이에 대해 들뢰즈는 주체라는 심급에 대하여 매우 시큰둥하게 반응하면서 오히려 세계에 대한 믿음을, 새로운 시공간의 창조를 제안한 것이다: "주체화의 과정은, 스스로 만들어져서 이미 성립된 지식과 지배적 권력에서 동시에 벗어날 수 있어야 가치가 있는 것[이며] … 주체 —즉 의무devoir와 권력pouvoir과 지식savoir을 갖춘 심급instance으로의 회귀보다는 새로운 유형의 사건들에 대해 말해 볼 수 있습니다. … 주체화, 사건 혹은 뇌, 나에게 이것들은 거의 같아 보여요."[9]

7 안토니오 네그리·마이클 하트, 『공통체』, 정남영·윤영광 옮김, 사월의 책, 2014.

8 P., p. 238.

9 P., pp. 238~239.

공통체 개념을 만든 주인공 하트 역시 들뢰즈의 정치철학에서 흄의 역할에 대해 잠시 언급한 적이 있다. "흄에 관한 들뢰즈의 책인 『경험론과 주체성』을, 결사체[결합]와 믿음에 초점을 맞추고 있는 이 책을, 이러한 정치 철학적 기획을 직접적으로 제기하려는 초창기의 시도로 읽으려고 노력해 볼 수도 있을 것이다"라고. 그는 이 문장에 다음과 같은 주석을 달았다. "나는 흄에 관한 들뢰즈의 책이 어떤 식으로건 부수적임을 암시하려고 하는 것이 아니다. 나는 … 특정한 한 단면을 취했다. 그러나 그것이 결코 그의 작업에 이르는 유일한 길을 의미하는 것은 아니다."[10] 들뢰즈의 정치철학을 해명하는 데 있어서 지금 우리가 선택하려고 하는 길은 바로 하트가 가지 않았던 길, 흄이라는 입구를 통한 길이다. 흄에 대한 첫 저술로부터 시작해서 흄을 상기시키는 마지막 육성을 남기기까지의 오랜 기간 동안 숙성된 들뢰즈의 이 특이한 정치철학적 기획을 말이다. 이에 우리가 해명해야 하는 핵심적인 문제는 제도와 믿음을 둘러싼 흄의 정치철학적 관점이 들뢰즈에게 어떻게 받아들여졌는가 하는 것이며, 이것이 들뢰즈의 정치철학의 어떤 개념과 이론으로 소화되고 연결되는가 하는 것이라고 할 수 있겠다.

대의가 아니라 창조로서의 정치

이를 위해 우리는 우선 네그리의 질문에 대한 들뢰즈의 답변으로부터 논의를 시작해 보고자 한다. 들뢰즈는 "대의보다는 집단적인 창

---

10 하트, 『들뢰즈 사상의 진화』, 34쪽 주석.

조"에 관심이 있었다고 말하면서, "'제도'에는 법loi이나 계약과 구분되는 어떤 운동이 있다"고 말했다. 네그리와의 대화에서 가볍게 눈길을 끄는 것은 우선 들뢰즈가 현대철학의 관심 중 하나인, 정치la politique와 정치적인 것le politique[11]에 대한 구분에는 개의치 않는 것 같다는 점이다. 많은 정치 철학자들이 '정치'라는 단어가 정치공학적인 의미로 오염되었다고 보고, 또 진정한 정치의 명사적 실체를 거부한다는 의미에서 형용사에 관사를 붙인 '정치적인 것'이라는 단어를 쓴다. 네그리도 그 맥락에서 '정치적인 것'이라는 단어로 질문을 던졌을 텐데, 들뢰즈는 무심하게도 '정치'라는 여성형 명사를 그대로 쓰면서 대답한 것이다. 들뢰즈는 애초에 '대의'로 이해되는 '정치'를 '정치'로서 고려하지도 않았다는 점을 함축하는 단어 사용인 듯하다. 그가 『차이와 반복』 머리말에서 선언하듯이 정리한 것처럼, "현대적 사유[가] 재현représentation의 파산과 더불어 태어났다"[12]면, 현대의 정치철학은 대의représentation의 실패 혹은 파산과 더불어 태어나는 것이 마땅하다는 관점에서 이러한 단어 사용을 설명해 볼 수 있을 것이다. 현대인들이 더 이상 미심쩍어 하지 않는 것 같은 제도인 '민주주의'에 대해 동시대의 많은 철학자들이 불편한 질문을 던지고 여러 진단을 내놓는 이유 역시, 대의의 실패에 대한 문제의식 때문이다.[13] 그래서

11 자크 랑시에르, 『정치적인 것의 가장자리에서』, 양창렬 옮김, 길, 2016 등의 저술들. 이를테면 랑시에르의 테제 1: "정치는 권력 행사가 아니다. … 정체적 주체를 사유할 수 있게 하는 것은 정치적 관계이지, 그 역이 아니다"(207쪽)와 같은 곳에서 읽히는 것과 같은 정치와 정치적인 것의 차이.

12 DR., 17~18쪽.

13 이를테면, 아감벤·바디우·벤사이드·브라운·낭시·랑시에르·로스·지젝, 『민주주의는 죽었는가?』, 김상운·양창렬·홍철기 옮김, 난장, 2010. "자유민주주의, 인민민주주의, 참여민주주

들뢰즈는 단번에 다른 정치 개념으로 넘어가는 것 같다. 대의가 아닌 집단적인 창조로서의 정치로, 즉 '제도'로 말이다.

제도

제도에 관한 사유에는 자연과 문화/사회, 사회와 국가, 자연적인 본능과 인위적인 장치로서의 정부 등 정치 사회 철학의 핵심 질문들이 거의 대부분 들어와 있다. 흄에 대한 들뢰즈의 참조 그리고 흄으로부터의 영감은 기본적으로 이러한 이항대립을 거부하는 데 있는 것으로서, 어느 한쪽이 다른 한쪽과 본성상 다르며 우월하다는 입장에 반대하는 것이다. 자연에 모든 것이 있어서 자연만으로 충분하다는 입장이나 자연을 모든 갈등의 근원으로 보고 이를 자연을 초월한 그 무엇을 통해 제한해야 한다고 보는 입장이 모두 배제되는 것이다. 즉, 흄은 "정의를 포함해 모든 것을 자연에 부여하는 주장, 의미와 덕을 포함하는 모든 것을 정치와 교육에 부여하는 주장을 두 가지 모두 거부한다".[14] 이런 입장에서 그는 계약론이란 모든 것을 자연 외부에 두는 주장으로, 천부인권론이란 모든 것이 이미 자연 안에 주어졌다는 주장으로 모두 배척한다. 계약론의 경우는 자연 상태를 부정적으로,

---

의, 공화민주주의, 사회주의적 민주주의 등, … 하지만 이 모든 정체는 대중들의 운동과 투쟁인 '민주화'를 '형식적' 민주주의 또는 민주적 '절차'에 묶어 두면서 사실상 대의제를 표방한다. 심지어 소수의 우두머리에게 '갈채'와 '합의'를 보내고, 언론이 이 공적 의견을 조직한다는 점에 있어서는 이른바 민주주의가 전체주의와 구별되지 않는다"(조르조 아감벤, 기획의 말, 13쪽).

14 ES., 71~72쪽. 들뢰즈가 인용한 흄의 저서 David Hume, ed. Lewis Amherst Selby-Bigge, *Treatise of Human Nature*, Oxford: Clarendon Press, 1888; *Traité de la nature humaine*, trans. André Leroy, Paris: Aubier, 1946. e., p. 500, 619.

따라서 사회는 불가피하게 자연을 제한하는 것으로 설정하는 이론으로서 이는 인간의 본성을 이기심으로 전제하기 때문인데, 흄이 보기에 이는 우리가 경험하는 사실과 다르다. 왜냐하면 그가 보기에 우리에게는 공감sympathie이라는 능력이 있으며 이기적이라기보다는 편파적partialité이기 때문이다. 오로지 자신의 이익이라는 특수한 이해관계에 대한 정념으로만 행동하는 것이 이기심이라 한다면, 흄이 보기에 인간은 오로지 자신의 이익에 대한 정념만으로 행동한다기보다는 편파적으로 행동한다. 즉, 가족, 친구, 이웃 등에 대한 정념이 제3자에 대한 정념보다 강한, "감응affection들의 비동등"[15]에 의해 행동한다는 것이다. 이러한 편파성은 이기심과 마찬가지로 사회에 반하지만,[16] 범위의 제한과 감응의 비동등을 함축하는 이러한 공감, 즉 편파성이 사실은 역설적으로 제3자에 대한 일반화된 공감으로의 확산 및 공감의 통합을 가능하게 한다고 주장한다. 그리고 바로 이 지점이 자연과 문화, 자연과 사회의 이분법을 무너뜨리는 논거가 된다. 공감이란 제한되고 편파적인 것이기 때문에 비공감과 변별되고, 이렇게 변별되는 공감 덕분에 이 공감은 역설적으로 확산될 수 있다는 것이다. 이 점이 이기심에 근거한 계약론과 편파성에 근거한 흄의 입장 차이가 된다. 그러므로 사회는 자연의 외부로서 자연에 대한 제한이 아니라 자연의 통합과 확산으로서의 발명이며, 그 고안물이 바로 제도라는 것이 흄의 주장이다. '인간의 본성인 자연적 편파성으로부터 일반화된 공감으로의 확산'이라는 생각은, 들뢰즈의 사유에 그 이후 지속적으로

15 Hume, *Treatise of Human Nature*, p. 488.

16 *Ibid.*, p. 487.

활성화되어 있었던 것 같다. 이 테제에는 이미 '(합리적으로 간주되는) 사회를 (비합리적으로 간주되는) 욕망으로 해명하는' 『안티 오이디푸스』의 주장이 함축되어 있다. 즉, "'산업과 자연', '사회와 자연'이라는 … 상대적으로 독립된 영역들 내지 회로들이란 없[다] … 더군다나 '인간'과 '자연'의 구별은 없다"[17]라는 주장 말이다.

제3의 이해관계, 정의, 덕과 같은 가치를 자연으로부터 길어 낼 수 있다는 것, 그것은 들뢰즈가 보기에 편파성에 근거한 도덕의 실천적 이점이다. 그러나 이렇게 길어 낸 가치와 이에 대한 의무는 완전히 자연적인 의무가 아니라 인위적인 의무가 된다.[18] 그리고 여기에서 자연적인 것과 인위적인 것은 분리 불가능한 복합체ensemble complexe[19]이다. 도덕적 가치와 이에 대한 의무의 인위성이 자연적인 것으로 환원될 수는 없으나 자연과 분리불가능하다는 이 주장은, 결국 자연적 본성은 문화를 통해서 그리고 경향은 제도를 통해서 만족된다는 주장으로 이어진다.[20] 들뢰즈가 『본능과 제도』라는 제목의 선집을 맡아 출간한 것은 이러한 고민의 결과였으리라는 점을 쉽게 짐작할 수 있다. 자연은 문화를 통해서 경향은 제도를 통해서 만족된다면, 정치 사회 철학의 주 질문은 다음과 같이 던져져야 할 것이다. "사람들은 어떻게 수단의 체계들, 일반 규칙들,[21] 확장적이면서 교정적인 집합들을

17 AO., 26~27쪽.

18 ES., 65쪽. 흄은 다음과 같이 말했다. "정의의 규칙은 인위적이지만 임의적이지는 않다. 그것을 자연법이라고 칭하는 표현도 부적절하지 않다", Hume, *Treatise of Human Nature*, p. 484.

19 ES., 76쪽.

20 ES., 71쪽.

21 흄이 말하는 '일반 규칙'(règles générales) 개념은 좀 더 자세한 해명이 필요하다. '일반성'이란 보통 '특수성들'로부터 추출된 '공통성' 정도로 이해되지만 흄이 이 단어를 쓰는 맥락은

형성하는가? 사람들은 정확히 무엇을 발명했는가?"[22] 이 질문들에 대한 대답, 즉 사람들이 발명한 그것이 바로 "자연과 문화, 경향과 제도가 맺는 관계의 전체" 속에서의 "인위적 고안물"이다.[23]

이 질문을 통해 우리는 정치철학과 민주주의 문제의 핵심으로 들어온 것 같다. 의심의 여지가 없을 것만 같은 제도인 민주주의에 대해 많은 우려 섞인 질문을 던지는 『민주주의는 죽었는가』의 저자들이 한결같이 지적하는 민주주의의 아포리는 바로 이 질문, 즉 "사회는 무슨 수로 자기-제도화할 수 있으며, 제도화된 것의 자동보존에

좀 다른 것 같다: "물론 특수한 이해관계들은 서로 동일화될 수 없으며 자연적으로 총체화된다"("Sans doute, les intérêts particulières ne peuvent pas s'identifier, se totaliser naturellement", ES., 67쪽/p. 31). 각 개인들의 비동등한 감응들에서 동일한 이해관계를 추상해 낼 수 있을까? 동일한 이해관계가 추상될 수 있다면, 그것은 대의될 수 있을 것이다. 대의라는 형식이 민주주의를 제대로 구현해 내지 못하고 있다는 많은 평가들이 만약 대의의 실패를 증언하는 것이라면, 그것은 거꾸로 특수한 이해관계들이 동일한 이해관계로 일반화되지도 추상되지도 못하기 때문이라고 보아야 하지 않겠는가. 흄을 빌려 들뢰즈는 "경향은 결코 만족을 위해 조직된 수단으로부터 추상되지 않는다"(ES., 72~73쪽)고 말한다. 이 말은 경향을 만족시키기 위해 조직된 수단들은 경향들을 모두 대표하지 못한다고 보아야 한다는 것으로 읽을 수 있으며, 경향들은 완벽히 동일화되지 못한다는 뜻으로도 읽을 수 있다. '이해관계'라는 개념을 경제적인 이득관계로 받아들이는 현대인의 개념은 경제적 이해관계를 만족시키는 수단으로부터 추상한 이해관계에 지나지 않는다고 보아야 할 것이다. 이 맥락에서 흄은 "추상적 경제학"이 인간에게 부여한 "위조된 본성" 외에 "낭비, 무지, 유전, 의상, 습관, 탐욕과 활력의 정신, 사치와 풍요로움의 정신" 등 "다른 많은 동기를 덧붙"였다(ES., 같은 쪽). 경제적 이해관계가 추상화된 위조된 본성인 한에서, 도덕과 정치에 관한 우리의 질문은 너무 단조로워졌고, 이에 따라 우리의 분노도 단조로워졌다: "얼마의 수익이 났는가? 그 수익을 누가 독식했는가?" 이런 맥락에서 들뢰즈는 흄에게서도 재현을 대체하는 표현이라는 단어를 발견한다. "공통 이해관계의 일반적 의미가 유효하려면 **표현되어야** 한다"(ES., 66쪽. Hume, *Treatise of Human Nature*, p. 490. 원문의 강조). 그러므로 특수한 이해관계들은 동일화되지 못하고 '자연적으로 총체화된다'는 것은, 일반규칙이라는 것이 재현의 법칙에 따른 동일화하는 규칙이 아니라, 다양한 이해관계들을 표현하는 어떤 총체라는 것을 말해 준다고 할 수 있을 것이다. 총체화라는 것은 구성주의적으로 이해되어야 한다.

22 ES., 67쪽.

23 ES., 67쪽.

서 벗어날 수 있는가?"이다.[24] 이 질문은 바로 위의 흄의 질문과 공명한다. 즉, "사람들은 어떻게 수단의 체계, 일반 규칙들, 확장적이면서 교정적인 집합들을 형성하는가?" 흄에게는 편파성의 확장과 교정이 일반 규칙, 즉 제도를 발명해 내는데 이 과정이 바로 자연의 자기제도화이다. 인간 본성의 추세 즉 경향성은 제도를 통해 만족에 이르러야 한다는 구상이 흄의 제도 이론이기 때문이다. 그렇다면 이때 남는 문제는 사회가 '무슨 수로', 즉 어떻게 자기-제도화할 수 있으며, 한 번 만들어진 제도는 어떻게 자기 자신의 자동보존, 관행의 고착화로부터 '벗어날 수 있는가' 하는 것이다.

믿음 — 사회는 '무슨 수로' 자기-제도화할 수 있는가?

위의 질문을 흄의 이론 맥락에서 다시 묻는다면 다음과 같을 것이다. "자연은 어떻게 문화적인 것/사회적인 것으로 분화되는가?" 그리고 흄에게 이것은 "공감과 자연적 편파성이라는 자연적 본성은 어떻게 일반 이해를 추출하고 공감을 확산시키는가?"라는 정치 사회 철학적 질문으로 이어지게 되는데, 이 '어떻게'를 담당하는 개념이 바로 '믿음'이다.

흄에 대한 저서를 출판한 지 약 20년이 지난 후(1972)에, 들뢰즈는 샤틀레가 편집하는 철학사 총서에서 흄에 대해 다시 쓸 기회를 갖는데, 이때도 그는 '믿음'을 언급한다. "흄은 대표성représentativité이 아닌 믿을 만함crédibilité을 통해 권력과 정부의 문제를 제기했던 최초의

24 아감벤, 『민주주의는 죽었는가』, 14쪽(기획의 말).

사람들 중 하나이다."[25] 이 말은 1990년 네그리와의 대담에서 언급한 그 "세계에 대한 믿음"을 말하는 것이다. 흄에게 '믿음', '믿을 만함' 이란 다음과 같은 맥락에서 등장한다. "결국 국가의 가장 주된 문제는 대의가 아니라 믿음의 문제이다. 흄에 따르면 국가는 일반적 이해관계를 대의하는 것이 아니라 믿음의 대상으로 만[드는 것이다] …"[26] 공감과 그 편파성으로부터 이끌어 내는 일반적인 이해관계를 민중에게 믿을 만한 것으로 만드는 것, 그것이 정치의 영역이라고 말하는 것 같다. 예를 들어, '소유권'이라는 일반적인 이해관계가 민중의 자연적인 경향성으로부터 이끌어 내어졌다면, 흄-들뢰즈에 따르면 그것은 자연권도 아니고 자연과 상관없는 당위로서 외부에서 주어지는 것도 아니기 때문에, 정부는 자연적 편파성과 제한된 공감을 가진 민중에게 이 권리를 믿을 만한 대상으로 정립시켜 주어야 한다는 뜻이다. 물론 이 내용은 흄에 대한 저서에서 언급된 것이기 때문에 정부와 국가에 대한 들뢰즈 자신의 정치적 관점과는 잘 맞지 않는 부분이 있다. 국가는 포획하는 자이지 해방시키는 자로 생각되지 않는다는 의미에서 그러하다.

네그리와의 대담에서 이미 말한 것처럼 들뢰즈에게서 그 역할, 즉 위에서 말한 그 정부의 역할을 맡는 자는 '민중' 자신이 되는 것 같고, 이는 흄의 생각을 들뢰즈 자신의 존재론과 정치철학을 정립하는 과정 속에서 자신만의 개념으로 재구성한 것으로 보인다. 그는 '세

---

25 Gilles Deleuze, "Hume", ed. François Châtelet, *Histoire de la philosophie t. IV : Les Lumières*, Paris: Hachette, 1972, pp. 65~78; ID., pp. 226~237에 재수록. 인용된 문장은 p. 235; 「흄」, 『들뢰즈가 만든 철학사』, 박정태 옮김, 이학사, 2007, 146쪽.

26 ES., 86쪽.

계'와 '믿음'에 대해 다음과 같이 말하였다. "세계를 믿는다는 것, 그 것은 아주 작더라도 통제를 벗어나는 사건들을 불러일으키는 것, 또는 제한된 표면과 부피의 것이라 하더라도 새로운 시공간을 낳는 것이다. … 창조création와 민중peuple이 동시에 필요하다."[27] 민중은 그 스스로 어떤 일반적 이해관계를 믿고 — 이것이 세계에 대한 믿음 — 통제를 벗어나는 사건과 새로운 시공간 — 이것이 세계 — 을 만들어야 한다. 이것이 창조와 민중이 동시에 필요하다는 말의 뜻이다. '세계에 대한 믿음'이 없다는 것은 통제를 벗어나는 사건을 믿지 않는 것으로서, 우리 모두를 위한 일반적 이해관계를 찾을 수 있다는 믿음이 없고 또 이를 표현할 제도를 만들 희망이 없다는 것을 뜻하며, 따라서 새로운 시공간을 만들어 보려는 노력 또한 하지 않는다는 것이다. 이러한 상태는 민주주의를 사유하는 입장에서 볼 때 최악의 상황이다. 정치의 복구는 이런 의미에서 볼 때 세계에 대한 믿음의 회복이 된다.

구성주의

'믿음'을 인식론적 관점에서 자세히 해명해 보자. "자연은 어떻게 문화적인 것/사회적인 것으로 분화되는가?"라는 질문은 인식론적으로는 "정신은 어떻게 하나의 주체가 **되는가?**"[28]로 물어져야 한다. 왜냐하면 흄에게 정신이라는 것이 상상력일 뿐 아직은 주체가 아니고,

27 P., pp. 238~239.
28 ES., 21쪽. 고딕 강조는 필자.

"오성은 다만 사회화되는 정념의 운동에 불과"[29]하기 때문이다. 주체가 주어지는 것이 아니라 탄생하는 것이라고 생각하는 이러한 태도가 바로 철저한 경험주의자의 태도라고 들뢰즈는 생각했다. 즉, 정신이 존재한다고 해서 바로 주체가 확인되는 것이 아니다. 흄을 다루는 저서는 바로 그런 문제의식으로 시작하였으므로 들뢰즈는 이 책에서 다음과 같은 주제로부터 논의를 시작한다. "경험주의는 본질적으로 정신의 기원이라는 문제를 제기하는 것이 아니라 **주체의 구성이라는 문제를 제기한다.**"[30] 흄에게 있어 '주어진 바대로의 소여'로서의 경험은 상상력이나 관념의 다발일 뿐 아직 체계가 아니며 그러므로 아직 주체도 아니다. 흄은 "[이성이란] 정념들의 일반적이고 차분한 결정에 지나지 않는 것으로서, 어느 정도 떨어진 거리에서 조망한 모습 또는 반성 위에 정초된 것임을 알게 됐다"[31]고 함으로써 주체가 어떻게 '구성'되는지를 설명한다. 무질서하고 착란적인 상상[자연]은 자기 자신을 되돌아봄으로써 즉 반성함으로써 이성이 되고[문화의 근거], 이러한 이성이 상상에 경향을 만들면서 하나의 주체가 구성되며 또 구성하게 된다. 이러한 철저한 경험적 주체관에서, 하나의 정신이 인상과 관념의 다발들 가운데 어떤 것을 상상이나 착란이 아닌 하나의 '사실'로서 받아들인다는 것은, 다시 말해서 관념에 어떤 일반성, 즉 "항상, 보편적으로, 필연적으로, 참된" 등의 단어를 부여하여 대상의 존

---

29 ES., 20쪽.

30 ES., 40~41쪽. "경험주의는 본질적으로 정신의 기원이라는 문제를 제기하는 것이 아니라 주체의 구성이라는 문제를 제기한다. 나아가 경험주의는 주체를 발생의 산물이 아니라 초월의 원리의 결과로서 고찰한다." 고딕 강조는 필자.

31 Hume, *Treatise of Human Nature*, p. 583.

재를 확인한다는 것은 '넘어섬'으로서의 '믿음'이 필요한 일이다. 자연 상태의 정신은 감각하고 인상을 받으며 이를 무한한 방향으로 무한정한 상상을 펼쳐 나갈 수 있다. 이러한 무한한 인상들 중에 특히 몇몇 인상에 대하여 "이것은 단순한 인상이 아니라 **사실**"이라고 확인하는 순간 그 대상은 하나의 인식론적인 지위를 확보하게 된다. 인식론적인 의미의 대상이 탄생하는 것이다. 그리고 이와 정확히 대칭적으로 주체가 탄생한다. 착란적으로 운동하는 상상력이 무한한 운동이 가능한 만큼 자기 자신을 돌이켜 보는 운동reflex도 가능하여야 한다는 것이 그 근거가 된다. 반복 인상에 근거하여 어떤 인상을 사실로 확인하는 것은 감각 인상 내에서는 가능하지 않고 그것을 넘어서는 순간에만 가능하다. 확인으로서의 인식은 곧 믿음이라는 실천 그 자체가 된다: "믿음이라는 이름 아래 오성의 실천이 있으며, 사회적 조직화와 정의의 형식으로 도덕에 관한 이론이 있다."[32] 철학사 총서에서 흄에 관하여 다시 쓸 때 들뢰즈는 이 부분을 다음과 같이 다시 정리했다. "이론은 이제 탐문 혹은 조사enquête가 된다. … 과학 또는 이론은 조사이다. 즉 그것은 실천이다. 과학 또는 이론은 경험주의에 의해 기술된 … 허구적 세계를 실천하는 것이자, 실천에 대한 합법성의 조건을 연구하는 것이다."[33]

물론 들뢰즈는 주체라는 심급에 회의적이며 비인격적인 존재가 그의 평생의 주제였기 때문에, 초월로서 주체를 설명하는 흄의 이 논리가 들뢰즈에 의해 조망되었다 하더라도 들뢰즈 본인의 생각과 정

---

32 ES., 43쪽. 고딕 강조는 필자.
33 들뢰즈, 「흄」, 130쪽.

확히 일치하는 것은 아니라고 보아야 할 것이다. 모든 철학사적 선배들에 대한 들뢰즈의 독해가 그렇듯이 흄에 대한 독해에서도 역시 자신의 존재론 구축을 위한 자양분을 받아들이고 자기 철학의 일관성과 맞지 않는 부분은 버렸으리라고 추측할 수 있다. 1953년에 흄에 대한 저술을 할 당시에는 '넘어섬'과 '초월의 원리'[34]라는 흄의 용어를 그대로 사용한 데 반하여, 샤틀레 총서에서의 흄에 관한 1972년 논문, 『디알로그』(1977)에서 경험주의에 관한 부분, 그리고 1990년 네그리와의 대담에서는 '모순'과 '초월'이라는 개념이 등장하지 않는다. 이는 들뢰즈가 이 개념을 포함하지 않는 내재성의 세계에서 흄의 철학을 자신의 경험주의로, 그리고 정치철학적으로는 제도이론으로 가꾸어 나간 것으로 볼 수 있다. 또한 그 스스로 완벽한 정치철학책이라고 말하는 두 권의 공저 『자본주의와 분열증 1, 2』는 비록 프로이트-마르크스주의의 주 개념들 즉, 무의식과 욕망을 둘러싸고 전개되었으나, 욕망은 착란과 망상이라는 정신의 기본적인 역동으로서, 욕망하는 기계로서의 사회는 이 역동의 실천으로서의 제도라는 흄의 관점이 견지되고 있는 것이다. 그러므로 믿음이라는 개념이 들뢰즈의 정치이론으로 자리매김할 때에는 이를 초월과 넘어섬으로 이해해서는 안 될 것이다.[35] 이것은 다음과 같은 이유로 매우 중요하다. 들뢰즈가 스스로의 철학을 empirisme transcendental로 명명한 데 대하여,

34 "사실의 문제란 무엇인가? Quid facti? 인식에서 사실이란 무엇인가? 그것은 초월 또는 넘어섬이다. 나는 내가 아는 것 이상을 긍정하며, 나의 판단은 관념을 넘어선다. 달리 말하면 나는 주체이다." ES., 34쪽.

35 초월과 넘어섬이 아닌 한에서의 믿음이라는 방법은 앞으로 볼 소수적 사용이라는 개념으로 접근해야 할 것으로 보인다. 200쪽 참조.

transcendental 개념을 처음 발명한 칸트의 저서 번역과 이에 발맞춘 들뢰즈의 저서에 대한 우리나라의 번역들이 '초월적' 혹은 '초월론적'이라고 번역되어, 많은 연구자들이 들뢰즈의 내재성에 대하여 '내재성 안에서 어떤 초월이 일어난다'는 식으로 이해하는 경향이 생겼다. 아마도 흄에 대한 저서에 등장하는 '믿음'과 '넘어섬' 그리고 '초월의 원리'[36]라는 단어들도 이러한 이해에 일조하지 않았을까 한다. 그러나 들뢰즈가 말년에 가타리와 공동으로 집필한 『철학이란 무엇인가』를 보면, 그는 바로 이러한 이해가 '초월의 가상'이라는 점을 분명히 한다. "내재성의 평면 … 역시 착각들, 잘못된 지각작용들, 나쁜 감정들[…]을 낳는다. 니체가 스피노자를 본받아 '네 개의 큰 오류들'의 목록을 작성했던 것처럼, 이러한 가상들의 목록을 만들고 그 정도를 가늠해 보아야 할 것이다. 그러나 그 목록은 끝이 없다. 우선 다른 모든 가상들에 앞서 있는 **초월의 가상***illusion de transcendance*을 들 수 있다(내재성을 무언가에 내재해 있는 것으로 만들고 내재성 자체 내에서 초월을 재발견하는 이중의 양상으로)."[37] 내재성에 대한 두 가지 대표적인 오해가 바로 '내재성이 어디엔가에 내재해 있다'는 것과 '내재성 안에서 어떤 초월이 일어난다'는 것이다. 들뢰즈가 마지막으로 쓴 짧은 글 「내재성: 생명…」에서도 그는 내재성에 대한 이러한 오해를 경계했다. "내재성의 평면 바깥으로 떨어진 주체와 대상이 보편적인 주체 또는 이러저러한 대상으로 취해지면서 거꾸로 내재성이 이들 주체와 대상에 할당된다면, … 이는 내재성을 초월적인 것에 포함

36 흄이 말한 '초월의 원리'에서 초월의 원어는 transcendance이다.
37 QP., 75쪽/p. 50. 번역 수정. 고딕 강조는 저자, 밑줄 강조는 필자.

시키는 내재성에 대한 왜곡이다."[38] 넘어섬으로서의 주체 구성, 초월로서의 믿음이라는 것은 들뢰즈에게 폐기되며, 믿음이라는 운동은 초월이 아니라 내재성의 운동으로 개념이 변형되어야 할 것이다. 그러나 내재성의 운동 양상이 항상 '세계에 대한 믿음'은 아닐 것이므로, "우리는 세계에 대한 믿음을 완전히 상실했다"는 말이 가능하다. 민중이 세계에 대한 믿음을 완전히 상실한다면, 그때 우리는 말 그대로 우리에게 주어진 시공간, 기존의 시공간, 다수적 시공간, 또는 자본의 자기 증식만을 목적으로 만들어진 시공간에서 살아가게 될 것이고, 사회는 그러한 제도만을 더욱 강고하게 자기 복제할 것이다.

사회의 도주: 사회는 제도화된 것의 자동 보존에서 벗어날 수 있는가?

사회는 자연과 본질적으로 분리된 것이 아니며 자연은 문화를 통해 경향은 제도를 통해 만족에 이른다는 흄의 기본 테제에 근거하고, 우리가 우리 모두에게 이로우리라고 상상되는 제3의 이해관계를 생각해 낸 후에, 이 일반 이해를 만족시키는 제도를 발명한다는 것이 흄을 통해 다다르는 들뢰즈의 정치철학이다. 여기에서 이 정치적 실천을 감행하는 힘은 세계에 대한 믿음이다. 이제 위에서 던진 정치철학의 핵심 문제 중 다른 하나를 다룰 때가 되었다. 즉, 사회는 자기-제도화한 특정 제도에서 스스로 다시 **'벗어날 수 있는가'**? 물론 이 질문에 대한 대답은 즉각 해 볼 수 있다. 만약 사회가 자연의 경향을 만족시키는

---

38 Gilles Deleuze, "L'immanence: une vie···", *Philosophie*, n° 47, Paris: Minuit, 1995, septembre, p. 4; DF., pp. 359~363에 재수록; 「내재성: 생명···」, 『들뢰즈가 만든 철학사』, 박정태 옮김, 이학사, 2007, 511쪽.

제도를 스스로 만들어 낼 수 있다면, 그 제도가 자연의 경향을 더 이상 만족시키지 못한다고 할 때는 바로 그 자연 본인이 그 제도를 해체하고 다시 새로운 제도를 발명하는 힘 역시 갖추고 있을 것이라고. 그러나 자연이 항상 이렇게 개혁적인 선택을 하는 것은 아니다.

하트는 들뢰즈에게 정치철학의 일반적인 질문을 던지고 그 대답은 무엇인지 묻는 것은 별로 효과적이지 않기 때문에 "들뢰즈의 철학에서 우리가 발견하는 유용한 도구들은 무엇인가?"[39]라는 식으로 물어야 한다고 말한다. 그는 특히 들뢰즈의 '비변증법적 부정'과 '구성적 실천' 개념을 자신의 유용한 도구로 발견하였다고 말하면서[40] 들뢰즈에게 이 '구성' 개념이 등장하는 지점을 다음과 같이 지적했다.

> 이 때문에 나는 들뢰즈와 가타리가 스피노자에 관해서 말하기 시작했을 때 일관성constance에서 합성composition으로 변동을 [이행한 것을] 좋아하는 것이다. 내가 보기에 일관성보다는 오히려 합성이, 보다 분명하게 이질적인 요소들을 조직하거나 합성하는 것을 포함하는 과정들을 보여 준다.[41]

나는 다양체라는 개념에서 『안티 오이디푸스』의 사용법과 『천 개의

39 마이클 하트, 『들뢰즈 사상의 진화』, 김상운·양창렬 옮김, 갈무리, 2004, 311~312쪽.

40 앞의 책, 27쪽.

41 앞의 책, 422쪽. 합성으로 번역된 composition이 우리가 구성으로 번역하고 또 철학사적으로도 구성주의적이라는 개념의 원어로 간주되는 construction, constitution 등과 들뢰즈에게 있어 다르게 사용된 것인지 분명하지 않으나, 전체적으로 보았을 때 같은 맥락으로 읽을 수 있다. 대괄호 삽입과 밑줄 강조는 필자.

> 고원』의 사용법 사이에 변동을 감지할 수 있다고 생각한다. 『안티 오이디푸스』에서 다양체는 총체성들에 반대하기 위해 요청되었다. … 반대로 여기(『천 개의 고원』)에서 요점은 다양체들을 구별하는 것, 그리고 각 다양체 내부에서 구성적인 측면을 훨씬 명료하게 조명하는 것이다. … 설령 『천 개의 고원』에서 그렇게 사용되고 있지 않다고 하더라도 나는 구성이라는 개념이 여기에서 중심적인 것으로 생각될 수 있다고 주장하고 싶다.[42]

하트는 들뢰즈가 쓴 『천 개의 고원』 이탈리아어판 서문을 미처 읽지 못한 것 같다. 들뢰즈는 이 서문에서 직접 다음과 같이 말한 바 있다.

> 『천 개의 고원』은 이와 달리 칸트 이후의 (나아가 단호한 반헤겔적) 시도들에 기반하고 있다. 이러한 계획은 "구성주의적"이다. 따라서 다양체 이론이 그 자체로서 아주 중요하다. 그래서 우리는 다양하다는 것이 어떻게 실사의 상태로 넘어가는지를 집중적으로 살펴보았다. 반면에 『안티 오이디푸스』에서는 아직도 다양체를 종합 속에서만 그리고 무의식이라는 조건 속에서만 고찰했었다.[43]

---

42 하트, 『들뢰즈 사상의 진화』, 372쪽. 번역자의 주(16쪽)에 의하면 이 책에서 구성으로 번역되는 영어 단어들은 construction, constitution, 형용사형으로는 constructive, constructural, constitutive를 포함한다. 흄을 다루는 과정에서 주체가 구성된다고 했을 때의 구성은 constitution이었다. constitution은 construction과 비교할 때 헌법적, 제헌적 요소가 포함, 강조된 개념으로 이해하면 적절하다.

43 MP., 5쪽(이탈리아어판 서문). 고딕과 밑줄 강조 모두 필자.

들뢰즈처럼 동일성과 재현을 이차적인 힘으로 강등시키고 주체가 없다는 입장이거나 혹은 그 심급의 중요성을 느끼지 못한다고 말하는 '비인격주의' 철학에서, 정치라는 문제는 특히 자기 행위의 주인을 설정하지 못하여 겪는 어려움이 크다. 그래서 연구자들은 '주체화'subjectivation라는 동사적 명사를 자주 사용하게 된다. 이때 이 동사적인 명사의 진행을 자칫 '과정'이라고 부를 수 있는데, '과정'이 들뢰즈에게 적절한 개념일까에 대해서는 조심스러워질 필요가 있다. 왜냐하면 들뢰즈 생전에 가장 큰 대립각을 세웠던 형이상학자 알랭 바디우가 자신의 철학에서 진리를 '과정'이라 명확히 했기 때문이고,[44] 만약 들뢰즈의 철학 역시 과정 철학이 된다면 결과적으로 우리는 들뢰즈와 바디우의 차이를 뭉개 버리는 셈이 될 것이기 때문이다. 스스로 동일하고 영원 불변하는 진리 개념이 더 이상 유효하지 않은 현대에 진리라는 것을 다시 사유할 수 있는 방법은 그것을 동사적으로 다룰 때 뿐이기에, 하이데거로부터 사건이, 화이트헤드나 바디우와 함께 과정이 철학의 주된 개념으로 자리 잡은 것은 불가피한 일이다. 바디우와 들뢰즈의 결정적인 차이는, 물론 그들은 이미 명백히 '다수'라는 주제로 논쟁을 하였지만,[45] 바디우가 '있는 것은 다수'이고 '진리는 정립적'[46]이라고 한 데에서 비롯한다고 본다. 진리는 사건에 대한 충실성과 정립에 있다. 그러나 들뢰즈가 사건이라는 개념을 함께 사용한다고 해서 들뢰즈의 실천이 바디우적인 의미에서 과정일 수는

---

44 알랭 바디우, 『존재와 사건』, 조형준 옮김, 새물결, 2013.
45 바디우, 『들뢰즈, 존재의 함성』, 박정태 옮김, 이학사, 2003.
46 바디우, 『윤리학, 악에 대한 의식에 관한 에세이』, 이종영 옮김, 동문선, 2011.

없다. 왜냐하면 들뢰즈에게서는 실천이 진리에 대한 정립 없이 진행되기 때문이다. 진리에 대한 정립 없는 구성주의적 실천이란 무엇일까?

> 인간의 본성이 의미하는 바에 따르면 인간의 정신 속에서 보편적인 것 또는 항구적인 것이란 결코 항으로서의 이러저러한 관념이 아니다. 보편적인 것 또는 항구적인 것은 오로지 하나의 개별 관념에서 또 다른 하나의 개별 관념으로 이동하는 방식들일 수만 있다. 이러한 의미에서 흄은 형이상학의 최후의 커다란 세 관념인 자아, 세계, 신에 대한 계획된 파괴에 임하게 된다.[47]

들뢰즈에게는 흄으로부터 이어받은 철저한 경험주의적 입장이 견지된다. 즉, 항으로서의 정립은 없으며, 항에서 항으로 이동하는 방식의 항구성 혹은 일관성만이 요구되는 것이다. 항에서 항으로의 이행이 바로 들뢰즈가 구성주의적 실사화[실천]라고 부르는 운동이다. 이때 항에서 항으로, 관념에서 관념으로의 '이동'이 '항'이나 '관념'보다 더 중요한 사태가 되는 그 지점, 그 지점이 바로 들뢰즈와 흄이 만나는 지점이다. 그 맥락에서 흄은 형이상학의 최후의 세 관념인 자아, 세계, 신을 파괴하게 되고, 각 관념이 각자의 관념 속에 폐쇄적으로 견지하던 본유성은 상실된다. "칸트에 따르면 [미규정성, 규정 가능성, 규정성의] 세 계기 중 둘은 외생적 특성들로 남아 있[으며] … 게다가 … 이 계기들은 서로 구별되는 이념들을 통해 구현된다. 가

47 들뢰즈, 「흄」, 135쪽.

령 자아는 무엇보다 규정되지 않은 상태에 있고, 우주는 규정 가능하며, 신은 규정성의 이상"[48]인데, 자아와 세계와 신의 본유성이 파괴된다면 어떤 일이 일어나는가? 철학사적으로 보자면 칸트는 흄의 후배인데, 흄은 칸트가 외생적으로 구분해 두었던 자아와 우주와 신의 관념을 칸트에 앞서서 해체한 것이다. 우주 — 대상의 전체 — 혹은 세계는 규정 가능한 대상이 되고, 자아는 미규정성으로 존재한다면, 내재성은 자아에 할당되고, 자아는 규정 가능한 대상을 복사하여 대상의 인식과 실천의 합법적 사용을 판단하는 법정의 역할 외에 다른 역할을 할 수 없게 된다. 이것이 들뢰즈가 신칸트주의를 언급하면서 반복적으로 지적하던 칸트의 불충분성이다. 칸트에서와 같은 이성은 대상의 합법적 사용을 판단하는 법정일 뿐, 자아와 대상을 포함한 여타 존재들의 발생에 대해서는, 그리고 그 구성주의적 실천에 대해서는 설명할 수 없다고 본 것이다. 그것이 들뢰즈가 반복적으로 말하는 transcendental의 왜곡이다. 그렇게 되면 "transcendental은 이제 완전히 자기의 본성을 잃게 되어 (우리가 칸트에게서 그 경우를 볼 수 있는 것처럼) 오로지 경험적인 것만을 되풀이하게 될 것"[49]이라고 비판한 것이 바로 이런 맥락이다.

역사적으로는 거꾸로 된 셈이지만 흄은 칸트의 선배로서 칸트가 세 계기(규정성, 미규정성, 규정 가능성)를 외생적인 관계로 구분하여 보존한 것을 계획적으로 파괴한다. 그렇게 되면 존재는 자기 스스로가 규정-미규정-규정 가능성의 세 계기를 동시에 보존하는 존재로서

48 DR., 373쪽.
49 들뢰즈, 「내재성 : 생명…」, 512쪽.

운동하게 되며, 그리하여 스스로 제도화하고 제도를 해체하고 제도를 재구성하는 구성주의적 실천에 돌입하게 된다. 이것이 바로 들뢰즈에게 '문제적인 것'으로서의 이념의 존재다. 내재성이라는 평면에서 이념은 규정적이면서 미규정적이고 또한 규정 가능한 세 계기의 통일로서 하나의 문제이며, "문제는 자신의 고유한 규정적 조건들에서 출발하여 해들을 분만한다. … 문제 그 자체는 스스로 더 많이 규정되어 있을수록 그만큼 더 잘 해결된다".[50] 문제가 분만하는 해가 정치철학적인 차원에서는 제도의 생산, 새로운 시공간의 창조일 것이다.

정치적 실천의 합법성 — 소수적 사용법

사회가 항상 적절한 제도를 분만하고, 그 제도로부터 또 자연스럽게 탈주하는 것은 아니다. 자연과 사회의 구성주의적 실천이 어떠할 때 과연 그것이 바랄 만한 사회인가? 어떤 구성주의적 운동이 합법적인가? 그것을 판단하기 위해 많은 철학자들이 다시금 기준을, 그리고 토대를 들여왔다. 다수와 사건을 사유하는 바디우조차 진리에 대한 정립을 주장했고, 신이라는 진리의 토대를 상실한 근대에 칸트는 그 법정으로서 다시금 보편적 주체를 도입했다. 이러한 진리의 정립과 이성이라는 법정의 도입 없이 정치적 실천의 합법성을 판단할 수 있을까? 토대나 기준이 없는 합법성 판단이 가능한가?

우선은 앞서 다룬 "세계에 대한 믿음"이라는 개념에서 흄이 도입한 '이론과 실천의 일치'라는 대목으로 되돌아가 보고자 한다. 흄

---

50 DR., 391쪽.

은 상상력으로서의 정신의 착란적 흐름 속에서 어떤 것을 '사실'이라고 확인하는 것, 즉 '언제나, 항상'의 보편성 개념을 확립하는 것은 하나의 '믿음'을 필요로 하는 '실천'이라 말한 바 있다. 즉 이론은 곧 실천이었다. 과학자의 탐문과 조사라는 활동에 앞서, 이 활동의 합법성을 판단하는 이론이 이미 존재한다면 그때 진정한 탐문은 거세되고 말 것이다. 그러나 탐문의 과정에 이성의 법정이나 외부에서 도입하는 진리의 정립 없이 어떻게 운동의 합법성을 스스로 알아챌 수 있단 말인가? 들뢰즈가 이때 도입하는 개념이 바로 '사용법'이다.

> 나의 관심을 끄는 것은 법loi이나 법들lois(법은 텅 빈 개념이고, 법들은 영합적인 개념이다), 심지어 권리/법droit이나 권리들/법들droits이 아니라[51] 판례jurisprudence입니다. 권리/법droit에 대해 진정으로 창조적인 것이 판례이지요. 그렇다고 해서 이를 판사들에게 위임한 채로 두어서는 안 될 것입니다. 작가들이 읽어야 할 것은 시민법이 아니라 판례 모음집입니다. … 우리가 필요한 것은 도덕적이고 준-전문적인 현자들의 위원회가 아니라 사용자 그룹groupes d'usagers입니다. 여기에서 우리는 권리/법droit에서 정치로 넘어갑니다. 68과 더불어 나로서는 가타리, 푸코, 엘리 상바Elie Sambar 덕분에 정확한 문제들에 접촉함에 따

51 droit라는 단어는 여러 의미가 있지만 명사로서 우선 '권리'라는 뜻이 있고 이에 따라 자연스럽게 '법'의 의미로도 쓰인다. 그러나 '법'으로 번역되는 다른 단어가 하나 더 있다. loi가 그것인데, 영어로 하면 loi는 law에 해당할 것이고, droit는 right에 해당할 것이다. 우리말로 법을 의미하는 두 단어의 엄격한 차이를 간단히 말한다는 것은 짧은 지면에서 불가능한 일일 것테지만, 논문에 필요한 만큼만 언급하자면 권리를 의미하는 droit로부터 법을 의미하게 되는 이 단어는 좀 더 원리적인 차원을, loi는 구체적인 법과 법률들의 차원을 지시하는 것으로 구분하면 적당할 것으로 보인다.

라 일종의 정치로의 이행을 하였습니다. 『안티 오이디푸스』는 전적으로 정치철학책입니다.[52]

들뢰즈가 갑작스레 도입하는 용어 jurisprudence는 판례 혹은 법학으로 번역된다. 판례는 법의 실천이고 사용인데 이것이 법의 이론인 법학과 프랑스어 사용에 있어 동일시되는 것이다. 권리로도 법으로도 번역할 수 있는 이것droit을 사용하고 실천하고 이론화하는 것을 전문가 집단에게 맡겨 두어서는 안 된다고 말하면서 들뢰즈는 '사용자 그룹'이 필요하다고 하였다. 이 때 '사용'은 무엇이고 이 그룹은 누구인가? 우리는 사용법과 관련한 들뢰즈의 다음 설명을 참조하여 이를 이해해 보고자 한다.

다수majeur와 소수mineur는 두 개의 언어가 아니라 언어의 두 가지 사용 또는 두 가지 기능을 규정하는 방식이다. … 소수성minorité이라는 개념은 매우 복합적이다. 소수성은 음악, 문학, 언어학을 참조할 뿐 아니라 법률, 정치도 참조한다. … 상수 또는 표준을 이성애자-유럽인-표준어 사용자-도시 거주자-성인-남성-백인이라고 상정해 보자. 성인 남자 인간은 모기, 아이, 여자, 흑인, 농부, 동성애자 등보다 수적으로 적더라도 다수임이 분명하다. … 소수적 의식conscience minoritaire의 보편적 형상이 있는데, 그것은 모든 사람으로 되기와 같은 것으로서, 이러한 되기는 창조이다. … [표준]인격Personne[53]이라는 다수적 사실

52 P., pp. 229~230.

53 Personne가 문장 중간에 나오는데도 대문자로 쓰인 것을 고려하면 이는 상수로서의 표준 인

에 대립하여, 소수적으로 되기devenir minoritaire는 자율이라 불린다."[54]

애초에 문학과 언어에 대한 서술에서 등장한 다수와 소수 개념은 이렇게 법과 정치로 이행할 수 있다. 다수어를 탈영토화하는 언어적 실천은 표준 인격으로부터의 탈주이며, 이는 창조와 자율이라는 정치적 실천과 공명한다. 들뢰즈가 말한 '사용법'이란 바로 다수적 사용과 소수적 사용에 다름 아닐 것이다. 『천 개의 고원』의 대표 개념들 중 하나라고 할 만한 '전쟁기계'는 이때 의심의 여지 없이 권리에 대한 '소수적 사용'에 해당할 것이다. 그는 "전쟁기계는 노마드적 발명[이다. …] 왜냐하면 전쟁기계는 그 본질에 있어서 매끈한 공간과 이 공간의 점유, 이 공간에서의 이동, 그리고 이에 대응하는 인간을 합성composition해 내는 구성적 요소élément constituant이기 때문이다: 바로 여기에 전쟁기계의 유일하고도 진정한 실증적 목표가 있다".[55] 전쟁기계의 본질이 매끈한 공간의 점유와 이동, 이에 대응하는 인간의 구성에 있다면, 이것은 바로 위에서 우리가 오랫동안 검토한 그 세계

격을 말하는 것으로 보인다. 번역본에는 '아무도 아닌 자'라고 번역되어 있는데, personne는 문장 내에 ne와 함께 있을 때만 '아무도 아닌'으로 번역되는 것으로, 이 문장은 부정문이 아니며 문맥상으로도 이 문장에서의 Personne는 다수자를 지칭하는 것이기 때문에 '아무도 아닌 자'라고 번역하는 것은 자연스럽지 않다.

54 MP., pp. 131~134/200~205쪽. 번역은 수정함. 이 문단에서 같은 어근을 지닌 단어들이 명사형, 형용사형으로 자주 변경되어 쓰이기 때문에 번역어 선택이 어렵다. 여기에서는 mineur는 소수, minorité는 소수성, minoritaire는 소수적으로 번역하였다. 카프카에 대한 들뢰즈의 저서에서 소수문학이라고 번역되는 원어는 littérateur mineure이다. 『카프카: 소수적인 문학을 위하여』(*Kafka, pour une littérateur mineure*) "각자는 소수어, 방언, 또는 나만의 말을 발견해야만 하며, 거기에서 출발해야 자신의 다수어를 소수어로 만들 수 있다. 이것이 소수mineur라 불리는 작가들의 힘이며, 이들이야말로 가장 위대하고 유일하게 위대한 작가들이다."

55 MP., p. 519.

에 대한 믿음을 갖춘 민중[혹은 소수]의, 세계를 창조하는 소수적 운동이 아니겠는가?

에세이 법은 텅 빈 개념이고 법규들은 영합적인 개념, 심지어 권리와 법이 문제인 것도 아니다

> 나의 관심을 끄는 것은 법loi이나 법규들lois(법은 텅 빈 개념이고, 법규들은 영합적인 개념이다), 심지어 권리/법droit이나 권리들/법들droits이 아니라 판례jurisprudence이다. —들뢰즈

영화 「다음 소희」(2023년 2월 개봉)의 흥행으로 국회에서 관련법이 통과되는 등 입법작업에 속도가 났다는 소식이다.[56] 영화는 5년 전 실화를 바탕으로 하고 있다. 2017년 1월, 18세의 나이로 저수지에 몸을 던진 학생은 직업계 고등학교 애완동물 전공 3학년이었고, LG 유플러스 하청 콜센터로 현장실습을 나갔다. 그녀는 인터넷이나 휴대전화 계약을 해지하려는 고객을 응대하는 '해지방어 부서'에 배정되었고, 야근이 잦았고, 죽기 전 아버지와의 전화에서 "아빠, 나 콜 수 못 채웠어"라는 말을 했다는 소식으로 많은 사람들의 마음을 아프게 했다. 이번에 통과된 것은 '직업계고 현장실습생 보호를 위한 직업교육훈련 촉진법' 개정안이다. 실습생에 대한 근로기준법 적용 확대, 업체의 업무 강요·직장 내 괴롭힘 등 금지, 위반시 1,000만원 이하 과태료 부과 등이 추가되었다고 한다. 물론 다행이다. 그나마 아무런 조치가 없는 것보다는 훨씬 나은 결과다.

---

56 안홍욱, 「'다음 소희' 방지법」, 경향신문, 2023.02.23.

그러나 우리는,

1. 부모, 선생님, 친구들, 주변 어른들은 힘들어하는 젊은이들에게 "조금만 참아 봐", "사회생활이 다 그렇지, 뭐"라는 말들을 더 이상 해서는 안 된다고,

2. 학교 정문에 나붙은 "취업률 100퍼센트 달성"이라는 플래카드는 이런 비극을 감추고 있다고 생각했고

3. 그것은 교육청이 취업률에 따라 특성화고 지원금을 차등지급하기 때문이며,

4. 학교는 취업률을 높이기 위해 '현장실습'이라는 명목으로 아직 졸업도 하기 전인 학생들을 기업에 저임금으로 보낸다는 것을 알았다.

5. 그러한 조건으로 일하러 온 학생, 즉 실습생을 기업은 소모품 취급하고,

6. 현장실습 제도는 값싼 일자리 공급수단으로 변질되었다는 것을,

7. 실습생은 학생 신분이라 노동자로 인정받지 못하여 인권과 노동권의 사각지대에 있다는 것을 알았다.

8. 2016~2021년 현장실습 도중 다쳤거나 숨졌던 학생의 수는 58명이었다.

6년 동안 58명, 거의 한 달에 한 명씩 사고를 당한다는 이야기다. 「다음 소희」에서 이 사건을 조사하는 형사는 "학생이 일하다 죽었는데 누구 하나 내 탓이라는 사람이 없어"라고 소리친다. 이 학생의 죽음은 누구의 탓일까? 관련 법을 정비하는 것은 무슨 의미가 있는가? 법은 텅 빈 개념이고, 법규는 영합적인 개념이라는 들뢰즈의 말은 자칫

지나치게 냉소적으로 받아들여질 수 있을 것 같다. 그러나 들뢰즈의 진단은 다음과 같이 받아들여져야 한다. 관련 법이 개정되었다는 것은 사건 영합적인 일일 뿐이다. 마치 이것으로 문제가 해결되었다는 듯한 감미로운 인상을 주는 영합적인 개념: 법규의 입안, 개정, 통과. 우리는 사회적으로 커다란 반향이나 물의를 일으키는 일을 접하면 당장 법의 사각지대를 인지하고, 입법을 요구한다. 물론 우리는 그것을 위해 국회의원을 뽑는다. 그것이 대의민주주의이다. 우리의 사회는 이렇게 기능하고, 우리는 그것이 사회라고 생각하며 살아간다. 들뢰즈의 사유의 초점은 이러한 개념들이 문제를 실제로 다루지 못하고 단지 영합적으로, 텅 빈 방식으로만 다룬다는 데에 있을 것이다.

직업계 고등학생의 죽음에 대한 책임은 누구에게 있을까? 학교? 기업? 교육청? 부모? 각각의 기관은 나름대로 할 말이 있을 것이다. 고등학교는 교육청이 취업률에 따라 학교 지원금을 차등지원한다니 우리는 취업률을 관리할 수밖에 없다고 할 것이고, 기업은 아직 숙련되지 않은 학생들을 실습시키는 입장이니 저임금은 어쩔 수 없지 않냐고 할 것이며, 교육청은 학생들의 취업률을 높이기 위해서 학교에 인센티브를 주는 방식을 택했을 뿐이라고 할 것이다. 취업률이 높아지기를 바라는 것은 누구냐고? 그것은 우리 모두가 아닐까? 우리 모두는 학생들이 학교를 졸업하면서 취업하기를 바라지 않는가? 취업이 되지 않으면 가계 부담이 커지고, 그렇게 되면 생계가 어려워지는 가정도 상당하고, 어찌해서든지 얼른 취업해 부모의 부담을 덜어야 할 가정이 많지 않은가? 그러면 결국 교육청이 취업률에 따라 학교에 재정 지원과 관련하여 압박을 주는 것은 학부모가 바라는 일이지 않을까? 학생들이 졸업하고 바로 취업하지 못하더라도 괜찮은 사회, 일정 기간 동안 직업훈련이 가능하고, 최소한의 생계를 걱정하지 않는 사회. 그런 사회라면 좋을 텐데. 그런데 우리는 진정 그런 사회를 바라는가? 그런 사회를 바라지 않는다면 왜 그럴까? 왜 우리는 어마어마한 부자들의 세금을 줄여 주고 싶어 하고, 가난한 사람들의 최소생계비는 아까워하는가?

이런 의미에서 진정한 변화는 단순히 한두 가지의 법령 개정으로 이루어지지 않는다고 보는 게 들뢰즈의 입장일 것이다. 사건들은 문제를 제기하고, 사회는 그러한 문제를 잉태하고 있으며, 우리는 이 문제들로부터 우리가 소화하는 만큼의 합의를 이끌어 내고 이를 서로 설득해야 한다. 비록 이것이 길고 어려운 일이라고 하더라도 원칙은 그러해야 한다. 그래야, 일이 터질 때마다 관련 법령 개정으로 대응하여 결국 우리가 원하는 사회는 무엇인지도 모른 채 누더기가 된 법과 부대끼면서 사는 일을 피할 수 있을 것이다.

에세이 정치: 자연적 편파성과 제한된 공감을 가진 민중에게 일반적 이해관계를 믿을 만한 것으로 설득하는 것[57]

드라마 「D.P.」의 키워드로 많은 사람들이 '방관'을 말한다. 방관 다음으로 우리를 사로잡은 말은 죽기 직전 조석봉 일병이 던진 한마디이다. "뭐라도 바꾸려면 뭐라도 해야지." 이는 우리 사회에 던져야 하는 가장 중요한 메시지로 간주되기에 충분하고도 남는다. 그러나 나는 다른 데서 더 깊고 아픈 인상을 받았다. 그것은 총을 들고 거의 미쳐 가는 중인 조석봉 일병이 자기를 학대한 황장수 병장을 학대 장소로 데리고 가서 "나에게 왜 그랬어?"라고 묻는 장면이다. "잘못했다", "미안하다", "죽은 듯 살겠다"고 애원하던 황 병장이 어렵사리 꺼낸 진실의 한마디는 "그래도 되는 줄 알았어"이다.

이 말은, 약하고 착해서 당하는 자들이 미처 생각지도 못한, 가해자들이 가해를 하는 핵심적 이유이다. 그들은 특별한 이유 없이, 아무것도 아닌 그런 이유로, 상대가 자기의 삶을 포기할 만큼 절망을 주는 그런 행동을 한다. 이것은 참 잔인하고도 무심한 진실이다.

우리에게 일어나는 정말 많은 불행과 비극이 바로 이 지점에서 비롯된다. 부모라는 것이 무엇인지, 부모는 아이에게 어떤 존재여야 하는지에 대한 아무 준비 없이 '그래도 되는 줄 알고' 자기 자녀에게 화를 내고, 손찌검을 하고, 내버려 두고, 냉정하게 대하는 일들. 학교에서 자기 또래 아이들을 이름으로 놀리고, 키가 작다고, 못생겼다고

57 이 글은 필자의 「그래도 되는 줄 알았어」(단디뉴스, 2022.2.22)라는 제목의 칼럼이다.

놀리고, 몇몇이 모여서 놀리다가 때리기도 하고, 때려도 아무 일도 일어나지 않으니까 '그래도 되는 줄 알고' 지속적으로 때리고, 패거리를 만들어서 힘을 과시하는 일들. 결혼하여 남편이나 아내가 되었는데, 돈 없다고 무시하고, 까분다고 눈을 부라리고, 집안일 나 몰라라 하고, 그래도 상대가 참으니까 '그래도 되는 줄 알고' 하던 일을 더 잔인하게 지속한다.

극악무도한 폭력만이 폭력이 아니다. 그러한 폭력은 말할 필요도 없고, 정서적 방임과 학대 역시 가랑비에 옷 젖듯이 매일매일 한 사람의 기질과 성격에 스며든다. 그렇게 자란 아이는 결국 부모의 골칫덩어리가 되고, 아주 나쁜 경우에는 부모에게 복수한다. 그때서야 그 부모는 '그래서는 안 되는 거였다'는 것을 알게 된다. 우리에게 유명한 학교 폭력, 그 가해 주체는 자기 행동이 본인의 삶에 흠이 될 줄 모르다가 어느 날 피해자의 '미투'로 지금까지 이룬 모든 사회적 성공을 물거품으로 만들어 버리기도 한다. 만약 그가 스타라면, 그에게 열광하던 팬들은 그로부터 냉정하게 등을 돌린다. 그때 우리는 그가 '그래서는 안 되는 거였다'는 것을 알게 된다. 황혼에 이혼 소송당하는 사람들, 도대체 뭐가 문제였는지 몰랐던 사람들도 뒤늦게 '그래서는 안 되는 거였다'를 깨닫는다.

나는 프랑스에서 아들을 만 두 살일 때부터 만 여섯 살이 될 때까지 키운 적이 있다. 만 세 살부터는 공교육이 시작되고, 부모는 등교와 하교시에 아이의 손을 잡고 교실까지 바래다 주어야 한다. 아이들이 친해지면 자연스럽게 부모들도 서로 잘 알게 된다. 오래된 6층짜리 아파트에 살았던 나는 정사각형 라인을 따라 지어진 아파트 벽으로 둘러싸인 정원에서 방과 후에 아이들과 함께 시간을 보내곤 했다.

하루는 한 아이가 다른 아이의 이름을 두고 놀리는 말을 했다. 놀린 아이의 엄마는 그 말을 듣고 곧바로 이렇게 말했다.

"On ne se moque pas de son nom!"

나는 이 말과 그날의 풍광을 20여 년이 지난 지금도 생생하게 기억한다. 우리말로 번역하자면 이 말은 대략 다음에 가장 가깝다.

"이름으로 놀리는 거 아니야!"

뜻은 이 뜻이 맞지만, 사실 더 분석해 봐야 할 의미들이 이 문장에 들어 있다. 그 엄마는 자기 아이가 이름으로 다른 아이를 놀리는 행위에 대해 "놀리면 안 돼"라는 금지나 명령을 한 것이 아니다. 이 엄마가 쓴 문장의 주어는 (내가 아는 한) 불어에만 존재하는 On이라는 단어인데, 이 단어는 3인칭이긴 하지만 비인칭이기도 하며, 영어에 대응하는 단어가 없다. 영어에서 비인칭은 It을 쓰지만, On이라는 불어는 인격적인 비인칭이며, It에 해당하는 불어는 Il로서 따로 있다. 이 단어는 논문을 쓸 때 자주 등장하는 인칭으로서, 영어라면 보통 We나 They 등을 쓰는데, On이라는 불어는 '우리'도 아니고 '그들'도 아니다. 3인칭이지만 '그'도 아니다. 그와 그들, 우리에 해당하는 불어는 각각 따로 존재한다(Il, Ils, Nous). 논문에 쓰는 문장의 내용은 사실 내가 생각해서 내 이름으로 내가 쓰는 것인데도 '나'라는 주어는 쓰지 않는다. 논문은 내가 쓰지만 객관성을 갖추어야 하는 글이기 때문이다. 영어권 문화와 전통은 그 객관성을 '그들=They'이나 '우리=We' 정도로 확보하는 것 같은데, 프랑스 사람들은 그들이나 우리로부터 한 걸음 더 나아간 어떤 보편성을 표현하고자 On이라는 인격적인 비인칭 주어를 만든 것 같다. 이름으로 놀리면 안 된다고 주의를 준 그 엄마의 표현에 이 On이라는 단어가 들어간 것이 나에게는 깊은 인상을 주었다. '우리는 이름으로 사람을 놀리는 일은 하지 않는다'는 문장은 거의 칸트의 정언명령처럼 아무런 조건이 없는 보편적인 명령과 같이 느껴졌기 때문이다. 그것은 그 아이의 엄마의 주관적인 명령도 아니고, 그 엄마가 속한 공동체의 규범도 아니고, 어떤 법전에 있는 실정법도 아닌, 그런 보편적 명령인 것이다.

우리나라에 필요한 것은 이런 보편적인 정언명령들이 아닌가 생각한다. 그러나 하늘에서 어느 날 툭 떨어진 보편명령이 아니라 우리 사회가 합의한 보편적인 명령 말이다. 그리고 바로 여기에 개입하는 것이 '정치'인 것 같다. 정치가 해야 하는 일은, 이러한 일반적인 이해관계를 찾아내어 국민을 대상으로 이를 '믿을 만한 것'으로 설득하는 일이다. 그리고 그렇게 설득한 것이 사회를 지탱하는 그런 시공간의 창조, 그것이 정치가 만들어 내는 '세계'이다.

한 친구가 자살기도를 할 정도로 절망했는데도 아직까지 '장난이었어'라는 말이 통하는 사회는 병이 들어도 한참 병든 사회이다. 하나의 사회가 성숙하다는 것은 '그래도 되는 줄 알고' 저지르는 어처구니없는 죄악이 없다는 것. 어떤 일은 해도 되고 어떤 일은 해서는 안 되는지에 대한 사회적 합의가 명확함을 의미하는 것이 아닐까. 법은 사회적 합의에 따라오는 것이고, 이러한 법은 예외 없이 지켜져야 그 사회적 합의가 흔들리지 않는다. 우리나라의 병은 사회적 합의에 아직 이르지 못한 채 일방적인 목소리와 힘에 의해 법들이 마구잡이로 제정되는 경우가 있다는 점(관련 법이 제정되면 문제가 해결되었다고 믿는 관행, 그래서 법은 누더기에 이르고, 법만능주의 확산), 꼭 지켜져야 된다고 믿었던 법이 커다란 악행의 면죄부가 되기도 한다는 점(법은 좀도둑만을 잡는다)이다. 이런 사회에 사는데 어떻게 건

전한 상식과 건강한 마음을 유지할 수 있겠는가? 그러나 사회적 합의에 이르고, 이 합의에 따른 법이 제정되고, 그 법을 예외 없이 집행한다는 것은 정말 어려운 일이고, 아주 오랜 시간이 필요한 일이다. 그 오랜 시간을 우리 자신에게 주는 것, 어쩌면 이것이 지금 당장 우리에게 필요한 일인지도 모르겠다.

2. 사회의 자기 제도화 — 민중은 어떻게 탄생하는가?

들뢰즈가 흄을 따라 정치를 대의가 아닌 창조, 제도의 창조로 본다는 논의는 필연적으로 '누가' 창조하는가의 문제로 귀결된다. 들뢰즈는 "창조와 민중이 동시에 필요"[1]하다는 말로서 이 문제를 간략히 지적한 바 있다. 대의에서 창조로의 이행과, 제도의 문제를 다룬 지금, 우리는 이제 '민중'의 문제를 제기해야 한다. 민중은 언제, 어떻게 탄생하는가? 들뢰즈는 사유라는 것이 의지와 계획에 의해 시작하는 것이 아니라 강요에 의해 시작한다고 말할 만큼, 사유의 생생함, 우연, 실천성을 강조한 바 있다. 민중 역시 계획적으로 키워지기는 어려울 것이다. 우리는 이 문제를 다루기 위해서 민중의 탄생을 강요하는 무엇, 즉 '폭력'으로부터 논의를 시작하고자 한다.

폭력이라는 문제의 설정

에릭 베르네르는 『폭력에서 전체주의로』라는 저서에서 해방 이후 프랑스에서 전개된 공산주의에 대한 찬반 논의가 바로 '폭력'에 관한 것이었음을 분명히 하는데, 이것이 우리에게 폭력에 대한 고전적인 문제의 한 실례를 제공해 줄 수 있을 것 같다.[2] 프랑스 전후 대표적인 지식인인 사르트르와 카뮈를 대립하게 만든 폭력에 관한 고전적인

1 P., p. 239.
2 에릭 베르네르, 『폭력에서 전체주의로: 카뮈와 사르트르의 정치사상』, 변광배 옮김, 그린비, 2012, 14쪽.

문제는 무엇인가? 그것은 '폭력을 종식시키기 위해서 폭력을 사용할 수 있는가?'라는 문제였다. 만인의 만인에 대한 인정, 그 누구도 누군가를 착취하거나 착취당하지 않는 사회를 구현하는 과정에서 폭력이 있을 수 있다는 문제. 이것은 당시 소련이라는 현실 공산 국가와 유럽 각국에서 소련을 지지하는 공산당들, 그리고 자본주의의 모순에 비판적이었던 친-공산주의적 지식인들이 당면한 문제였다. 사르트르는 수단적 폭력을 용인하는 입장이었고, 카뮈는 어떠한 폭력도 용인할 수 없다는 입장이었다. 이 문제는 다음의 두 문제로 다시 나눌 수 있다.

첫째, 폭력은 그 자체로 악한 것인가?

둘째, "영구적 고착화를 추구하는 폭력과 폭력 그 자체를 제거해 가는 폭력"[3]을 구분할 수 있는가?

이 두 질문은 서로 밀접하게 연결되어 있다. 폭력을 그 자체로 악으로 보는 입장은 그 폭력이 영구적 고착화를 추구하는 폭력이건, 그 폭력을 제거하려는 폭력이건 폭력은 폭력이기 때문에 거부되어야 한다고 주장할 것이다. 다른 한편, 폭력이 그 자체로 악은 아니라는 입장은, 그것이 어떤 종류의 폭력인가 구분을 하려 들 것이며, 결국 두 종류의 폭력을 구분하는 기준이 있다는 신념을 가질 것이다. 역사적으로 이러한 두 입장의 대립은 반복되어 온 것으로 보인다. 방금 언급한 사르

3 앞의 책, 20쪽.

트르와 카뮈 외에도 당시에 이 논쟁에 참여한 지식인들은 훨씬 광범위하다. 사르트르와 같은 입장을 견지했던 철학자 중에는 메를로퐁티도 있었는데, 나중에 견해를 바꾸기는 하지만 『휴머니즘과 폭력』[4]에서 그는 영구적 고착화를 추구하는 폭력과 폭력을 제거해 가는 폭력을 "마르크스의 역사철학"에 입각하여 구분해야 한다고 주장한 바 있다. 거기에서 마르크스주의는 "여러 조건들[에 대한 언표], 만약 이 조건들이 없을 경우 인간들 사이의 상호관계를 의미하는 인간성도 존재할 수 없고, 또 역사에 합리성도 존재할 수 없는 그러한 조건들에 대한 언표"[5]로 이해된다. 다시 말해서 마르크스주의는 1940년대와 1950년대 프랑스 지식인들에게 영구적인 고착화를 추구하는 폭력과 이 폭력을 제거해 나가는 폭력을 구분하는 기준의 역할을 했던 것이다. 공산주의 국가들 대부분이 이미 역사의 저편으로 사라졌고, 신자유주의가 맹위를 떨치고 있는 지금, 더욱이 지구상에 남은 마지막 공산국가와 국경을 나누어 갖고 있는 우리에게 있어서는 이러한 지식인들의 태도가 언뜻 혹은 절대로 이해되지 못할 수 있다. 공산국가를 건설하기 위하여 폭력이 불가피하다고 주장하는 지식인을 어떻게 이해할 수 있을까? 그러나 베르나르의 다음과 같은 전언을 보면 당시 프랑스의 지식인들의 태도를 어느 정도 이해할 수 있다.

---

4 Maurice Merleau-Ponty, *Humanisme et terreur*, Paris: Gallimard, 1947; 『휴머니즘과 폭력』, 박현모 외 옮김, 문학과지성사, 2004. 베르네르의 번역자는 이 책을 『휴머니즘과 공포』로 번역해야 한다고 주장한 데 비해, 우리말 번역본은 『휴머니즘과 폭력』으로 번역되어 나왔다. 폭력은 주로 violence의 번역어로 쓰이고 terreur는 공포로 번역되지만, 이는 또한 '테러'로서 폭력으로 번역되어도 무방하다고 본다.

5 *Ibid.*, p. 165.

게다가 프랑스에서는 선거권자 네 명 중 한 명 이상이 프랑스 공산당에 투표를 했다. 이러한 상황에서 프랑스 공산당으로 공격의 화살을 돌린다는 것은, "절망한 자들의 희망"을 겨냥하는 것, "침묵을 지키고 있는 군대의 힘"을 겨냥하는 것이 아니고 무엇이었겠는가? 이것은 또한 자본주의의 공범이 되는 것과 같은 것이 아니고 무엇이었겠는가? 이처럼 그 당시 프랑스의 많은 좌파 지식인들은 반-반공산주의와 결별하는 것을 망설였다.[6]

당시 유럽의 마르크스주의자들에게 소련에서 일어나는 일들은 명백하지 않았고, 그러한 폭력(강제 수용소와 대량 학살 등)이 있으리라는 사실을 부정하고 싶어 했으며, 설사 그와 비슷한 폭력이 있다고 해도 그것은 어쩔 수 없는 것이라고 주장하고 싶어 했다. 이러한 주장을 하는 지식인들의 입장은 다양하겠지만, 이들의 공통된 주장은 첫째, 폭력에는 제거되어야 하는 폭력과, 과정으로 나타나는 어쩔 수 없는 폭력이라는 두 가지 종류가 있다는 것과 둘째, 그 둘을 가르는 어떤 절대적인 기준이 있다는 점이었다.

이에 반대하는 입장에 서 있는 지식인들 역시 많았다. 레이몽 아롱이나 가스통 페사르와 같은 학자들도 여러 가지 관점에서 이들에 대립했다. 그러나 카뮈를 포함한 이들의 공통된 입장은 하나였으니, 그것은 폭력은 폭력이기 때문에 무조건 악하다는 것이었다. "카뮈에게서는 '폭력의 제도들'을 단죄하기 위해 매번 이 제도들이 '역사의

---

6 베르네르, 『폭력에서 전체주의로』, 17쪽. 인용문 안의 인용부호 내용은 Emmanuel Mounier, "Débat à haute voix", p. 166.

의미'에 포함되느냐 아니냐의 여부를 물을 필요조차 없었다."[7] 그러나 이러한 카뮈의 태도는 많은 설명을 필요로 했는데, 만약 모든 폭력을 거부하고, "중요한 것은 생명을 구하는 것"[8]이라고 말하면서 관용과 대화에 호소하는 태도를 보였다는 것만을 고려한다면, 그것은 의외로 "좌파의 입장에서 볼 때 … 부르주아 냄새가 물씬 풍기는 것"[9]일 수 있기 때문이다.[10] 폭력의 제도들에 의해서 고통받는 자들은 약자이며 소수자일 것인데, 어떤 경우에도 폭력은 폭력이며 오로지 관용과 대화로 문제를 풀어 나가라고 말한다면, 그것은 명백히 보수적으로 보이지 않았겠는가.

자연주의 전통에서 폭력이란 무엇인가: 카뮈와 들뢰즈

사르트르와 카뮈를 보자면, 우선 들뢰즈는 둘 중 누구와 대응시킬 수 있을까. 들뢰즈를 네그리와 하트를 통해 접했거나 멀리서 들뢰즈를 바라보는 많은 이들은, 들뢰즈를 마르크스주의자로 간주하는 경향이 있고 또 들뢰즈가 쓴 사르트르에 대한 글을 상기시키면서 손쉽게 들뢰즈와 사르트르를 같은 경향으로 두려고 할 것이다. 그러나 앞서 살펴보았듯이 들뢰즈의 마르크스에 대한 오마주는 자본주의를 자기 한

---

7 베르네르, 『폭력에서 전체주의로』, 47쪽. 인용문 안의 인용부호 내용은 Albert Camus, "Réponse à d'Astier", O.C., t.II, p. 356.

8 Albert Camus, "Ni victimes ni bourreaux", O.C., t.II, p. 349.

9 베르네르, 『폭력에서 전체주의로』, 47쪽.

10 앞으로 살펴볼 테지만, 생명이라는 개념이 중요한 테제가 되는 것은 들뢰즈에게서도 마찬가지이다. 물론 그것이 어떠한 생명인가가 중요할 것이다. 생명에 관한 대표적인 들뢰즈의 논문은 Deleuze, "Immanence : une vie…", *Philosophie*, n. 47, septembre 1995, pp. 3~7 참조.

계를 무한히 확장해 나가는 내재적 체제로 보았던 점 이상은 아니었다고 해야 한다. 이 책에서의 우리의 입장과 일관되게, 우리는 들뢰즈를 실존주의자이면서도 마르크스주의자였던 사르트르보다는 실존주의자이면서 자연주의자였던 카뮈와 견주어 보도록 하겠다. 들뢰즈가 진보적 폭력을 옹호하는 사르트르가 아니라 카뮈의 입장과 대응될 여지가 있다면 어떠한 점에서 그러할까? 우선 '절대적인 것은 없다'는 입장과 관련된다. 카뮈는 역사를 현재의 법정으로 보는 것, 즉 역사의 절대성을 부정한다. 그것은 소위 "휴머니즘적 가정"[11]을 카뮈가 전면적으로 부정한다는 뜻이다. 당시 상황에서는 마르크스적 이념이 역사의 절대를 구성한다. 이것은 카뮈가 실존주의자이기 때문에 취하는 당연한 태도라 할 수 있다. 들뢰즈 역시 초월을 전혀 받아들이지 않으면서 존재의 일의성을 주장한 내재성의 철학자이다. 자연이라는 단어 역시 들뢰즈에게 속하는 것으로 간주할 수 있다.[12]

그런데 이 지점이 폭력의 문제에 있어서도 어렵고도 흥미로운 지점이다. 자연주의자 카뮈의 윤리적 입장은 무엇인가? 초월과 절대적 이념을 부정하는 자연주의자인 카뮈는 부조리에 대하여 어떤 입장을 가지고 있을까? 그의 대답은 대화와 관용일까? 삶을 부조리하게 만드는 사회적 권력과 제도를 지배하는 기득권자들은 전혀 대화할 의지가 없는데도? 바로 이런 문제의식 때문에 마르크스주의가 정치철학의 어떤 문제에서나 의미 있는 위치를 점유하고 있는 것이며,

---

11 베르네르, 『폭력에서 전체주의로』, 94쪽.

12 물론 인간이라는 것을 보존하느냐 그렇지 않느냐 하는 점이 카뮈와 들뢰즈를 완벽히 갈라놓지만, 그런 기준으로 여러 철학자들을 나누고 절대로 소통하지 못할 자들로 남겨 두는 것은 우리에게 전혀 이로울 것이 없다. 우선은 이 점을 제쳐 두고 생각해 보도록 하겠다.

바로 이런 질문들 때문에 모순, 원한, 응징, 복수, 투쟁, 절대적 기준으로서의 이념, 역사가 요청되어 왔던 것이다. 그러나 마르크스주의가 아니고서는, 그리고 절대적인 이념이나 역사의식이 없다면 그것은 언제나 반동적인 부르주아지적 태도일 뿐인가? 들뢰즈를 마르크스적으로 읽어 내는 네그리와 하트의 제국론이 비판받는 것도 역시 바로 이러한 지점이다. 들뢰즈는 자칫 '지금-여기'를 있는 그대로 긍정하자는 순진한 윤리로 받아들여지기 때문에, 마르크스주의자들이 볼 때 네그리와 하트식의 들뢰즈적 마르크스주의는 너무나 위험하고 반동적인 정치철학이 된다. 국경이 부재하는 현대를 제국이라 부르면서 마르크스주의를 새로운 노동자의 정립, 새로운 유토피아의 정립을 위해 사용하고 있으니 비판받지 않겠는가? 마르크스주의자들의 들뢰즈주의자에 대한 비판은 주로 다음과 같이 진행된다. "『제국』[13]에는 마르크스의 정치경제학 비판의 핵심인 공황론이 전적으로 부재[한다]. … 『제국』에는 위기가 없다."[14] "노동계급을 원자화하는 강력한 자본의 힘이 노동계급 전반에서 작동하고 있음을 간과하면서, 『제국』은 해방을 향한 평민들의 근절할 수 없는 욕망에 관해 말하고 있다."[15] 하지만 오히려 여기에서 우리의 질문이 시작된다. 들뢰즈나 카뮈의 자연주의가 그렇게 순진한 윤리밖에는 제시하지 못하는가?

---

13 안토니오 네그리, 『제국』, 윤수종 옮김, 이학사, 2001.

14 정성진, 「『제국』: 맑스주의적 비판」, 『맑스주의 연구』 창간호, 한울, 2004, 77쪽; 승준, 「비물질노동과 새로운 주체성의 출현」, 질 들뢰즈·안토니오 네그리 외, 『비물질노동과 다중』, 서창현 외 옮김, 갈무리, 2005, 320쪽에서 재인용.

15 알렉스 캘리니코스·엘렌 메익신즈 우드·조반니 아리기 외, 『제국이라는 유령, 네그리와 하트의 제국론 비판』, 김정한·안중철 옮김, 이매진, 2007, 서문, 21쪽.

우선 카뮈의 사정을 살펴보자. 카뮈가 제안하는 윤리적 언명은 다음과 같다: "인간이 자신의 삶, 반항, 자유를 느끼는 것, 그것도 최고로"[16] "본연의 자기가 되기 위해서는 … 가능한 한 자주, 세계를 정면으로 마주 보아야 한다."[17] 현재를 넘어선 초월적인 이념을 거부하는 입장에서 제시된 이와 같은 전언은 기껏해야 고상한 가치에 대한 무관심, 쾌락주의적 태도에 대한 고무의 표현으로 간주되었다.[18] 그러나 베르네르는 바로 이 지점에 개입하여 카뮈의 윤리가 사실 이보다 훨씬 더 이론적으로 정합적인 것임을 밝혀낸다. 그에 따르면 『시지프 신화』에서 카뮈가 말하는 '본연의 자기가 되는 것'은, "형이상학적 환상 없이 자신을 정복하는 것"[19]으로서 나의 모든 것에 대한 긍정이 아니라 그가 중요시하는 것을 위해 나머지 모든 것을 희생시킬 준비가 되어 있는 그러한 긍정이다. "무릎을 꿇고 살기보다는 차라리 서서 죽기를 바라는"[20] 그러한 종류의 긍정인 것이다. 부조리 속에서 본연의 자기가 되려면 반항할 수밖에 없는데, 반항한다는 것은 그가 중요하게 생각하는 무언가를 위해서라면 무릎을 꿇기보다 차라리 서서 죽기를 바랄 정도로 비장하다는 것을 뜻한다. 이것이 카뮈의 코기토인 '나는 반항한다. 그러므로 우리는 존재한다'를 구성한다.[21] 그런데 이러한 말들은 앞서 보았던 생명의 [무조건적인] 중시, 대화와 관

---

16 Albert Camus, *Le Mythe de Sisyphe*, O.C., t.II, p. 144.

17 *Ibid.*

18 André Nicolas, *Une philosophie de l'existence, Albert Camus*, Paris: P.U.F., 1964, pp. 48~53.

19 베르네르, 『폭력에서 전체주의로』, 103쪽.

20 Albert Camus, *L'Homme révolté*, O.C., t.II, p. 416.

21 베르네르, 『폭력에서 전체주의로』, 104쪽.

용의 호소라는 말들이 주는 평화주의적이며 보수적인 느낌과는 상당히 다른 느낌을 준다. 또한 존재론적이거나 형이상학적 용어들로 서술하지는 않았지만 그는 나름대로 치밀한 철학적 사유를 전개한 것으로 보인다. '부조리한 상황 속에서 반항한다는 것은 우리가 존재한다는 것이다'라는 카뮈적 코기토는 그에게 가장 명증한 것이 '우리가 있다는 것'임을 보여 준다. 이는 다른 말로 바꾸면, '자연'이라는 것은 '우리'라는 것이다. 존재는 애초에 우리로 있으며, 개별자인 나는 또한 우리의 부조리 안에 있다. 내가 부조리에 처한 이유는, 내가 이미 우리로 존재하기 때문인 것이다. 그러한 나는 나에게서 지키고 싶은 그 무엇을 위하여 죽기를 각오할 수 있는데, 이 무엇은 '우리에게 공통적인 그 무엇'이다. 그것이 우리에게 공통된 무엇인 이유는, 그것을 위해서 내가 죽을 수 있기 때문이다. 그것이 나의 것이었다면 나는 어떤 경우든 죽지 말아야 할 것이다. "'우리는 존재한다'는 주장에 타격을 주는 살인, 거짓말 등과 같은 모든 것은 반항을 배반하는 것과 같은 것"[22]이다. 여기에서부터 다음과 같은 결론이 도출된다.

> '보편적인' 것에 가세하기 위해 삶을 배반할 필요가 전혀 없[다]. … 왜냐하면 자연은 그 내부에서 초자연의 표식으로 나타나기 때문이다. 인간이 정의를 옹호하고 타인들과 잘 지낼 수밖에 없도록 하는 것은 그 자신으로부터 오는 명령 때문이다.[23]

---

22 베르네르, 『폭력에서 전체주의로』, 111쪽.
23 앞의 책, 105쪽.

자연주의자에게 보편적인 것이란 자연을 초월하거나 삶을 배반한 그 무엇이 아니다. 사실 자연주의의 윤리적 태도를 "고상한 가치에 대한 무관심, 되는 대로 살아가는 쾌락주의적 태도에 대한 고무의 표현"으로 쉽게 이해해 버리는 데에는, '자연적인 것'을 될 대로 되는 것, 쾌락주의적인 것, 보편적인 것이 존재하지 않는 무엇으로 간주해 버리는, 비판자들 스스로가 가진 전제에 기인한다. '우리'가 자연으로 주어져 있는 것이라고 할 때, 우리를 해치는 것은 자연주의적 태도에서 허락지 않는 것이다.

그런데 흥미로운 것은 베르네르가 카뮈의 이러한 태도를 스피노자에 대한 들뢰즈의 해석으로 설명한다는 점이다. 『스피노자와 표현의 문제』에서 들뢰즈가 내세우는 철학자의 실천적인 임무는 탈신비화인데, 신비와 미신은 우리를 행동하는 힘으로부터 분리시키기 때문이다. "이러한 전통은 철학으로서의 자연주의로부터 구별되는 것이 아니"[24]다. 우리는 스피노자적 윤리가 기쁨 정념과 힘의 증대에 있다는 것을 익히 알고 있다. 미신이라는 것은 우리를 슬픔 정념 속에 가두어 우리를 우리의 힘으로부터 분리하는데, 독재는 이러한 슬픔 정념과 불안, 두려움을 이용하여 자신의 권력을 유지한다. 만약 이를 카뮈와 연결시킨다면, 스피노자의 '미신'이라는 것은 아무래도 카뮈가 거부하는 어떤 '절대적인 것', '역사라는 이념', '인간주의' 등일 것이다. 스피노자를 통해 카뮈와 들뢰즈가 연결되는 지점이다.

베르네르는 들뢰즈의 스피노자에 대한 언급을 이런 정도로 마무

24 들뢰즈, 『스피노자와 표현의 문제』, 92쪽.

리하고 있지만 우리는 검토를 조금 더 이어나가 보기로 하겠다. 스피노자에게 자연이란 무엇이며, 초월을 배제한 윤리는 무엇인가? 역능 혹은 권력, 힘 등을 핵심어로 하는 스피노자의 자연관은, 물론 차이가 있지만 홉스로부터 직접 상속된 것이라고 평가된다. "스피노자가 홉스에게 빚진 것은 고전적 자연법 이론과 근본적으로 대립되는 자연권 개념이다."[25] 고전적인 자연법이 첫째, 각 존재의 본성을 목적의 질서에 비추어 그리고 그 완전성에 의해 정의하고, 둘째, 그 결과 인간의 자연 상태는 시민사회에서 본성 혹은 본질에 부합하는 삶이며, 셋째, 여기에서 중요한 것은 '의무'로 드러난다고 주장하는 반면, 홉스는 첫째, 자연법칙을 목적 완전성이 아니라 일차적 욕망 혹은 욕동appétit과 관계 있는 것으로 보고, 둘째, 자연에서 이성이 어떠한 특권도 갖지 않기 때문에 그 누구도 이성적으로 혹은 시민으로 [그러한 본성을 가지고] 태어나지 않으며, 셋째, 따라서 일차적인 것은 능력 혹은 권리이지 의무가 아니라는 새로운 자연권 개념을 구상했다.[26] 그렇

25 SP., 349쪽. 밑줄 강조는 필자.

26 SP., 349~352쪽. 이렇게만 본다면 카뮈의 자연과 스피노자의 자연이 서로 일치한다고 보기에 어려운 점도 있다. 홉스는 개인을 이기적이면서 합리적인 존재로 가정하여, 자신의 권리를 일정 부분 양도하여 개인 간에 사회계약을 하지 않으면 스스로를 보존할 수 없는 만인 대 만인의 투쟁을 자연 상태로 보는 데 반하여, 카뮈에게 자연이란 '우리'이며 또한 '연대'인 것처럼 보이기 때문이다. 사실 이 부분은 홉스와 루소라는 근대 정치 철학자들의 '자연'에 관한 논쟁이 그 자체로 문제가 되는 부분인데, 이는 우리의 논의의 범위를 넘어서기 때문에 여기에서는 오로지 고대 자연법 개념과 완전히 다른 자연이라는 근대적 개념에만 한정하고자 하며, 주석에서 간단히 두 사상가의 차이점만을 짚고 넘어가겠다. 홉스의 자연관을 비판하고 이에 대립하는 입장을 보인 대표적인 근대의 정치 철학자 루소는 홉스가 "미개인의 자기 보존 노력 속에 사회의 소산이며 법을 필요로 하게 만든 수많은 정념을 만족시키고 싶다는 욕망을 까닭 없이 끼워 넣은 결과 정반대로 말하고 말았다"(루소, 『인간 불평등 기원론』, 김중현 옮김, 펭귄클래식코리아, 2010, 79~80쪽)고 본다. 그는 인간이 "본래 용감해서 공격하고 싸우려고만 하"지 않고, 오히려 "자연 상태는 우리의 자기 보존 노력이 타인의 자기 보존에 가

다면 "신체를 기계론적이고 역동론적인 모델로 삼기 때문에"[27] 도출할 수 있었던 위와 같은 자연권론으로부터 스피노자와 들뢰즈는 어떤 윤리적 태도를 이끌어 내는가? 그것은 홉스의 이기적인 합리적 인간과 그들 사이의 계약이라는 사회계약론과는 매우 다른 결론으로 향한다. 들뢰즈는 이렇게 쓴다.

> 자연 상태는 살기 힘든 상태로 스스로를 드러낸다. 자연 상태는 그것에 대응하는 자연권이 이론적이고 추상적인 것으로 머무는 한, 살 만하지 않다. 그런데 자연 상태에서 나는 마주침들의 우연 속에서 산다. … 자연 상태를 살 만하게 만드는 단 한 가지 방법이 있을 수 있다. 마주침들을 조직하려고 노력하면서 사는 것이다. 어떤 신체와 마주치든 나는 이로움을 추구한다. 그러나 이것을 되는대로 추구하는 것(즉, 우리의 신체에 적합하지 않은 신체를 파괴하려고 노력하는 것)과 이로움을 조직하려고 노력하는 것(즉, 본성상 우리와 적합한 신체들과 적합한 관계 아래서 마주치려고 노력하는 것) 간에는 큰 차이가 있

장 덜 해로운 상태이기 때문에 결과적으로 자연 상태는 평화에 가장 도움이 되며 인류에 가장 적절하다고 말해야 한다"(앞의 책, 79쪽)고 주장한다. 자연 상태를 서로를 적대시하는 상태로 보느냐, 서로 같이 잘 살고자 하는 상태로 보느냐에 따라 이 두 철학자의 정치적 입장이 완전히 달라진다. 베르네르도 이 부분을 중요하게 생각했으며, 카뮈에 대한 서술에서 다음과 같이 덧붙인다. "하지만 카뮈에게 있어서 '내가 존재하는 것은 곧 우리가 존재하는 것이다'. 이처럼 카뮈는 니체를 넘어서서 루소와 조우한다"(베르나르, 『폭력에서 전체주의로』, 127쪽). 그런데 재미있는 것은, 홉스의 유산을 직접적으로 받아들였다는 스피노자의 철학과 들뢰즈의 독해가 결국 카뮈적인 입장으로 수렴한다는 것이다. 아마도 여기에 홉스와 스피노자의 차이가 있으리라고 본다. 그리고 여기에 카뮈와 들뢰즈를 같이 다룰 수 있는 여지가 있다고 생각한다.

27 SP., 351쪽.

다. 이 두 번째 노력만이 **고유한** 혹은 **진정한** 이로움을 정의한다.[28]

위에서 카뮈를 비판했던 앙드레 니콜라스가 잘 보여 주었듯이, 자연주의를 비판하는 사람들은 자연을 '노력'과는 구분된 것으로, 다시 말해 노력을 '인위적인' 것으로 보는 경향이 있다. 그래서 자연주의 윤리라 하면, 되는대로, 마음 내키는 대로, 쾌락을 극대화하는 그러한 것으로 즉시 머릿속에 그려 버리는 것이다. 그러나 들뢰즈가 스피노자를 통해 말하듯이, [이성적] 노력만이[29] 고유한 그리고 진정한 자연이며, 오히려 우리의 행동하는 힘으로부터 우리를 분리시키는 미신 혹은 신비화가 바로 인위적인 것이다. 더군다나 "우리에게 가장 이로운 것이 무어냐 하면 그것은 인간임이 분명하다. 왜냐하면 원리상으로 인간은 인간과 본성상 적합하기 때문이다. 인간은 타인의 관계를 자기의 관계와 합성한다. … 따라서 그가 추구하는 것은 또한 인간에게 이로운 것이다"[30]라고 말한다. 이 지점에까지 이르면 우리는 이 태도가 앞서 이미 검토했던 카뮈의 태도와 유사하다고 생각할 수밖에 없게 된다. 하나의 개인이 자신의 이로움을 위하여 마주침들을 조직하는 노력을 할 때, 그 노력은 자신에게 이로운 만큼 인간에게 이로운 것을 겨냥한다. 왜냐하면 인간은 인간에게 가장 적합하고, 자신에게 적합하지 않은 것을 욕망할 리 없기 때문이다. 개인의 삶은 이미

28 들뢰즈, 『스피노자와 표현의 문제』, pp. 239~240/352~353쪽(불어본/국역본). 들뢰즈의 강조. 번역은 약간 수정함.

29 스피노자에게는 이성 역시 자연이며, 자연 안에서 다른 것들에 비하여 어떠한 특권도 갖지 않는다.

30 앞의 책, 354쪽. 밑줄 강조는 필자.

타자와 연결되어 있고[우리], 개인은 인간에게 이로운 것[우리에게 공통된 것]을 욕망한다. 들뢰즈의 스피노자는 즉각 카뮈로 번역될 수 있다.

이런 정도의 검토로 분명해진 것이 있다면 다음과 같다. 1) 초월적 이념을 형이상학의 체계로 가지고 있지 않은 철학은 진보적 폭력을 지지하지 않는다. 들뢰즈가 자신의 정치철학을 발전시키지 않았지만 카뮈와 스피노자를 보건대 들뢰즈 역시 진보적 폭력을 지지하지 않을 것이다. 2) 초월적 이념을 부정한다는 한에서 이러한 철학을 [고대의 자연법적 사상과는 다른] 근대 자연주의의 전통 안에 있다고 말한다면, 이들의 정치 윤리적 태도는 되는대로 사는 것이 아니라, 자연을 유지하기 위한 노력을 요구한다. 그리고 이러한 노력은 인간 전체, 우리, 타자와의 관계를 염두에 둔 노력이 될 수밖에 없다. 그러므로 만약 인위적 폭력이 있다면 이 폭력에 대해 우리가 할 수 있는 것은 이 폭력에 굴복하지 않기 위해 최선의 노력을 다하는 것이다. 심지어 그것은 죽음을 무릅쓰는 일이 될 수도 있다.

내재성의 철학에서, 제도적이고 권력적인 폭력에 반항/항거하기 위하여 폭력을 그 수단으로 사용하는 것을 생각할 수 있는가?

다시 우리의 첫 논제로 돌아가 보자. 폭력에 대한 고전적인 문제는 고착화하는 폭력을 종식시키기 위한 과정으로서의 폭력이 허용되느냐 그렇지 않느냐 하는 문제였다. 카뮈는 이 문제에 대하여 완고한 폭력 반대론자로서, 공산주의적 폭력성을 앞에 두고 운신의 폭이 넓지 않았던 전후 프랑스 지식인들 사이에서 공산주의든 아니든 그러한 폭력에 반대하는 입장을 분명히 했다. 그리고 그는 분명하게 "중요한 것은 생명을 구하는 것"이라고 말했다. 상황이 어떠하든 생명이 중요하다고 말하는 것은 중요하다고 생각한다. 원칙적으로 그렇게 말해야 한다. 그런데 이 원칙이 실천적인 맥락에서는 상당히 왜곡되는 경우가 많다. 자기의 생명을 보존하기 위해서, 자식과 가족의 생존을 위해서, 사람들은 쉽게 배신하고, 거짓말하고, 협잡하고, 타락한다. 생명을 위해서 모든 것이 허용되는 것이다. 이런 맥락에서 이상하게도 생명을 중요시하는 입장은 매우 보수적인 정치적 태도로 변질된다. 생명이 모든 죄악의 면죄부가 되는 것이다. 카뮈를 비판했던 당시의 지식인들도 이런 생각을 했을 것이다. 생명과 윤리의 결합에 대한 바디우의 날카로운 비판을 들어 보자.

> '윤리'와 '생명'의 결합은 그 자체로 위협적인 것이다. … 시테 윤리의 정치적 기수인 프랑스의 수상은 "세계의 모든 고통을 다 수용할 수는 없다"고 말하면서, 도대체 어떠한 기준들과 방법으로 그 고통의 어떤 부분을 프랑스가 받아들이고, 또 어떤 부분들에 대해서…. 독점적인 부를 우리가 누리기 위해, 자신이 죽을 장소로 되돌아가라고 수용소에 요청할 것인지에 대해서는 침묵을 지킨다. 그리고 마찬가지로 생명윤리위원회가 … 한편으로 백인과 그들의 행복 그리고 과학적 개선과, 다른 한편으로 괴물들과 고통들 그리고 거추장스러운 광경들에 대한 '품위를 갖춘' 제거를 구분지어 주는, '책임 있고' 명백히 '집합적인' 기준을 고정시킨다는 것은 확실히 불가능한 일이다[있을 수

없는 일이다].[31]

다시 말해서, 생명의 소중함을 말할 때 현실적으로 분절되는 어떤 특정한 존재의 생명을 말한다면 그것은 바디우의 말처럼 매우 위협적이고, 명백히 반동적일 것이다. 왜냐하면 구할 생명과 포기할 생명을 나누어야 하기 때문이다. 그러므로 카뮈가 생명을 구하는 것이 중요하다고 말할 때, 우리는 그 생명이 어떤 생명인지 분명히 해야 한다. 무릎 꿇고 사느니 서서 죽기를 바랄 것이라고 말한 카뮈에게 생명은 결코 그들 중 몇몇의 생명을 구하고자 하는 것이 아니라, 생명 그 자체를 말하는 것이어야 한다. 그러한 의미에서 우리가 상기할 것은 들뢰즈 역시 생명의 철학자로 간주되기도 한다는 점이다. 하지만 그가 말하는 생명은 우리가 이미 지적한 대로, 특정 개인의 유기체적 생명이 아님이 분명하다. 생명과학과 생명철학에 집요한 관심을 가지고 있다고 알려져 있는 피어슨이 들뢰즈의 생명에 대하여 연구한 바에 따르면, 들뢰즈는 그의 사유에 중요한 영향을 끼쳤지만 거의 논의되지 않은 레이몽 뤼예Raymond Ruyer, 질베르 시몽동, 야코브 폰 윅스쿨Jakob von Uexkull로부터 바이스만과 같은 네오다위니즘의 생명관을 이어받았으며,[89] 이들의 생명관은 '생물학적 허무주의'라 부를 수 있는 것으로, "생명의 실체[생식질]가 불사不死라는 것, 개체들에게 가해지는 영향들/효과들에 독립적이라는 것, 때문에 결국 불가항력의 비인

31 알랭 바디우, 『윤리학』, 이종영 옮김, 동문선, 1993, 49~50쪽. 인용문 일부 수정. 대괄호 삽입은 필자.

89 키스 안셀 피어슨, 『싹트는 생명: 들뢰즈의 차이와 반복』, 이정우 옮김, 산해, 2005, 11쪽.

간적인 힘이 도래했다는 것”[90]을 말한다는 점을 분명히 했다.

카뮈와 들뢰즈가 생명을 언급하고 있다고 하더라도, 이들이 말하는 생명은 생명 그 자체이며, 들뢰즈에 이르면 그것은 개체들로부터 독립적인 생명, 비인간학적 힘으로서의 생명이라는 개념에까지 이르게 된다. 이렇게까지 극단화시켰을 경우에만, 카뮈의 모순적인 언명들이 함께 가능하게 된다. 즉, 카뮈가 무엇보다 생명을 구하는 것이 중요하다고 말하고는, 다른 곳에서는 ‘무릎을 꿇고 살기보다는 차라리 서서 죽기를 바랄 것’이라고 말함을 이해할 수 있는 것이다. 중요한 것은 이기적이고 구차한 생명의 보존이 아니다. 이를 다시 바디우의 말로 설명하자면 이렇게 말할 수 있을 것이다. “만일 ‘인간의 권리’가 존재한다면, 그것은 결코 죽음에 대항하는 생명의 권리나 비참함에 대립하는 생존의 권리일 수 없다. 그것은 스스로를 긍정하는 불사의 존재의 권리, 또는 고통과 죽음의 우연성에 대해 지배권을 행사하는 무한성의 권리이다.”[91] 바디우는 주체가 이러한 순간에 탄생하는 것이라 본다. 인간은 처음부터 인간으로 태어나지 않는다. 그는 인간은 생명의 보존에 있어서는 동물과 다르지 않다고 본 것이다. 인간이 인간으로 탄생하는 것은, “거의 이해할 수 없는 저항 같은 것으로 표상되는 미증유의 노력에 의해서”[92]라고 선을 긋는다. 바디우는 인간을 단지 생명으로 규정하는 것이 얼마나 위험한 일인지 상기시키고, 인간을 ‘불사의 것을 위한 거의 이해할 수 없는 저항과 미증유

90 피어슨, 『싹트는 생명』, 26쪽.
91 바디우, 『윤리학』, 19쪽.
92 앞의 책, 같은 쪽.

의 노력'으로 이해한다. 만약 이 '불사의 것'을 카뮈식으로 우리에게 공통된 가치나, 스피노자식으로 인간 모두에게 이로운 것으로 번역할 수 있다면, 인간에 대한 바디우의 이러한 이해는 카뮈와 스피노자 그리고 스피노자를 따르는 들뢰즈와 매우 정합적이다. 물론 바디우는 이후에 진리는 정립적인 것이라고 주장하면서, 이 정립적 진리를 마르크스주의와 등치시키기 때문에(여기에서는 그 불사의 것과 등치시키기 때문에), 우리가 위에서 다룬 자연주의 전통의 사상가들과는 다른 길을 가게 된다. 당연하게도 바디우는 자신이 말하는 그 정립적 진리를 위한 수단으로서의 폭력을 옹호한다. 들뢰즈와 카뮈가 주장하는 생명이라는 것이 바디우가 말하는 그 위협적이고 반동적인 생명 윤리와는 전혀 다른 것이라는 점을 분명히 하고 넘어가자.

그렇다면 카뮈와 들뢰즈는 수단으로서의 폭력을 절대적으로 반대하는가? 카뮈가 이를 반대했다는 것은 이미 분명했다. 들뢰즈는 어떠한가? 우리는 그 단서를 가지고 있지 않다. 그렇다면 이를 조금 더 일반화해 보자. 권력과 제도의 폭력에 대한 항거로서의 폭력의 예는 역사에서 얼마든지 찾아볼 수 있다. 이런 폭력들에 대해서 카뮈나 들뢰즈가 어떤 입장을 가졌는지 확인할 수는 없지만 추측해 볼 수는 있다. 적어도 죽음을 무릅쓰는 일(카뮈)과 인간에게 이로운 것을 추구하는 노력(스피노자-들뢰즈)을 자연적인 것으로 주장하는 한, 그에 동반되는 폭력은 인정할 수 있지 않겠는가? 얼핏 잘못 이해될 수 있는 이러한 용인되는 폭력을 벤야민의 폭력론에 기대어 마무리지어 보고자 한다. 벤야민은 신화적인 폭력과 신적인 폭력을 구분한다.

신화적 폭력은 그 폭력 자체를 위해 단순한 삶에 가해지는 피의 폭력이고, 신적 폭력은 살아 있는 자를 위해 모든 생명 위에 가해지는 순수한 폭력이다. … 그러나 그 폭력[신적 폭력]은 단지 상대적으로, 즉 재화, 법, 생명과 같은 것과 관련해서 파괴적인 것이지 결코 살아 있는 자의 영혼과 관련해서 절대적으로 파괴적인 것은 아니다.[93]

벤야민은 법정립적 폭력을 신화적 폭력이라 불렀다. 그것은 법을 세우고 단죄하는 폭력이다. 그와 반대로 신적 폭력은 어떠한 법을 위한 수단으로서의 폭력이 아니고, "사전에 예측할 수도 없으며 판단의 근거도 마찬가지로 예측할 수 없"[94]는 법해체적 폭력으로서 순수한 폭력이다. 들뢰즈가 벤야민을 참조한 것도 아니고, 들뢰즈와 벤야민을 연결하기 위해서는 많은 작업이 필요하지만, 우리는 여기에서 이 법해체적 폭력을 동일성의 순수한 해체인 차이와 동일시해 보고 싶다. 들뢰즈가 말했고, 이미 우리가 앞서 언급한 바 있는, 그 존재론적인 폭력이 벤야민이 말하는 신적 폭력, 순수한 폭력이 아닐까. 그러므로 그러한 폭력은 의도하지 않은 채로, 수단으로서가 아닌 채로, 예측하지 못한 상황에서, 예측하지 못한 방식으로 나타난다. 왜냐하면 그러한 들뢰즈적 의미의 존재론적 폭력은 언제나 항상 이미 우리의 존재와 더불어 있기 때문이다. 그러므로 들뢰즈와 벤야민을 연결해서 말해 볼 수 있는 한, 정립적인 진리나 초월적인 이념을 부정하는 자연주의의 전통 속에서도 용인되는 폭력은 있을 수 있다. 그러므로 우리

---

93 발터 벤야민, 『역사의 개념에 대하여/폭력비판을 위하여/초현실주의 외(발터 벤야민 선집 5)』, 최성만 옮김, 길, 2009, 111~112쪽.

94 앞의 책, 112~113쪽.

는 다음과 같이 요약할 수 있겠다. 그것은 앞서 요약한 중간적인 결론의 두 번째에 대한 보충 정도가 될 텐데, 자연주의 철학의 전통에서도 폭력은 두 가지로 구분될 수 있다는 것이다. 하나는 고착화하려는 제도적·권력적 폭력이고, 다른 하나는 이 폭력을 제거하려는 수단으로서 제시되었던 진보적 폭력이 아니라, 순수한 폭력으로서 '비자발적으로' 드러나는 신적 폭력이다.

신적 폭력과 함께 도래하는 민중

비인격주의 철학에서 인간이란 무엇인가

우리는 실존주의자 카뮈가 아닌 자연철학자 스피노자로부터도 카뮈 못지않은 실존적인 이야기가 들어 있음을 보았다. 그러므로 다음과 같은 아주 명백한 사실을 인정해야 하리라고 본다. 스피노자는 특권적 주체를 부인한 것이지 인간을 부인한 것은 아니며, 들뢰즈의 비인격주의 역시 스피노자적 의미에서 인격을 특권화하지 않은 것이지 인간을 부정한 것이 아니다. 근대에 그려진 특정한 모습의 특권적인 인간을 부정하는 것이지, 자연주의와 비인격주의가 인간과 인간의 감정, 폭력과 고통, 정서와 그 변용을 말할 수 없는 것이 아니다.

많은 사람들이 주체에 관해, 그리고 특권적인 인간에 관해 말하지 않는 철학은 인간과 관련한 현상들을 적절히 다룰 수 없다고 생각하는 것 같다. 스피노자에 관한 스크러턴의 비판을 보자.

> 스피노자는 인격의 동일성, 고립성 그리고 자기 충족성을 부인하는 듯이 보인다. 그래서 인간은 자연의 일부이고, 바위와 돌과 나무보다

더 중요할 것이 없는 듯이 보인다.[95] … 사실 스피노자는 『데카르트 철학의 원리』*Principle of Cartesian Philosophy*의 서문에서 자신은 코기토에 '명석하고 판명한 관념들'의 권위를 넘어서는 어떤 특별한 권위도 인정하지 않는다는 점을 명백히 한다. 그리고 명석판명한 관념들은 세계를 주관의 관점이 아니라 **영원의 측면**, 달리 말해서 신의 '관점'에서 표현한다는 점을 명백히 한다. … 적확한 관념들이라는 방법에 충실했기에, 스피노자는 결코 자아의 개념을 탐구할 주관적 관점을 그의 우주의 가슴속에 집어넣을 수 없었다. … 스피노자는 삶을 '자아'의 관점에서가 아니라 순수하고 무관심한 사유자의 관점에서 바라본다.[96]

그럼에도 우리는 이러한 관념들에서 스피노자의 감정론의 강점이 아니라 약점을 볼 수 있다. 특히 우리의 감정의 삶에서 가장 중요한 두 측면인 감정의 주체로서의 자아와 대상의 세계(타자)를 설명하지 못한다. … 스피노자의 이론은 이러한 사실('지향성'의 사실)을 인정하지만 근본적으로 잘못 해석한다. 스피노자에게 감정의 '지향성'은, 이미 보았듯이 주변 세계가 아니라 주체의 신체 속에서 실존하는 과정들에 대한 혼란스러운 표상 또는 환상에 불과하다. … 그러므로 나는 당신에 대한 나의 사랑을 그 사랑의 대상인 당신을 이해함에 의해서도 그리고 사랑의 주체인 나 자신을 이해함에 의해서도 이해할 수 없

95 로저 스크러턴, 『스피노자』, 정창호 옮김, 시공사, 2000, 79쪽.
96 앞의 책, 103~105쪽. 밑줄 강조는 필자.

다. 그것은 이상한 침입자인 나의 신체를 이해함으로써 이해된다.[97]

첫 번째 인용문에서 스크러턴은 스피노자의 철학에 대한 일반적인 평가 및 비판으로서, 스피노자가 신의 관점에서 사유하고자 했다는 점, 그리하여 자아라는 인격의 동일성, 고립성, 자기충족성을 인정하지 않는다는 점을 지적한다. 두 번째 인용문에서는 스피노자의 이러한 체계가, 이를테면 인간의 감정에 대하여 적절하게 설명하지 못하는 단점을 가지고 있다고 주장한다. 스크러턴의 입장에서 볼 때, 우리의 감정을 설명하기 위해서는 감정의 주체와 감정의 대상을 설명해야 하는데, 스피노자는 이 둘을 설명할 기제를 가지고 있지 못할 뿐만 아니라, 그것을 도리어 "이상한 침입자인 나의 신체를 이해함으로써 이해"한다는 것이다. 그러나 이것이 과연 단점일까? 이러한 단정은 그가 주체의 존재를 너무 확신하기 때문에 할 수 있는 것이 아닐까? 주체를 의문시한다면, 중요한 것은 주체와 대상이 아니라, 두 존재의 만남에서 벌어지는 일들일 것이다. 그렇다고 해서 나와 타자 자체가 부정되는 것은 아니기 때문에, 이러한 체계 속에서도 충분히 인간의 문제, 인간의 인식과 감정의 문제, 인간과 세계와의 관계의 문제를 다룰 수 있다. 스피노자의 신은 이미 초월적이거나 인격적인 신이 아니기 때문에 중세적인 의미를 잃어버렸고, 이러한 내재성이 들뢰즈에게서 다시 꽃피웠다고 할 때, 들뢰즈의 '비인격주의'에 대해서도 같은 이야기를 할 수 있다. 비인격주의라고 해서 인간에 대한 이야기

97 앞의 책, 118~119쪽. 밑줄 강조는 필자.

를 하지 않는 것은 아니다. 들뢰즈의 다음 이야기는 스피노자의 입장을 들뢰즈식으로 풀어 쓴 것이 아닐까.

> 이런 관점에서 볼 때, 철학 체계의 고유한 역동성을 구성하는 사유가 데카르트의 코기토에서 그렇듯이 깔끔하게 구성되고 완성된 어떤 실체적 주체와 묶일 수 있는지는 확실치 않다. 사유는 오히려 애벌레-주체를 규정하는 조건들 안에서만 견뎌 낼 수 있는 이 끔찍한 운동들에서 나온다. 체계는 오로지 그런 주체들만을 허용한다.[98]

깔끔하게 구성되고 완성된 어떤 실체적 주체라는 것은, 스크러턴이 말한 인격의 동일성, 고립성, 자기충족성에 다름 아닐 것이다. 초월적 이념이나 역사의 목적성 등을 인정하지 않는 내재성의 철학에서는 그 어떤 특권도 인정하지 않기 때문에 주체와 인간, 인격, 자아 등의 독립적 특권을 부인하는 것이지, 그렇다고 해서 인간적인 모든 현상들에 무심한 것은 아니다. 정치-사회적 폭력과 이로부터 비롯되는 고통, 폭력에 대한 항거, 항거로서의 순수한 폭력 등, 역사적으로 이미 벌어졌거나 현실적으로 관찰되는 많은 인간적인 현상들을 비인격주의 철학 역시 다루고 있으며, 우리는 이것을 카뮈와 벤야민 그리고 바디우 등의 도움을 받아, 스피노자적 들뢰즈에게서 발견하려고 노력했고 이를 사유하는 것은 가능하다.

---

98 DR., 267쪽.

부조리… 이 문제를 다루기 위해 우리는 이 고통을 폭력의 문제로 치환할 필요를 느꼈고, 폭력에 대한 고전적인 문제가 무엇인지에 대한 검토를 거쳐, 들뢰즈적 비인격주의가 이러한 현장에서 — 정치 사회적 폭력 앞에서 — 어떤 입장을 위할 것인지를 추론해 보았다. 폭력에 대한 고전적인 문제는 소위 진보적 폭력이라는 것이 허용되는가 하는 것이었는데, 결론에서는 여기서 빠져 있는 문제를 언급하면서 우리의 논의를 마무리하고자 한다.

진보적 폭력이라는 것은 물론 마르크스주의적 폭력을 의미하는 것으로, 공산국가에서 자행되거나 유럽공산당에서 이루어진 현실적인 폭력을 말하는 것이다. 당시 소련의 폭력에 대한 지식인들의 태도는 현재 거의 정리가 된 것 같다. 누가 그 폭력을 옳다고 말하겠는가? 그러나 꼭 '마르크스주의적'이고 '공산국가적인' 폭력이 아닌 다른 폭력이 있을 수 있으며, 그런 의미에서 폭력에 대한 성찰은 여전히 의미가 있다. 그런데 여기에서 빠진 문제가 하나 있으니, 그것은 마르크스적 폭력에 대하여, 그 반대가 되는 자유주의적 폭력은 없는가 하는 점이다. 표면적으로 자유주의는 비폭력과 대화, 평화를 내세운다. 만약 이 언명을 있는 그대로 받아들인다면 폭력을 악으로 보는 입장에서 마르크스주의는 악이요 자유주의는 선일 것이다. 그러나 문제는 그렇게 간단하지 않다. 베르네르는 메를로퐁티의 『휴머니즘과 공포』를 빌려 이 문제를 다음과 같이 정리한다.

> 자유주의자들은 스탈린식의 '공포정치'에 맞서기 위해 '휴머니즘'을 내세웠다. 또한 그들은 칸트를 참조했다. 칸트는 인간을 단순히 수단이 아니라 목적으로 취급해야 한다고 주장한 바 있다. 그러나 메를로

> 퐁티는 스탈린 문제에 이와 비슷한 방법으로 접근하는 것은 '이상적'일 뿐이라고 보았다. 오늘날 인간은 그 어디에서도 목적으로 취급되지 않고 있다는 의미에서 그렇다. 어디를 가든 주인과 노예, 가해자와 피해자가 있다는 것이 메를로퐁티의 생각이었다. 이러한 시각으로 보면 자유주의는 스탈린주의에 비해 더 나을 것이 없다. 칸트적 신념의 설파 뒤에는 인간에 의한 인간의 착취, 식민지, 제국주의 등이 도사리고 있는 것이다.[99]

자유주의가 내세우는 비폭력과 휴머니즘은 착취와 식민지, 제국주의를 은폐하는 기제라는 것이 그들의 생각이다. 그러므로 정치 체제로서 비폭력적인 것은 없다. 따라서 우리는 폭력들을 구분해야 한다. 바디우의 말처럼 폭력은 그 자체로 선이거나 악이지는 않다. 바디우는 그의 철학적 입장에 따라 정립적 진리에 충실한 폭력을 선으로 규정하지만, 정립적 진리를 인정하지 않는 내재성의 철학에서는 이와 관련한 폭력을 선 혹은 악으로 규정할 수 없다. 잘 알려져 있다시피, 존재의 일의성이나 내재성 혹은 자연에서는 선과 악의 구분이라는 자체가 성립하지 않는다. 그런 이유로 우리는 들뢰즈에게서는 발견할 수 없는 폭력들의 구분 기준, 혹은 폭력들을 이르는 말들의 구분을 벤야민에게서 찾아보고자 했다. 어떤 발현으로서의 폭력, 법해체적 폭력은 신적인 폭력인 반면, 법정립적 폭력은 신화적 폭력이다. 바로 이러한 신적 폭력이 발현하는 순간이, 들뢰즈가 말하는 '위대한 순간'[100]

---

99 베르네르, 『폭력에서 전체주의로』, 19쪽. 밑줄 강조는 필자.

100 ID., p. 180. 시간 속에 있으면서도 시간에 저항하는 반시대적인 것(intempestif)과 정치-역사

이 아닐까. 비폭력이라는 것은 환상이며, 모든 폭력이 악이라는 것은 왜곡이다.

부조리한 사회, 억압이 되어 버린 제도, 권위적인 체제 등은 이미 그 자체로 폭력이다. 슬픔 정념에 빠진 약할 대로 약해진 자들이 어느 순간 연대하여 반항하고 무릎을 꿇느니 차라리 서서 죽겠다는 숭고한 마음이 발현될 수 있다. 이러한 자들의 탄생이 바로 '민중'의 탄생일 것이다. 그리고 그것은 '위대한 순간'이다. 그러나 몇몇 사람들이 스스로를 선이라 참칭하고 그 외의 모든 것을 악이라 하는 그때부터 그들은 그 자체로 법정립적인 신화적 폭력이 될 것이다. 폭력에 항거하면서 시작된 세력이라고 해서 그것이 영원히 비폭력의 진영에, 즉 선의 진영에 분류될 것이라고 믿는 것은 적절하지 않다. 스스로가 신화적 폭력이 되지 않기 위해서, '민중'은 혹은 '소수'는 스스로 전쟁기계가 되어야 한다. 선악에 진영은 없다. 자리나 위치도.

적인 요소가 동시에 발생하는 위대한 순간들.

4장 세계와 민중

우리는 세계를 완전히 잃어버렸어요. 완전히 박탈당했죠. 세계를 믿는다는 것,
그것은 아무리 작더라도 통제를 피하는 사건을 촉발하는 것이기도 합니다.
그것은 또한 아무리 축소된 표현 혹은 부피의 것이라 하더라도 새로운 시-공간을
탄생시키는 것이기도 하지요. … 창조création와 민중peuple이 동시에 필요합니다.

— Gilles Deleuze, *Pourpalers*

1. 세계: 위상학적 공간

공간의 문제

현대사회의 조건들은 현대인들의 삶의 양식을 현격하게 변화시켰다. 최근 출시된 챗GPT만으로도 우리는 우리에게 펼쳐질 새로운 삶의 양태를 짐작할 수 없다는 당혹감이 무엇인지 충분히 느낄 수 있다. PC나 인터넷, 스마트폰은 이제 우리 삶의 너무 익숙한 기술적 조건이다. 이러한 기술과 더불어 "즉각적이고 지구적인 소통이 도래한 이래, 우리 자신, 우리의 몸, 도시와 공동체 안에서의 우리의 장소, 그리고 미래와의 관계를 이해하는 방식이 변화"[1]한 것이다. 그리고 이러한 변화는 우리에게 모든 인문학적 주제들에 대한 새로운 접근과 그

1 Elizabeth Grosz, *Architecture from the Outside*, Massachusetts: MIT Press, 2001, p. 51.

근거를 요구하고 있는 것으로 보인다. 문화인류학자 아파두라이는 현대사회의 이러한 조건을 다음과 같이 구체적으로 묘사한다. "터키 출신의 임시 노동자들이 독일의 싸구려 아파트에서 터키 영화를 보고, 필라델피아의 한국인들이 위성방송을 통해 88 올림픽을 시청하며, 시카고의 파키스탄인 택시 운전사들이 파키스탄이나 이란의 이슬람교 사원에서 녹음된 찬송가 테이프를 듣는 현재의 세계에서, 우리는 **재빨리 옮겨 다니는 이미지들과 탈영토화된 관객들**을 만나고 있음을 알게 된다."[2] 그는 특히나 대량 이주와 매체를 현대의 조건으로 보고 있는데, 이 현상이 대량으로 유통되는 **이미지와 가상**적인 대본들, 대중적 **감각** 등의 급속한 **흐름**과 연합될 때, 국민국가를 중심으로 하는 전통적인 이론들이 무력화될 것이며, 이는 우리가 상상력의 작용을 요구하는 새로운 종류의 힘에 노출되어 있다는 점을 보여 주는 것이라고 진단한다.[3] 우리는 아파두라이로부터 인용한 문장에서 '이미지', '가상', '감각', '흐름', '힘' 등의 현대 철학적 개념들을 발견할 수 있고, 그로츠의 인용문에서도 역시 '가상'과 '이미지' 그리고 '속도'에 이르는 철학적 개념들을 추출해 낼 수 있다. 그리고 이러한 개념들을 통한 이들의 진단의 초점은 장소, 혹은 공간에 가 있다. 현대적 기술 덕분에 지구적 거리를 짧은 시간에 주파할 수 있는 지금, 장소는 더 이상 예전처럼 '안정적으로' 인지될 수 없기 때문이다. 이러한 불안정한 장소는, 이미지와 흐름, 힘 등으로 다시 표상되고 있는바, 이

2 아르준 아파두라이, 『고삐 풀린 현대성』, 차원현·채호석·배개화 옮김, 현실문화연구, 2004, 12쪽. 고딕 강조는 필자.

3 앞의 책, 같은 쪽.

미 철학 외부에서 이러한 공간에 대한 사유가 진행되고 있다.

사회이론에서 공간적 전회

1993년에 출판된 소자E. Soja의 저서 『공간과 비판사회이론』 제1장은 "베르그손부터였던가, 그전부터였던가? 공간은 죽은 것, 고정된 것, 비변증법적인 것, 정지된 것으로 간주되었다. 반면에 시간은 풍요로움, 비옥함, 생생함, 변증법적인 것으로 간주되었다"라는 푸코의 말을 인용하면서 시작된다.[4] 소자는 사회이론의 시간에 대한 과도한 집착과 역사주의에 대한 과대평가를 비판하면서, "지속durée에 초점을 둘 때 … 따르는 예리한 통찰력의 깊이가 똑같이 공간성에도 존재한다고 바라보는 비판적 시각"[5]을 '비판사회이론'이라 이름 붙이고, 이 이론을 미셸 푸코와 존 버거를 거쳐 앙리 르페브르를 중심으로 재구성하고자 한다. 슈뢰르Markus Schroer의 저서 『공간, 장소, 경계』에 머리말을 쓴 크라카우어의 말을 들어 보더라도 공간이 문화사회학적 관심의 대상이 된 것은 대체로 1990년대인 것 같다. "시간이나 공간이라는 관점은 둘 다 1970년대의 사회학이론 정립에서는 등한시되었다. 그 이후 시간 주제에 대해서는 수많은 연구들이 나왔지만, 사회학이 공간 주제에서 다루지 않은 연구의 틈을 메우기 시작한 것은 불과 몇 년 전부터이다. 1990년대 초 … 공간 주제에 대한 관심이 활발

4 에드워드 소자, 『공간과 비판사회이론』, 이무용 외 옮김, 시각과언어, 1997, 21쪽. 인용된 푸코의 문건은, Foucault, "Questions on Geography", ed. C. Gordon, *Power/Knowledge: Selected Interviews and Other Writings 1972-1977*, New York: Pantheon Books, 1980, p. 70.

5 앞의 책, 22쪽.

해졌다."[6] 슈테판 귄첼 역시 비슷한 진단을 내린다. "1990년대부터 방법과 주제의 측면에서 문화학의 향방에 중요한 영향을 행사한 패러다임 전환 중에서 가장 눈에 띄는 것은 공간적 전회이다."[7] 그러니까 1990년대를 전후로 하여, 베르그손, 마르크스 등을 잇는 역사주의적 문화사회이론을 비판하거나 대립각을 세우는 공간에 기초한 문화사회이론이 등장했다고 보아도 무방해 보인다. 그리고 사람들은 이를 소위 '공간적 전회'라 부르는 것 같다.

'공간적 전회'라는 말은 위에서 살펴보았듯이 일정 분야에서 이미 공인된 말인 것처럼 여겨지면서 당연시되는 경향이 있는데, 사실 공간적 전회가 무엇인지, 이때 사용되고 있는 공간 개념이 어떤 개념인지는 여전히 애매한 상태에 있다고 할 수 있다. 우리의 논의는 바로 이 지점에 개입한다. 공간적 전회란 과연 어떤 전회를 말하는 것인가? 그것은 소자의 말처럼 사회를 대상으로 하는 사유에 있어서 시간 우월적 사유가 공간 우위의 사유로 전환되었음을 의미하는 것일까? 공간적 전회에 관한 귄첼의 설명을 들어 보면 문제가 그렇게 간단하지는 않다. 그는 역사적으로 공간적 전회가 이전에 한 번 더 있었음을 상기시키면서 20세기에 일어난 공간적 전회를 이와 비교한다. 공간을 사물들 자체의 속성으로 파악해 오던 전통적인 철학적 이해가 칸트에 의해서 감성의 선험적 형식으로 내재화된 것이 첫 번째 공간적 전회이다. 그러나 칸트 시대의 공간 개념이 인식론적 배경에서

6 지크프리트 크라카우어, 「머릿말」, 마르쿠스 슈뢰르, 『공간, 장소, 경계』, 정인모·배정희 옮김, 에코리브르, 2010, 9쪽.

7 슈테판 귄첼, 「공간, 지형학, 위상학」, 슈테판 귄첼 엮음, 『토폴로지: 문화학과 매체학에서 공간 연구』, 이기홍 옮김, 에코리브르, 2010, 12쪽.

파악된 것과는 달리, "20세기 공간 개념은 정치적 이해관계의 배후에서 파악되었다. … 공간은 … 자연공간이 문화적으로 병합되었을 경우, 자연공간의 그러한 장악은 합법이라는 식의 팽창 지향적인 사고 또는 제국주의적 사고를 표현하는 개념"[8]이었기 때문이다. 이 맥락에서의 공간적 전회는 특정 공간 개념이 팽창주의적 사고와 맺는 관계를 밝혀 내려는 학자들의 노력의 결과이자 현상으로 이해된다. 이때의 공간은 주체에 선험적으로 주어져 있는 것으로 이해되지도 않고, 자연에 의해 결정되며 자연에 의존하는 것으로 이해되지도 않는다. 이러한 생각을 토대로 한 지리학을 '기능론적 지리학'이라 하는데 그 대표자인 프랑스의 역사학자이자 지리학자 비달 드 라 블라슈Paul Vidal de la Blache의 사고방식에 영향을 받아, 역사 분야에서 블로흐Marc Bloch, 브로델Ferdinand Braudel 등의 아날학파가 탄생한다. 이들의 업적은 공간에 대한 사유에 있어서 실체론적 표상과의 단절을 완수하였다는 점에 있다.[9] 즉 공간이 실체적으로 존재한다거나, 지리적으로 결정된다는 사고방식이 완전히 폐기되고, 자연이 문화와 기능적으로 맞물려 있는 것으로서의 공간 표상이 등장했다는 것이다.

논의가 이렇게 될 경우에 공간적 전회의 의미는 복잡해지며 새로운 양상으로 우리에게 다가온다. 소자의 야심 찬 기획은 시간과 공간의 본질상의 완벽한 분리를 기반으로 한 것으로서, 이럴 경우 공간이 아무리 실체론적으로 사유된 것이 아니라 할지라도 결코 시간성으로 환원되어서는 안 된다. 그런데 1990년대를 전후로 하는 공간적

8 앞의 글, 13~14쪽.

9 앞의 글, 14~15쪽.

전회를 칸트식의 인식론적 공간 전회와는 다른 방식으로 이해하는 귄첼의 방식을 따라가다 보면, 이 공간이라는 것은 문화와 자연이 기능적으로 맞물린 공간이어야만 한다. 문화와 기능적으로 맞물려 있다는 이 공간은 어떤 공간인가? 그 공간은 여전히 시간과 대립각을 세우는 그러한 공간인가? 귄첼은 다음과 같이 말한다. "공간적 전회의 결과, 유일무이한 바로 '그 공간'이 무엇인가를 연구하려는 시도는 이제 완전히 포기되기에 이르렀다."[10] 문화와 자연이 기능적으로 맞물려 있는 공간을 어떻게 '공간적인 것'으로 규정할 수 있겠는가? 문화, 자연, 맞물림 모두 공간, 외연, 장소 등으로 완전히 환원될 수 없는데 말이다. 그렇다면 1990년대의 공간적 전회는 어떻게 이해되어야 하는가? '공간적 전회'에 대한 소자와 귄첼의 진단이 이렇게 달라지는 것은 무엇 때문인가? 우선 사회과학에 대한 소자의 야심을 들어보자.

> 적어도 지난 세기 동안 시간과 역사는 실천적이고 이론적인 서구 맑스주의의 의식과 비판 사회과학에서 특권적인 위치를 차지해 왔다. … 하지만 오늘날 우리에게 결과를 숨기는 것은 시간이 아니라 공간이고(존 버거의 말), 가장 뜻깊은 전술과 이론의 세계를 제공해 주는 것은 '역사의 창출'이 아니라 '지리의 창출'일지 모른다. 이것이 포스트모던 지리학의 일관된 전제이자 전망이다.[11]

10 귄첼, 「공간, 지형학, 위상학」, 15쪽.
11 소자, 『공간과 비판사회이론』, 9쪽. 밑줄 강조는 필자.

여기에서 소자는 분명히 공간을 시간과 대립시키고 있다. 그러나 다음 고찰들을 살펴보면 반드시 그러한 것만은 아니다.

> 사람들이 지리적 현상을 바라볼 때 그들이 보는 것은 매우 동시적인 현상들이다. 하지만 언어는 순차적인 연속성을 요구한다. 즉 두 개의 대상(혹은 단어)은 … 바로 그 똑같은 장소를 점유할 수 없다는 지구상의 가장 공간적인 제약에 언어가 얽매여 있기 때문에 선형적인 흐름으로 문장을 구성할 수밖에 없다. 우리가 할 수 있는 것은 널리 만연해 있는 시간의 낟알 속에 공간을 삽입하고 강조해 보면서 창조적으로 재구성하여 시공간을 병존시키는 것이다.[12]

> 우리는 연속적으로 전개되는 줄거리와 이야기 구성 속에서 당당하게 활보하며 지속적으로 축적되는 역사에 더 이상 의존할 수 없다. 왜냐하면 시간적인 성질에 어울리지 않는 무수히 많은 일들이 벌어지고 있고 측면에서 줄거리를 지속적으로 가로지르는 것이 너무 많기 때문이다.[13]

위의 두 인용문에서 읽어 낼 수 있는 것은, 첫째, 소자가 생각하는 시간이라는 것은 '연속'이라는 점, 둘째, 그가 공간/지리학을 내세우는 이유는 '시간적인 성질에 어울리지 않는 무수히 많은 일들이 벌어지고 있기 때문'이라는 점이다. 즉 그는 공간이 무엇인지 적극적으

12 앞의 책, 11쪽. 밑줄 강조는 필자.
13 앞의 책, 36쪽. 밑줄 강조는 필자.

로 규정하지 않으면서, 오직 시간을 연속으로 규정하고 연속에 어울리지 않는 일들이 많으므로 공간적 사유가 필요하다고 주장하고 있는 것이다. 다시 말해서 그가 말하는 시간은 연속적인 것으로 간주되는 역사적 시간일 뿐이다. 그러므로 연속이라는 시간적 성질에 어울리지 않는 일들이 반드시 시간과 대립각을 이루는 공간에서 일어나는 것은 아니다. 결국 필자가 '공간적 전회'에 대한 소자와 권첼의 진단을 비교하여 논의를 펼친 이유는, 사실상 사회과학에서 널리 쓰이고 있는 이 '공간'이라는 개념은 우리가 생각하는 것과는 달리 잘 규정된 개념이 아니라는 점을 밝히고 싶었기 때문이다. 소자는 시공간을 병존시키자고는 하나, 여전히 시간과 공간에 대한 고전적인 대립적 구분에 근거하여 논의를 펼치고 있다. 즉 시간은 연속이고, 공간은 외연적 동시성이다. 그러나 공간이 더 이상 실체론적으로 사유되지 않는 것과 마찬가지로 시간은 더 이상 연속성으로 사유되지 않는다. 이럴 경우 1990년대의 공간적 전회를 설명할 수 있는 개념 틀은 공간과 시간에 대한 이러한 고전적인 구분에 근거할 수 없다. 권첼은 이를 다음과 같이 정리한다. "한편으로는 공간과 관련해 '영원성'[공간에 대한 실체론적 사유]을 다른 한편으로는 '사라짐'[교통과 통신 등의 발달이 야기하는 시간성 속에서 공간의 폐기]을 얘기"하는 현 시점에서 더 이상 "'시간'과 '공간'을 대결시키거나 실체론적 공간 표상을 부활시킬 필요는 없[으며], 대안이 있다면, 공간성이라는 것을 위상학적으로 이해하는 것"이다.[14] 공간을 고전적으로 사유하면 공간은

14 권첼, 「공간, 지형학, 위상학」, 15~16쪽. 대괄호 삽입과 밑줄 강조는 필자.

시간과 관련하여 영원히 존재하거나 사라져 버린다. 그것은 시간을 벗어나기 때문에 영원하고, 시간 속에서는 당연히 사라진다. 그러므로 공간을 고전적인 의미의 실체론적으로 사유하지 않는다 함은, 상관적으로 시간을 연속성으로 사유하지 않는다 함과 같은 뜻을 갖게 된다. 그렇게 되면 시공간은 서로 뒤섞이며, 이러한 것이 바로 소자가 지적한 "줄거리를 지속적으로 가로지르는 것"의 의미이다. 줄거리를 지속적으로 가로지르는 것은 (연속적인) 시간성으로 설명할 수 없다고 말하는 것과 똑같은 의미에서 (실체적인) 공간성으로도 설명할 수 없다.

들뢰즈의 공간

들뢰즈는 시간과 생명의 철학자로 흔히 알려져 있으나, 이 또한 위의 논의의 맥락에서 볼 때 그렇게 분명한 사실이 아니다. 왜냐하면 그의 생명은 보통 쉽게 동일시할 수도 있을 베르그손의 지속과는 다르기 때문이다. 이러한 점은 언어에 대한 그의 다음과 같은 입장으로부터도 재확인할 수 있다. 들뢰즈는 구조언어학을 비껴가면서 화용론에서 인간 언어행위의 조건이 된다고 간주하는 발화체énoncé를 대두시키고 그 내용과 표현이 무엇인지를 제시한 바 있는데, 베르그손의 지속/생명의 약동과 들뢰즈의 사건/(무기적) 생명을 비교하기 위해 다음 부분을 인용해 보는 것이 좋겠다.

> '발화체의 내용'에 부합하는 배치들은 생성과 강도, 강한 순환, 어떤 다양체들 … 로 가득 차 있습니다. 그리고 '발화체의 표현'에 부합하

는 배치들은 조금도 미규정적이지 않은 부정관사나 부정대명사 …, 미분화된 것은 아니지만 과정을 나타내는 부정법 동사, 또 사람이 아니라 사건을 지칭하는 고유명사 … 를 다룹니다.[15]

이 인용문에 나와 있다시피, 들뢰즈가 관심을 갖는 무기적 생명인 사건은 부정관사, 부정대명사, 부정법 동사, 고유명사에 관련한다. 즉, "지속 개념에는 시간 개념이 함축되어 있"는 반면 '부정법'이라는 문법 용어가 말해 주듯이 "특이성[순수 사건]은 지속하는 것이 아니라 시간 자체를 벗어나는 존재"[16]인 것이다. 다시 말해서, 들뢰즈의 차이는 "부정법-되기들"infinitifs-devenirs[17]이라는 낱말이 보여 주듯이, 니체/베르그손의 지속과 생명 중심의 철학적 흐름과 라이프니츠/스피노자의 합리적 전통이 절묘하게 종합된 개념인 것이다. 시간의 흐름과 그 연쇄를 벗어나 있는 '부정법'과, 생명의 운동을 표현하는 '되기'의 종합: "거기에 부정법 동사와 같은 생성의 선들이 있다."[18] 즉 들뢰즈는 시간과 생명의 철학자이기는 하지만, 그 시간은 지속이나 연속이 아니며, 시간의 철학에서 들뢰즈의 업적 또는 기여라고 평가받는 시간의 세 번째 종합에서 이르러서는 이미 상당히 공간적인 시간인 것이다. 시간의 세 번째 종합 자체가 시간의 흐름과는 전혀 상관이 없는 집합, 계열, 그리고 내용을 비운 텅 빈 형식이 되어 버리기 때문이다.[19]

---

15 D., p. 97/146쪽.
16 이정우, 『사건의 철학』, 철학아카데미, 2003, 226쪽.
17 D., p. 119/180쪽.
18 D., p. 82, 86.
19 DR., p. 120.

게다가 다음과 같은 곳에서는 마치 자신을 공간의 철학자로 제시하는 듯 보이기조차 하다. "양태들에 관한 지리적 지도 제작이 개체들에 대한 역사적 발생을 대체한다"[20]면서, 몸을 위도와 경도 그리고 좌표로 정의할 때, 우리는 그를 여전히 시간의 철학자라 부를 수 있을까? 즉, 그에게서는 시간을 논의할 때조차 이미 공간적인 개념이 들어오며, 반대로 그가 지리학적 공간을 말할 때조차 이미 그 공간은 외연적 공간이 아닌 것이다.

그런데 도엘이 지적하기로는 "공간과학자들 사이에서, 들뢰즈는 가타리와 함께 쓴 『자본주의와 분열증 1, 2』라는 두 권의 저서로 가장 잘 알려져 있다".[21] 이 두 책에 나오는 여러 개념들, 이를테면 영토화, 탈영토화, 재영토화, 고원, 리좀, 다양체, 매끈한 것[공간], 홈 패인 것[공간] 등이 기존의 공간과는 다르게 공간을 개념화하고 있기 때문이다. 그러나 이러한 개념들이 어떻게 쓰이는지를 들여다보면, 이것이 과연 공간에 대한 개념인지 자문하게 될 것이다. 들뢰즈가 재영토화의 양상으로 든 예들은 다음과 같다: 첫째, 예비역 군인조합과 같은 토속적 형태. 둘째, 바스크, 아이리시 카톨릭과 같은 문제, 인종적 소수와 같은 혁명적 임무와 파시즘의 현대적 형태. 셋째, 국가에 의해 조작되는 권력의 개인화.[22] 군인조합, 인종적 소수의 파시즘, 권력의 개인화 등이 '재영토화'라는 개념으로 이해되고 있는 것이

---

20 MP., p. 318.

21 Doel, Marcus A., "Un-glunking Geography; Spatial Science after Dr. Seuss and Gilles Deleuze", eds. by Mike Crang and Nigel Thrift, *Thinking Space*, London and New York: Routledge, 2000, pp. 120~121.

22 AO., pp. 306~307.

다. 즉 '영토'는 이미 들뢰즈에게서 물리적 공간을 지칭하고 있지 않다. 이어서 '고원'plateau 개념이 어떻게 정의되고 있는지도 살펴보자. "고원은 중간에 있지 시작이나 끝에 있지 않다. … [그것은] 자기 자신 위에서 진동하고, 정점이나 외부 목적을 향하지 않으면서 자기 자신을 전개하는, 강렬함들이 연속되는 지역"[23]이다. 고원이라는 장소가 중간에 있다는 말도 애매하지만, 진동과 강렬함들이 연속되는 지역이라는 것은 어떤 장소를 지칭하는 것일까? 도엘은 이를 다음과 같이 분석하였다. "포스트구조주의 지리학은 공간, 시간 그리고 장소에 관한 점묘법적 분절을 해체하면서 탄생했다. 이러한 사유의 이미지와 일치하여, 장 보드리야르, 엘렌 식수, 자크 데리다, 미셸 푸코, 펠릭스 가타리, 뤼스 이리가레, 장 프랑수아 리오타르, 앙리 미쇼, 군나르 올슨 그리고 많은 다른 철학자들이 내가 공간과 시간에 대한 '점묘법적' 표상이라 이름 붙인 것을 깨려고 노력했다."[24] 다시 말하면, 들뢰즈의 '영토'나 '고원' 혹은 '리좀' 등의 공간적, 지리적 개념들은 전통적인 지리학과 전혀 다른 지리학을 근거 짓거나 요구하는 개념들로서, 우리가 위에서 이미 언급한 현대사회의 조건들을 설명할 수 있는 '공간'에 관한 새로운 개념들이며, 도엘에 따르면 이러한 공간은 소위 '점묘법적'이지 않다. 이 논의는 후에 다룰 것이다. 그러므로 들뢰즈의 새로운 공간 개념을 단순히 어휘가 주는 공간적 함의에 따라 '영토'나 '고원'에서만 찾으려 한다면, 과연 그것이 어떤 공간인지를 알 길이 없으리라고 본다.

23 MP., 48쪽.

24 Doel, "Un-glunking Geography", p. 122.

그의 공간 개념은 오히려 다음과 같은 우주론적 언급에서 그 이해의 단서를 찾아야만 할 것이다. 들뢰즈는 베르그손의 말을 빌려 이렇게 말한다. "지각이 공간을 마련하는 것과 행동이 시간을 마련하는 것은 정확히 같은 비율로 이루어진다."[25] 우주와 생명체를 다루는 부분에서 들뢰즈는 베르그손을 따라 지각을 불확정적 중심인 주관의 생략과 감산으로 이해하고, 행동은 이 불확정적 중심의 지연된 반응으로 이해한다. 그리하여 뜨거운 우주가 식어 가고 입자들의 운동 속도도 동시에 느려지면서 탄생하는 생명체라는 것은 오로지 '간격'일 뿐이며, "간격이라는 동일한 현상이 내 행위 속에서는 시간이라는 개념으로 표현되고, 나의 지각 속에서는 공간이라는 개념으로 표현되는 것이다".[26] 이는 공간을 시간으로 보는 견해로서, 적어도 우리는 이 지점에서 들뢰즈의 공간이 시간성으로 이해될 것이라는 점을 짐작할 수 있을 것이다. 들뢰즈의 시간은, 베르그손의 지속을 상당 부분 흡수한 것으로서, 그의 '차이' 존재를 근거 짓는다. 그것은 비가시적인 것으로서, 질적인 다수성이며 이질성으로 이해되고, 이는 다시 현재적인/현실적인 다수들을 생산하는 근거가 된다. 이런 식으로 본다면 그의 공간은, [또는 포스트구조주의 공간은] 비가시적인 것으로서 질적인 다수성이며 이질성일 것이고, 현실적인 다수 공간을 생산하는 근거가 될 것이다. 이 비가시성이 '잠재성'virtuel으로 불린다는 것은 잘 알려진 사실이며, 바로 이 용어 때문에 새로운 공간/포스트구조주의

---

25 Henry Bergson, *Matière et mémoire*, dans Oeuvres, Paris: P.U.F, 1959, p. 183. C1., 126쪽에서 재인용.

26 C1., 126쪽.

공간을 말할 때는 언제나 가상공간, 사이버스페이스, 온라인 등이 그 관심의 대상이 되곤 한다.[27] 이러한 공간이 과연 들뢰즈의 그 공간인지에 대해서는 논의가 진행되면서 차차 밝혀지리라 기대해 본다. 들뢰즈의 시간을 근거로 그의 공간론을 짐작해 보았는데, 들뢰즈 철학에 기대어 공간과 건축을 이해해 보려고 노력한 그로츠의 언급이 이 맥락에서 가장 적절하게 인용될 수 있을 것 같다. "나는 시간의 확장과 공간의 모순 사이에 여전히 부드러운 수학적 제휴가 있다는 단순히 아인슈타인적 시-공간의 통찰을 확인하려는 것이 아니다. 마치 지속의 배치 혹은 지속의 운동이 변주하는 것처럼, 공간 자체의 배치가 바로 이질적이라는 점을 [말하고 싶은 것이다]."[28] 마찬가지로 우리가 말하고 싶은 것 역시 들뢰즈에게 있어서 시간과 공간이 어떤 밀접한 제휴관계가 있다는 것이 아니며, 마치 지속처럼 공간이란 이질적 배치라는 것이다. 그러므로 들뢰즈로부터 우리가 말하고자 하는 것은, 하비가 지적하는 것과 같은 '시간을 통한 공간의 소멸'[29]이 아니라, 시간성으로서의 공간이라는 공간 개념의 전격적인 탈바꿈이다.

---

27 하비는 정보혁명을 통해 '공간의 탈물질화' 또는 '사이버공간'이 형성되었다고 보는데(David Harvey, *Spaces of Hope*, Berkeley: University of California Press, 2000; 『희망의 공간』, 최병두 외 옮김, 한울, 2001, 98쪽), 이 역시 들뢰즈 철학을 통해 이해해 볼 수도 있을 것이다. 그러나 들뢰즈의 공간에 대한 생각은 현대적인 조건(이를테면 정보혁명)에서만 적용 가능한 시대적인 것이 아니라, 이미 밝혔듯이 우주에 대한 근본적인 사유에서 유래한 것이다. 공간에 대한 사유조건을 정보혁명으로 놓자마자 그 조건은 이미 공간에 대한 사유를 상당 부분 제한하게 될 것이다. 새로운 공간에 대한 사유조건이 들뢰즈에게서처럼 우주론일 경우는 문제가 또 달라질 것이다. 이러한 차이가 이후에 유토피아에 대한 생각의 차이로 발전한다. 이는 후에 제시된다.

28 Grosz, *Architecture from the Outside*, p. 128.

29 Harvey, *Spaces of Hope*; 『희망의 공간』, 94쪽.

그렇다면 이질적이며 다수적인 배치로서의 공간이란 무엇이며, 과연 이 공간은 우리에게 어떤 문제들을 제기하고 또한 어떤 비전을 제시하는가?

점과 선

들뢰즈적 공간의 정체를 밝히기 위해, 우선 위에서 이미 언급되었던 도엘의 진단을 따라가 보기로 하자. 그는 "포스트구조주의 지리학은 공간, 시간 그리고 장소에 관한 점묘법적 분절을 해체하면서 탄생했다"고 말한 바 있다. '점묘법적 분절'이라는 것은 도엘의 개념으로서, 그는 이 개념으로 전통적인 지리학/공간학을 정의하려고 한다. 그에 따르면, "지리학과 지리학자들은 점들에 집중한다: 현장, 장소, 조직의 중심, 정수(수학), 피적분함수, 총수wholes, 디지트digit, 정체성, 차이, 자기, 동일성, 타자, 입장, 반대 입장, 이열, 삼열, 등등. 선들은 점들 사이를 달리고, 표면은 선들로부터 확장되며, 부피는 표면으로부터 펼쳐진다".[30] 전통적인 지리학은 점으로부터 시작하여, 선, 면, 부피로 나아간다. 물론 이는 수학적으로 볼 때 차원이 증가하는 순서이기도 하며, 존재를 정지점으로부터 사유한 그리스 철학으로부터 이어져 내려온 모든 응용학문의 바탕으로서의 형이상학이기도 하다. 그렇다면 들뢰즈의 공간학은 어떠한가? 도엘이 말한 그 점묘법적 분절의 해체는 어떤 결과를 가져오는가? 그것은 점과 선의 논리적이고

30 Doel, "Un-glunking Geography", p. 120.

도 존재론적인 역전이다. 들뢰즈는 이렇게 말한다. "속도가 점을 선으로 변형시킬 것이다."[31] 이 언설의 의미를 이해하기 위해서는, 앞서 개략적으로 살펴보았던 공간의 우주론적 이해를 좀 더 심화시킬 필요가 있으리라고 본다. 들뢰즈는 베르그손이 『물질과 기억』에서 일부러 남긴 빈 곳을 메우는 것이 어렵지 않다고 하면서 이렇게 말한다.

> 생물학자들은 지구가 아주 뜨거웠을 때에는 이런 현상 [중심이 부재하는 우주에 축과 중심, 왼쪽과 오른쪽, 위와 아래가 만들어지는 현상]이 아직 일어날 수 없었다고 말한다. 그러므로 빛의 확산에 장애가 되는 최초의 불투명성, 최초의 화면들과 상관적인 관계를 지닌 내재성의 면의 냉각에 대하여 생각해 보아야 할 것이다. 여기서 단단하거나 기하학적인 고체 또는 실체들의 최초의 윤곽이 형성된다.[32]

우주에 대한 현대과학의 성과와 함께 가는 위와 같은 사유는, 고대 그리스 이래로 전해 내려왔던 우주론과는 그 이해의 성격이 판이하게 다르다. 들뢰즈는 뜨거움과 냉각, 빠름과 느림으로 우주와 생명체의 발생을 설명하는데, 발생적으로나 논리적으로 우선시되는 것은 냉각과 느림이 아니라 뜨거움과 빠름이다. 즉, 현대과학과 들뢰즈의 우주에서는, 정지로부터 움직임을 설명하는 것이 아니라, 움직임으로부터 정지를 사유해야만 하는 것이다. 그리하여 우리는 "속도가 점을 선으로 변형시킬 것"이라는 들뢰즈의 말이 무엇을 의미하는지 이해

---

31 MP., 54쪽.
32 C1., 123쪽.

할 수 있게 된다. 이에 따르면 이제 지리학자들은 점들에 집중해서는 안 되며, 오히려 선들에, 다른 말로 하면, 흐름들에 집중해야만 한다. 점에서 선으로의 이동. 이것이 지리학/공간과학에 있어서의 현격한 변화, 혹은 그에 대한 현대 철학의 기여이며, 이러한 작업에는 들뢰즈 외에 "장 보드리야르, 엘렌 식수, 자크 데리다, 미셸 푸코, 펠릭스 가타리, 뤼스 이리가레, 장 프랑수아 리오타르, 앙리 미쇼, 군나르 올슨"[33] 등이 참여하게 된다.

들뢰즈는 점들로부터 사유하는 대표적인 양상을 나무-구조라 부르고, 선과 흐름으로부터 사유하는 양상을 리좀(땅 밑 줄기, 구근이나 덩이줄기를 이르는 말[34])이라 부르는데, 이는 공간과학에 많은 시사점을 준다. 아리스토텔레스의 종-유-존재의 나무-구조로부터 시작하여 생물학의 생물분류 구조에 이르기까지, 어떤 종류의 응용학문을 보아도 그 분류의 구조가 나무-구조가 아닌 것이 없다. 만약 리좀이 사유의 모델이 된다면 어떻게 될 것인가? 우선 리좀에 대한 들뢰즈의 설명을 들어 보자.

> 리좀은 단위들로 이루어져 있지 않고, 차원들 또는 차라리 움직이는 방향들로 이루어져 있다.[35]

리좀은 선들로만 이루어져 있다. 반대로 구조는 점들과 위치들의 집

33 Doel, "Un-glunking Geography", p. 122.

34 MP., 18쪽.

35 MP., 47쪽.

합 그리고 이 점들 사이의 이항관계들과 이 위치들 사이의 일대일 대응 관계들의 집합에 의해 정의된다. … 우리는 그런 선들이나 윤곽선들을 나무 유형의 계통들과 혼동하지 말아야 한다. 나무 유형의 계통들은 연결된다 해도 단지 점들과 위치들 사이에서만 자리가 정해질 수 있기 때문이다.[36]

선으로부터 점이 발생한다는 것은, 0차원인 점을 이동시켜 1차원인 선을 만들어 내는 과정과 그 순서와 방향이 완전히 반대이다. 이제 정지점으로서의 단위는 없으며, 있는 것은 방향과 차원뿐이다. 벡터들, 차원들의 교차와 느려짐이라는 두 요소가 점 혹은 단위처럼 보이는 것들을 만들어 내는 것이다. 그런 경우에 우리는 무엇을 관찰해야 하는가? "아이들의 흐름, 제자리걸음을 하고 길게 늘어서고 서둘러 가는 행진의 흐름, 행렬의 맨 앞의 늙은 수도사에게 아이들이 와서 털어놓는 모든 고백의 기호적 흐름, 욕망과 성의 흐름, 사랑을 찾아 떠나온 각각의 아이들…"[37]을 관찰해야 하는 것이다. 이때 아이들이라는 정지점, 늙은 수도사라는 정지점이 이동하는 것이 아니다. 흐름들의 우발적 만남이 어떤 아이를 탄생시키고, 어떤 늙은 수도사를 탄생시키는 것이다. 들뢰즈가 언제나 중요하게 생각했던 것이기도 하지만, 이러한 맥락에서 도엘은 다음과 같이 들뢰즈의 공간학을 정리한다. "들뢰즈가 지나간 자리를 따라가면, 공간과학에 남는 것은 접속의 놀

---

36 MP., 46쪽. 밑줄 강조는 필자.

37 MP., 51쪽.

이뿐이다. (그리고… 그리고… 그리고)"[38] 흐름으로부터 정지점을 사유할 것, 선들의 접속으로부터 점을 사유할 것. 이것이 들뢰즈 공간학의 핵심일 것이다.

그렇다면 과연 이러한 사유의 역전은 구체적으로 어떤 양상을 띠는가? 이를 위해서 우리는 정착적인 것sédentaire과 유목적인 것nomadique이라는 두 개념을 도입해야 한다. 대중화된 들뢰즈 철학은 보통 유목주의로 불리며, 이는 그 어디에도 정박하지 않고 이리저리 떠돌아다니는 삶의 양식으로 이해되곤 한다. 선으로부터 점을 사유하는 유목주의가 과연 정박하지 않는 삶에 대한 권고일 것인가? '유목적'이라는 것은 무엇이고, 이것의 공간적 함의는 무엇인가?

> 토인비는 엄격한 의미에서, 그리고 지리적인 의미에서, 유목민이란 이주민도 아니고 여행자도 아니라는 것을 보여 줍니다. 오히려 유목민이란 움직이지 않는 사람들, 제자리에서 형성되는 도주선을 따라 부동의 상태에서 성큼성큼 걸어 다니는, 스텝 초원에 꼭 달라붙어 사는 사람들, **가장 위대한 신무기 개발자들**이라고 토인비는 말합니다.[39]

유목적이라는 것을 "여기에서 저기로 떠도는, 혹은 부유하는"으로 이해해서는 안 된다. 왜냐하면 이러한 이해는 이미 '여기'와 '저기'라는 공간적 정지점들을 전제하고 있기 때문이다. 유목민은 여기에서 저기로 옮겨 다니는 존재들이 아니다. 유목민을 이렇게 이해하기 때

---

38 Doel, "Un-glunking Geography", p. 130.
39 D., 74~75쪽. 고딕 강조는 필자.

문에 "역사는 과거도 미래도 없는 유목민에 대해 전혀 어떤 것도 이해하지 못"[40]하는 것이다. 역사가 유목민을 이해하지 못하는 것처럼 지리학도 유목민을 이해하지 못한다. 정지점(나중에는 행정구역)으로서의 영토의 분배 이후에 생각하는 그 어떠한 이동도 유목적인 움직임이 아니다. 다시 한번 들뢰즈의 말을 들어 보자.

> 호메로스 시대의 사회는 방목장의 울타리나 소유지 개념이 없었다. 이 사회에서 문제는 땅을 짐승들에게 분배하는 데 있는 것이 아니라 거꾸로 짐승들 자체를 분배하고 짐승들을 숲이나 산등성같이 한정되지 않은 공간 여기저기에 할당하는 데 있다.[41]

만약 위와 같다면, 호메로스 시대의 영토는 어떻게 이해되었을까? 이때의 영토는 그 자체로 번지수를 갖는 한정된 공간으로 나뉘는 것이 아니라, 짐승들의 분배에 의하여 분할되는 유동적 존재가 된다. 즉, 영토에 짐승이 분배되는 것이 아니라, 짐승의 움직임으로부터 영토가 분배된다. 이것이 유목적 분배이자, 탈국가적 분배이며 선으로부터 점을 사유하는 방식이다. 이와 반대되는 정착적 분배는, 움직임 자체를 보는 것이 아니라 이미 한정되고 분할된 영토를 출발점으로 하여 움직임을 해석하기 때문에, 국가적이며, 정착적이자, 점으로부터의 사유이다. 그것이 국가적인 이유는 분명하다. 영토를 몰수하여 국민에게 다시 분배할 수 있는 힘은 오로지 국가만이 가지고 있기 때문

---

40 D., 75쪽.

41 DR., 102쪽, 주 17.

이다. 들뢰즈는 이를 엥겔스를 빌려 이렇게 말한다. "국가 기구만이 유일하게 영토적이다. 왜냐하면 국가는 국민을 나누는subdiviser 것이 아니라 영토를 나누기 때문이다."[42] 그리하여 유목적 공간이라는 것은 "정착적 노모스의 공간과 대조를 이룬다. 어떤 공간을 채우기, 그 공간에 자신을 배당하기. 이는 공간을 배당하는 것과는 매우 다르다. 이는 방황의 분배, 심지어 '착란'의 분배이다".[43] 공간을 나누는 것이 아니라, 움직임에 의해 공간이 할당된다. 이것이 공간을 사유하는 현대적 방식이다.

들뢰즈의 위상학적 사유[44]

우리는 이제 시간과 공간에 대한 고전적인 규정에서 벗어나야 하며, 여기서 맞닥뜨리는 것이 바로 공간에 대한 '위상학적' 개념 정립이다. 공간을 "상관적으로 규정되는 여러 국면들"의 관계의 구조로 보는 위상학은 시간과 공간이 서로 구분되면서 또한 서로를 배제하는 범주들로 주어지는 상황에서 그 가운데 하나를 선택해야만 하는 난점을 해결해 준다. 들뢰즈 역시 시간에 대한 고전적인 대립적 구분을 넘어서서 이를 사유했다. 그가 생각한 시간은 연속성이나 지속이 아니요, 그가 생각한 공간 역시 외연적 점유와 이의 동시성이 아니다.[45]

---

42 AO., p. 170.

43 DR., 104쪽.

44 이 절의 일정 부분은 필자의 논문 「들뢰즈 차이의 위상학적 구조」(『철학과 현상학 연구』, 50집, 한국현상학회, 2011)에서 인용하였다.

45 이런 점에 천착한 들뢰즈의 공간 개념에 대한 예비적 고찰은 필자의 논문, 「들뢰즈에 있어서

위상학적 고찰은 우리가 위에서 이미 제기한 생명과 부정법의 미묘한 종합이라는 문제 외에도 유물론과 관념론의 종합이라는 문제 역시 해결해 줄 수 있다. 유물론과 관념론의 문제라 함은 이를테면 다음과 같은 맥락을 가리킨다. 들뢰즈에게는 현대의 유물론자라는 타이틀이 따라다닌다. 『의미의 논리』에서 스토아학파의 논리학을 수용하여 자신의 의미론을 전개했다는 맥락에서뿐만 아니라, 베르그손의 『물질과 기억』 첫 장을 유물론적 기획이라고 평가하면서 이미지의 물질성과 즉자성을 설파한 『시네마 1: 운동-이미지』가 다시 한 번 보여 주듯이, 들뢰즈를 유물론자로 평가하는 것은 상당히 타당한 듯하다. 그런데 과연 그럴까? 유물론은 들뢰즈를 전체적으로 설명할 수 있는 적절한 타이틀인가? 다음 두 인용문이 보여 주듯이 들뢰즈를 독서하면서 얻는 기묘한 느낌은, 그가 순수한 관념론자인지 철저한 유물론자인지 선불리 결정하기 어렵다는 점이다.

> 유물론자 베르토프가 영화를 통해 구현하는 것은 『물질과 기억』 첫 장의 유물론적 계획이다. 영화적 눈, … **그것은 정신의 눈도 아니다. 그것은 반대로 물질의 눈, 물질 안의 눈,** 시간에 구속되지 않고 시간을 '정복한' 눈으로서 … 물질적 세계와 그 연장 외에는 아무것도 모르는 눈이다.[46]

> 우리가 한 기호의 의미를 어떤 다른 사물에서 찾는 한, 물질이 여전히

공간의 문제」(『시대와 철학』, 2009년 겨울호, 한국철학사상연구회) 참조.

46 질 들뢰즈, 『시네마 1: 운동-이미지』, 유진상 옮김, 시각과언어, 2002, 156쪽. 고딕 강조는 필자.

> 조금은 남아서 정신에 거역한다. 반대로 예술은 우리에게 참된 통일을 가능케 해 준다. **하나의 비물질적인 기호와 하나의 완전한 정신적인 의미와의 통일** 말이다.[47]

첫 번째 인용문은 이미 말했듯이 들뢰즈를 유물론자로 볼 수 있는 분명한 전거이다. 그런데 두 번째 인용문은 프루스트의 문학에서 기호들을 분류하면서 예술의 기호가 어째서 가장 우월한가를 설명하는 대목인데, 이에 따르면 예술의 기호가 아닌 다른 기호들은 기호와 의미에 있어서 여전히 물질적인 것이 남아 있기 때문에 본질에 이르지 못하는 열등한 기호라고 평가되고 있다. 이 인용문을 보고도 들뢰즈를 여전히 유물론자라 칭할 수 있을까? 로베르 사소도 이 난점을 지적한다.

> 어쨌든 들뢰즈는 사건의 원인을 때로는 물리적이고 물질적인 것으로서, 때로는 정신적이고 개념적인 것으로서 번갈아 가며 생각해 보는 듯하다. '사건은 항상 몸에 의해 생산된다.'[48] 게다가 존재 자체로서 [생산된다]고 말할 때 그는 사건의 원인을 물리적인 것으로 생각하는 것 같고, 사건이 사유에 의해 창조되는 개념과 관련되고 그 잠재성이 사유가 창설한 내재성의 평면 위에서 이 개념에 의하여 일관적인 것이 될 때, 그는 사건의 원인을 정신적인 것으로 생각하는 것 같다.[49]

---

47 질 들뢰즈, 『프루스트와 기호들』, 서동욱·이충민 옮김, 민음사, 2005, 71쪽. 고딕 강조는 필자.
48 D., p. 79.
49 Robert Sasso, "Evénement (pur)", eds. Robert Sasso & Arnaud Villani, *Le vocabulaire de Gilles Deleuze*, Nice: CRHI, 2003, p. 151.

이정우는 여기에서 현대철학의 아포리를 본다. “우리가 맞닥뜨리는 사건들은 한편으로(스토아식으로 말해) 물체적 운동의 부대 현상이지만, 다른 한편으로 (라이프니츠식으로 생각해) 특이성이라는 논리적 구조의 구현인 것이다. **여기에서 미묘한 문제가 발생한다. … 유물론을 견지하면서 어떻게 논리적인 것, 수학적인 것을 사유할 것인가, 여기에 현대철학의 한 아포리아가 있다.**”[50] 들뢰즈는 유물론자인가 관념론자인가? 필자는 이 문제에 있어서도 역시 위상학이 그 해결책의 단서를 제공해 줄 수 있다고 본다.

시간과 공간의 종합이나 유물론과 관념론의 종합이라는 과업이 모두 ‘국면들의 내재적 관계’를 사유의 대상으로 하는 위상학으로 성취된다. ‘관계’를 내세우는 것은 어떤 의미를 가지는가? 러셀은 일찍이 관계에 관하여 다음과 같은 설명을 남긴 바 있다. “개념들 가운데에는 적어도 두 가지 종류가 구분되어야 한다. 형용사로 지시되는 개념이 있고 동사로 지시되는 개념이 있다. … 동사로 지시되는 개념은 항상 그리고 거의 항상 관계들이다. (자동사의 경우, 동사에 의해 표현되는 생각은 복잡하다. 그리고 보통 정의되지 않은 관계항에 정의된 관계를 확언한다. “스미스가 숨을 쉰다”Smith breathes에서처럼).”[51] 형용사로 지시되는 개념과 동사로 지시되는 개념을 구분한 러셀은 이미 들뢰즈가 개념적 개념conceptual concept과 개념 없는 개념concept without concept을 구분한 작업을 선취한 것이다. 개념이 동사적인 것일 때, 즉 개념 없는 개념일 때, 그 개념은 항상 관계들일 수밖에 없다. 실체가

---

50 이정우, 『사건의 철학』, 철학아카데미, 2003, 199쪽. 고딕 강조는 필자.

51 Russell, *The Principles of Mathematics*, London: George Allen & Unwin Ltd., chap. IV, 48절.

아닌 관계로의 대전환. 그것은 수학과 물리학 그리고 철학에서 동시에 혹은 약간의 시차를 두고 이루어진 것이다. 시간과 공간을 더 이상 고전적으로 구분할 수 없다는 것은, 리만 등의 비유클리드 기하학, 미분 등의 수학적 발견, 아인슈타인의 우주, 양자역학이라는 과학적 발견, '사건'의 존재론이라는 철학적 전회의 필연적이 결과이며, 이 조건에서 시간이나 공간을 사유한다고 할 때는 언제나 어쩔 수 없이 시공간을 사유한다는 것을 의미한다. 그리고 그 시공간은 '관계'로 이해되는 위상학적 시공간이다.

도시, 멈포드의 위상학적 해석

도시사에 대한 역사적 저술을 남긴 멈포드의 글을 읽어 보면, 그의 도시에 대한 이해는 이미 처음부터 위상학적인 것이었음을 알 수 있다. 그는 도시와 촌락을 다음과 같이 구분하면서 도시를 '자석'으로 비유했는데, 이는 이미 도시 공간에 대한 실체적 사유를 넘어서는 것이다.

> 도시는 고정된 주거지가 되기 전부터 사람들이 주기적으로 되돌아오는 만남의 장소로 출발했으며, 용기이기보다 자석이었고, 거래 및 그보다 더 중요한 인간의 상호교류와 정신적 자극을 구하는 주변 사람들을 끌어들였던 도시의 능력은 지금도 도시의 본질적 속성으로 남아 있고 … 안정적이고 내성적인 형태를 갖는 촌락이 외부인에게 적대적인 것과 반대되는 성격을 갖는다.[52]

그가 '자석'이라 비유한 도시의 특징은 '개방성'에 다름 아니다. 개방성은 폐쇄적 실체성과 고정성에 반대되는 개념으로, 실체가 속성에 관련된다면 개방성은 관계에 관련된다. "촌락이나 부족 같은 일차집단에서는 그 구성원 자격을 오직 우연적인 출생이나 결혼에 의해서만 취득하는 데 반해, 도시는 처음부터 이방인이나 외부인에게 개방되어 있었다."[53] 원시적 도시에 대한 그의 이러한 이해는 중세도시와 바로크 시대의 도시 개념에도 그대로 이어진다. 중세의 도시는 계획도시라기보다는 그때그때의 상황에 적응하면서 만들어진 도시인데, 멈포드는 이 도시의 형태적 특징을 다음과 같이 진단한다.

> 중세도시 계획을 보통 정형적이라기보다는 비정형적인 것으로 생각하는 데는 온당한 이유가 있다. … 그들이 16세기에 대포가 효과적으로 사용되기 전까지는 방어상 결정적인 이점이 있는 울퉁불퉁한 바위 투성이의 부지를 이용했기 때문이다. 도로는 차륜 통행에 적합해야 할 필요도 없고 상수도관이나 하수도가 설치되지도 않았기 때문에 자연적인 등고선을 깎아 내리기보다는 그에 따르는 것이 보다 경제적[이었다]. … 유기적 계획에서는 하나가 다른 것을 이끌고 또 우연한 이점에 사로잡혀 시작된 것이 설계의 강력한 요소로 작용하게 되는데 이는 선험적 계획에서는 예상할 수 없는 일이고 십중팔구는 간과되거나 배제될 것이다. … 유기적 계획은 미리 설정된 목표를 가지고 출발하지 않는다. 이것은 필요와 기회에 따라 움직이고 일련의 적응과정 속에서 점점 일관성 있고 … 미리 결정된 기하학적 형태보

52 루이스 멈포드, 『역사 속의 도시』, 김영기 옮김, 명보문화사, 1990, 7쪽. 밑줄 강조는 필자.
53 앞의 책, 114쪽.

다 복잡하고 통일되기 어려운 최종 설계를 만들어 낸다.[54]

여기에서 멈포드는 유기적 계획과 선험적 계획을 대립시키면서, 중세도시를 유기적으로 계획된 도시라 평가한다. 그러나 좀 더 엄밀히 말한다면, "하나가 다른 것을 이끌고 또 우연한 이점에 사로잡혀 시작된" 도시의 구정 과정을 '계획'이라고 말하는 것은 어울리지 않는다. 이러한 도시 구성 과정을 '유기적 계획'이라 이름 붙인 것은, 이 과정을 선험적 계획에 대립시켜 규정하기 위하여 계획이라는 공통된 개념을 수사적으로 사용한 것일 뿐이다. "미리 결정된 기하학적 형태보다 복잡하고 통일되기 어려운 최종 설계"를 만들어 낸 중세도시의 구성 과정에는 아무런 선험적 '목표'도 '계획'도 없는 것이다. '계획'이라는 개념이 이 과정에 어울리지 않는 것처럼, 사실 '유기적'이라는 개념이 적절한지도 논란의 여지가 있을 수 있다. 들뢰즈는 '유기적'이라는 개념을 '계획적'이나 '전체주의적'이라는 개념과 같이 썼기 때문에, 멈포드가 설명한 맥락에서의 이 '유기적 계획'을 들뢰즈의 철학적 맥락에 갖다 놓는다면, 우리는 이를 '비-유기적 과정'이라 불러야 할 것이다. 목적도 계획도 방향도 없는 이 도시의 성립 과정은 정확히 사건적이며, 관계적이다. 왜냐하면 도시가 목적을 가지고 선험적 계획에 따라 구성된다면, 이 도시는 목적과 계획으로 규정된 실체적인 것이 되며, 우연과 개방을 허용하지 않는 고정적인 것이 될 것이기 때문이다. 중세도시는 멈포드가 원시적 도시를 자석에 비유한

54 앞의 책, 324쪽.

것과 마찬가지로, 그 성격을 그대로 이어받은 '개방적'이며 '관계적'인, 즉 실체적이 아니라 위상학적인 도시인 것이다.

원시도시로부터 중세도시에 이르는 멈포드의 이러한 도시 이해는 자본이 도입된 이후의 도시에도 이어진다. 자본은 근본적으로 해체적 힘을 갖는다. 들뢰즈는 이를 탈영토화라는 개념으로 설명한 바 있다. 영토에 구속된 힘을 영토로부터 해방시킨다는 의미를 갖는 이 탈영토화는 기본적으로 우리가 위에서 이미 지적했던 공간에 대한 탈실체화를 진행시킨다. 이 점이 바로 '추상기계'가 갖는 무한한 생산 능력을 설명한다. 영토로부터의 해방, 구체적인 것으로부터의 추상, 탈영토화, 탈실체화. 이는 사회적인 관점에서 볼 때 자본의 운동의 결과이다. 멈포드가 자본이 도입된 이후의 도시를 다음과 같이 진단하는 것은 자본의 속성이 낳는 필연적인 결과라고 볼 수 있다.

> 새로운 자본주의에 대한 직접적인 관심의 배후에서는, 돈과 힘에 대한 추상적 사랑과 함께 전체적인 관념체계의 변화가 일어나고 있었다. 첫째로, 공간에 대한 새로운 개념이다. 공간을 조직하고 연속적으로 만들며, 이를 규모와 질서 속으로 환원시키고, 길이의 한계를 연장시키고, 극단적으로 멀고, 극단적으로 미세한 것을 포용하며, 마지막으로 공간을 운동 및 시간과 결합시킨 것은 바로크 정신의 한 위대한 승리였다.[55]

55 멈포드, 『역사 속의 도시』, 377쪽. 필자의 강조.

자본의 해체적 힘, 돈이라는 추상성이 도입된 도시에서는 멈포드가 지적한 대로 전체적인 관념체계가 변할 수밖에 없다. 공간은 그 자리(영토)에 고정되지 않고, 탈영토화되며 이는 자본의 운동과 결합되기 때문에 실체적 모습을 잃어버린다. 자본의 흐름을 고착시키는 것은 사유재산과 소유의 개념이다. 이러한 사회에서 공간은 시간과 결합하고 위상학적으로 이해될 수밖에 없다는 것을 멈포드는 바로크 정신의 위대한 승리라 명명했다.

영화위상학

리스는 들뢰즈의 공간에 '영화위상학'이라는 명칭을 부여한 바 있다.

> 카메라, 근접촬영 그리고 미장센의 자기 운동과 함께 전개되고… 다른 한편, 이는 편집과 몽타주의 발전과 함께 진행된다. 편집은 다양한 시각을 거쳐 물체를 일정 장소에 하나로 연관시켜 정립하고, 필름적 배치로 생명을 불어넣는 내적이고 형성적인 운동으로 이해할 수 있다. … [편집은] 물체의 운동을 전제하지 않고도 가능하며, 그러한 상태에서 진짜 '영화 관계적인 공간'을 만들어 내고, 관점의 '위치 관계'의 위상학적 공간을 만들어 낸다.[56]

리스가 영화위상학이라고 말할 수 있었던 주요 근거는, 들뢰즈

56 마르크 리스, 「영화위상학, 그리고 그 너머」, 권첼 엮음, 『토폴로지』, 392~393쪽.

의 영화이론에서 중요한 역할을 하는 이동 카메라, 몽타주, 틀 잡기, 틀 바깥 등의 개념이 움직이고 있는 대상들에 매여 있지 않고 [즉, 물체의 운동을 전제하지 않고], 대상들 간의 관계에 주목한다는 점에 있다. 카메라가 대변하고 있는 영화적 의식은 "관객도 주인공도 아니"며, "때로는 인격적이며, 때로는 비인격적이거나 초인격적인"[57] 것으로서, "중심 틀의 이동성과 틀 잡기의 가변성"으로 인하여 "중심이 부재하고 틀이 사라진 광대한 영역을 복원"[58]한다. 즉 영화적 의식은 주관적 의식과는 달리 고정된 관점을 갖지 않으며, 탈중심화된 관점을 갖는다. 그러므로 그 의식은 대상과 주체에 주목하지 않고 그 관계에 주목한다. 틀 안은 항상 틀 밖과 관계를 맺고 있으며, 틀 밖을 지시하게 되어 있다. 리스는 영화의 이러한 특징을 '관계적'이라고 보고 이를 영화위상학이라 이름 붙였다. 용기container로서의 공간 이해가 위상학적 공간 이해로 전환된 지금, 이러한 공간에 대한 인식 역시 더 이상 고전적인 의미의 주관적 의식으로는 가능하지 않다. 위상학적 공간에 대한 인식은 위상학적 의식, 관계적이며 탈중심화된 의식, 즉 영화적 의식으로만 가능하다. 그러므로 당연히 "영상 공간은 복사이론적이거나 재현주의적으로 읽을 게 아니라, 내재적이고, 과정적으로 읽어야 한다".[59] 재현은 재현의 대상을 전제하나, 과정은 전제하는 것이 없으며, 그러므로 개방되어 있다. 만약 영화의 이야기가 움직이는 대상, 운동하는 물체, 즉 주인공에 집중되면, 이러한 "집중은 다

57 들뢰즈, 『시네마 1』, 43쪽.
58 앞의 책, 125쪽.
59 리스, 「영화위상학, 그리고 그 너머」, 393쪽.

시 체계들의 인격화, 정치와 경제의 인격화를 강제하며, 영화 속 스토리는 악에서 선으로의 선형적인 발전을 강화하고, 텍스트나 이야기를 과도할 정도로 영상으로 나타나게 한다. 이렇게 해서 관람객은 영화 영상에 대해 어떤 마법적인 관계나 정신적인 관계를 맺을 수 없게 된다."[60] 주인공에의 집중, 인격화, 스토리의 선형성 등은 모두 공간에 대한 고전적, 실체적 이해와 직접적으로 연결된다. 영화가 주인공의 움직임에 집중하게 되면, 그 영화는 더 이상 우리에게 위상학적 공간을 선사하지 않으며, 우리는 영화의 선형적 이야기에 의해 결론을 강요당하게 된다. 영화가 위상학적이라 할 때 영화가 우리에게 보여 주는 것은 주인공에 대한 이야기가 아니라 관계들이다. 이 관계의 망 속에서 소위 주인공은 수많은 점들 가운데 하나의 불특정한 점일 뿐이다. 그럴 때에야 비로소 우리는 영화와 다중적인 관계를 맺을 수 있는 것이다.

도시와 걷기

영화적 의식과 영화위상학이 우리에게 위상학적 공간을 인식할 수 있는 방법이 된다고 할 때, 이를 일상생활에서 구현할 수 있는 방법이 있을까? 리푸너는 미셸 드 세르토의 '걷기의 수사학'으로부터 이러한 인식이 구현될 수 있다고 보았다.

---

60 앞의 글, 397쪽.

걷는 행위가 도시체계에 갖는 의미는 (발화행위의) 발화가 언어에 대해 혹은 형성된 명제에 대해 갖는 의미와 유사하다. … 왜냐하면 길을 걷는 동안에 지름길, 우회로 그리고 즉흥적 결정을 통해 공간적인 요소를 선호하고 변화시키고 보류할 수 있기 때문이다.[61]

리푸너는 드 세르토의 '걷기'에 대하여 다음과 같은 견해를 제시한다. "드 세르토가 관심을 가졌던 도시 분석은 … 관찰자의 시각이 아닌 행위 당사자의 시각을 취해야 했다. 이것들은 도시를 높은 상공에서 내려다보는 조망적인 기술방식이 아니다. 그것들은 절대적 영점을 지시하지도 고정된 좌표축을 지시하지도 않으며 하나의 도로망 내부에 위치해 움직인다."[62] 절대적 영점을 지시하지 않고, 고정된 좌표축을 지시하지 않는 시각, 조망적인 시각이 아니라 행위 당사자의 시각, 도로망 내부에서 건설되고 해체되기를 반복하는 내재적인 좌표, 바로 이것이 라이프니츠가 처음 위치분석이라는 방법을 수학에 도입하면서 보여 주고자 했던 시각이자 좌표이다. 이는 "마치 인식 주체가 자신 안에 있는 선험적 인식 조건들에 기반해 세계를 구성하듯이, 세계와 마주하는 기하학이 세계 안에 자기 모습을 투사"[63]하는 기하학을 말하는 것으로서, 라이프니츠가 위치분석이라는 미완의 새로운 수학을 구상한 이유이기도 하다. 비유클리드 기하학과 위상학

61 Certeau, *Kunst des Handelns*; 리푸너, 「피에르 부르디외와 미셸 드 세르토의 사회과학적 위상학」, 397쪽에서 재인용.
62 앞의 글, 359쪽.
63 페터 보른슐레겔, 「평행선 공리, 비유클리드 기하학 그리고 위상학적 상상력」, 권헬 엮음, 『토폴로지』, 220쪽. 밑줄 강조는 필자.

은 라이프니츠가 "당시의 물리학이 견지하던 인간중심주의를 비판"[64] 하는 입장을 지지하면서, 인간중심주의의 한계를 극복하는 과정에서 배태된 것이다. 그러므로 걷기라는 행위가 "절대적 영점을 지시하지도 고정된 좌표축을 지시하지도 않으며 하나의 도로망 내부에 위치해 움직"이면서, "길을 걷는 동안에 지름길, 우회로 그리고 즉흥적 결정을 통해 공간적인 요소를 선호하고 변화시키고 보류"할 수 있다는 것은, 앞서 영화가 할 수 있다고 간주되던 위상학적 인식이 걷기를 통해 가능함을 말하는 것이다. 걷기는 도시를 고정된 공간으로 인식하도록 하는 것이 아니라 위치들과 그 관계로 인식하게 하며, 고정된 주관이라는 단일 중심의 지각으로부터 벗어나도록 하여, 도시의 개방성을 만끽할 수 있도록 한다.

멈포드로부터 들뢰즈에 이르기까지 원시적인 도시에 대한 진단에서나 현대의 자본주의 도시에 대한 진단에 있어서나 공통적으로 언급되는 것은, 도시라는 것이 결코 고전적인 의미의 용기container로서 이해될 수 없다는 점이다. 용기가 아니면 무엇인가? 멈포드는 그것을 자석이라 했고, 들뢰즈는 이를 위상학으로 풀어야 한다고 말했다. 우리는 고전적인 공간 이해에 대한 현대적인 공간 이해는 고정된 용기가 아닌 '관계'로 지탱되는 위상학적 공간이어야 한다는 점을 분명히 했다. 관계로 지탱되는 위상학적 공간은 고정된 점유 공간과는 다른 것으로 들뢰즈에게서 특징적인 것으로 보이는 공간과 시간의 종합, 관념론과 유물론의 종합과 연결시켜 이를 철학적으로 자리매

64 귄첼, 「공간, 지형학, 위상학」, 23쪽.

김할 수 있다.

우리는 이를 특히 들뢰즈의 영화론에 대한 리스의 명명에 의지하여 영화위상학이라는 아이디어를 도입했고, 영화위상학적 방법을 수행할 수 있는 우리의 일상적인 행위를 드 세르토로부터 '걷기'로 도입했다. 걷는다는 것, 그것은 어떠한 고정적인 관점을 가질 수 없음을 뜻하고, 도시를 고정된 대상으로서가 아니라 걷는 행위에 따라 구성되고 해체되는 과정으로 받아들일 수 있도록 함을 의미한다. 영화와 걷기로 대변되는 도시 문화라 함은 도시가 가질 수 있는 공간으로서의 가능성을 가능한 한 극대화시키는 조건이라고 할 수 있겠다. 이때의 도시는 2차, 3차의 전유가 가능하고, 이 공간과 저 공간의 병존이 가능한 공간으로 드러나며, 영토를 둘러싼 수많은 갈등이 점유와 배제에 있다고 볼 때, 그러한 현대 사회의 문제들을 해결할 수 있는 핵심 공간으로 자리매김하게 된다.

2. 민중: 공간의 생산

가. 어떤 공간인가?

고정된 점으로서의 공간이 아닌 관계로서의 공간이라는 들뢰즈의 새로운 공간론은 정치와 관련하여 특별한 의미를 지닌다. 앞서 이미 검토하였듯이 들뢰즈가 대의가 아니라 믿음으로서의 정치에 대하여 저술기간 내내 고민했다는 것은, 그가 믿음의 대상인 공간에 대해서 역시 오랜 시간 사유했음을 의미할 것이다. 그는 우리가 '세계에 대한 믿음'을 상실했다고 말했는데, 그것은 자본과 국가에 의해 포획된 시공간을 넘어서는 어떤 새로운 시공간을 만들어 낼 수 있으리라는 희망을 상실했다는 것과 같은 의미이다. 정치, 혹은 민주주의는 대의에 의해서 지탱되는 것이 아니라 믿음에 의해서, '어떤 것'에 대한 믿음에 의해서 지탱된다고 생각하는 관점에서, 희망의 상실은 동시에 민중의 소멸, 정치의 사라짐과 같은 의미이다. 지번이 붙어 있는 땅, 시지각에 의해 확인되는 물리적인 빌딩이 아니라, 이와는 다른 공간, 돈에 물들지 않은 공간, 사람들을 하나의 일반적인 이념에 의해 숨 막히게 하지 않는 공간이 있고, 우리가 그것을 만들 수 있으며, 그것을 만들 수 있는 '우리'가 있다는 믿음. 정치라는 것은 이러한 믿음으로부터 가능하다. 우리가 만들고 싶은 이 공간을 도엘은 들뢰즈의 의도에 걸맞게 헤테로토피아heterotopia라 이름 붙였다: "포스트구조주의의 공간성은 헤테로토피아(공통의 척도가 없는 다수적 공간), 불협화음 그리고 분산이다."[65] 그런데 들뢰즈의 의도에 걸맞은 이름이 하나 더 있다. 그로츠는 들뢰즈적 공간을 구현된 유토피아embodied utopia라 이름

붙였다: "그로츠에게 있어서 유토피아는 그 자신의 체계성을 구현할 수 없는 이성의 체계이다. 그러므로 구현된 유토피아는 역설적이다. 그것은 공간적인 의미에서는 비변증법적이며, 시간적인 의미에서는 비선형적이다."[66] 공통의 척도가 없는 다수성, 불협화음, 분산, 역설, 비변증법적 공간. 이 모두가 들뢰즈의 공간을 정확히 기술하고 있으며, 이를 헤테로토피아로 또는 유토피아로 표현하는 것은 정당하다. 도엘은 이러한 논지에 근거하여 다음과 같이 말한다. "장소와 장소 없음placelessness은 이제 더 이상 인문주의 지리학자들이 믿었던 것처럼 대립적이지 않다. … 이제 장소는 지금 여기NowHere이자, 아무 곳에도 없음NoWhere이다."[67] 이러한 역설적 공간에 대하여, 이미 들뢰즈는 『차이와 반복』 머리말에서 그의 철학 전체를 예고하듯이 다음과 같이 표현한 바 있다.

> 새뮤얼 버틀러를 따라 우리는 *Erewhon*[68]을 발견한다. 그것은 원초적인 '어디에도 없음'[69]을 의미한다. 그리고 그것은 위치를 바꾸고 위장하며 양상을 달리하고 언제나 새롭게 재창조되는 '지금-여기'를 동

65 Doel, "Un-glunking Geography", p. 126.

66 Peter Eisenman, foreword in Elizabeth Grosz, *Architecture from the Outside*, pp. 12~13.

67 Doel, "Un-glunking Geography", p. 124.

68 『차이와 반복』 번역본에는 Erewhon에 다음과 같은 주석이 달려 있다: 영국 소설가 새뮤얼 버틀러가 1872년에 발표한 풍자 소설의 제목. no where의 철자를 뒤바꾼 단어로서, 어떤 상상적 유토피아를 지칭한다. […] 들뢰즈는 이 책의 결론에서 Erewhon을 다시 언급하면서, 이것을 now-here의 변형 글자로 읽는다.

69 『차이와 반복』 번역본에는 le nulle part를 '부재의 장소'로 옮겼으나, '어디에도 없음'이라는 표현이 더 적절한 것 같아 수정하였다.

시에 의미한다.[70]

Erewhon은 버틀러가 no where의 음절 순서를 뒤바꾸어 만든 조어로서, 자연스럽게 유토피아로 읽힐 수 있으며, 들뢰즈의 공간은 바로 정확히 이 공간, 즉 '어디에도 없음'이자 '지금-여기'인 그러한 공간, 즉 유-토피아이다. 어디에도 없지만 바로 지금-여기라는 이러한 '역설'은 들뢰즈 철학의 핵심일 뿐 아니라 그의 공간을 한마디로 요약해 주는 것이기도하다. 이것은 모순된 공간이 아니다. 왜냐하면 어디에도 없는 공간과 지금-여기는 서로 양립이 가능하기 때문이다. 그러니까 우리는 심지어 지금-여기를 지옥같이 느끼더라도 바로 지금 바로 여기에서 어디에도 없는 공간, 즉 유토피아를 만들 수 있다는 말이다. 얼마든지.

도시와 유토피아

마이크 데이비스는 오늘날 도시 인구가 비도시 인구를 초과한 것이 신석기 시대의 도래나 산업혁명에 비할 만한 인류사에서의 분수령이라고까지 말하였다.[71] 대부분의, 혹은 적어도 절반 이상의 인구가 이른바 '도시'에 살고 있다는 것 자체가 이미 도시에 관심을 기울여야 하는 이유가 된다. 데이비스는 무차별적인 도시화 현상이 신자유주의와 관련이 있으며, 그 결과는 전 지구적 슬럼화, 빈곤화라는 파국이라고 진단하고 있다, "20세기 말의 전 지구적 불평등은 지니계수

70 DR., 21쪽.
71 마이크 데이비스, 『슬럼, 지구를 뒤덮다』, 김정아 옮김, 돌베개, 2007.

0.67이라는 믿을 수 없는 수준에 이르렀다. 이는 세계 인구 중에 하위 2/3가 소득이 0이고 상위 1/3이 모든 것을 갖고 있다는 뜻이다."[72] 즉 도시화가 우리에게 가져다준 것은 전 지구적 불평등이라는 비극이다. 반면 하비는 이러한 도시로부터 하나의 새로운 유토피아를 구상하고자 한다. 그의 지적대로, 지금까지 상상되어진 유토피아의 모습이 도시의 모습과 뒤섞여 왔다는 점은 매우 흥미로운 지점이다.[73] 도시의 이러한 모순적이고 복잡한 양상을 코소는 다음과 같이 정리한다. "숱한 모순을 안고 있는, 한없이 복합적인 이 영역이야말로 보다 나은 세계를 고민하는 철학적 이론적 사고를 위한 비판적 범주를 제공할 것이다."[74] 도시의 끝없는 비대화, 하늘을 찌르는 빌딩과 초호화 아파트, 럭셔리 도심을 둘러싼 베드타운, 전 지구적 빈곤화와 함께 가는 이러한 '도시현상'이 유토피아 이미지와 관련이 있다 혹은 있었다는 모순. 이것이 현대도시를 바라보는 대표적인 시각이다.

데이비스와 하비 역시 도시가 균질한 공간이 아니며 특히 두 개의 모순적인 과정을 포함하는 공간이라는 데 의견을 같이 한다. 하비의 사유의 핵심은 자본화하는 과정과 모순되는 다른 하나의 과정을 대안공동체라는 새로운 가능성의 과정으로 본다는 것인데, 이것은 들뢰즈-가타리의 시각과 비슷하면서도 다르다. 두 의견은 얼핏 들으면 같은 말을 하는 듯하기 때문에 차이를 인지하지 못할 수도 있는데, 사실 그 핵심적인 차이는 어렵지 않게 확인할 수 있다. 하비에게는 자

72 데이비스, 『슬럼, 지구를 뒤덮다』, 211쪽.
73 하비, 『희망의 공간』, 215쪽.
74 이와사부로 코소, 『죽음의 도시, 생명의 거리』, 서울리다리티 옮김, 갈무리, 2013, 288~289쪽.

본화하는 과정과 대안공동체의 과정이 모순적 과정인 반면, 들뢰즈-가타리에게 자본화하는 포획 과정과 도주의 과정은 하나의 과정이며 역설적인 과정이라는 점이다. 또한 포획과 도주의 과정을 수놓는 방향은 분산적이며 결코 하나의 방향을 기준으로 측정할 수 없다. 이를테면 다음과 같은 도시의 풍경을 보자.

> 제2제정 당시 파리를 대대적으로 개조했던 오스만 남작에 견줄 만한 도시개조의 전제 군주로서 모제스는 1930년부터 1950년대까지 장기간에 걸쳐 뉴욕시와 뉴욕주의 개발국을 좌지우지하면서 뉴욕 5구와 그 주변에 고속도로와 다리를 건설하고 '자동차 교통을 위한 거대공간'을 만들어 냈다…. 악당 모제스… 그의 계획이 노골적으로 가난한 사람들과 인종적 소수자 차별에 바탕을 두고 많은 커뮤니티를 파괴했기 때문이다. 그는 전후에도 얼마간 영향력을 행사하려 했지만 이번에는 주민들이 가만히 있지 않았다. 1964년에 서로 대립하고 있던 중국계, 이탈리아계, 유대계 민중들이 하나가 되고, 상점주인, 갱, 지식인, 일반 시민들이 대동단결하여 공동투쟁 전선을 결성했던 것이다. 덕분에 차이나타운, 그리니치빌리지, 소호 등, 맨하튼의 다운타운은 무사할 수 있었다. 그 연합의 의장직을 맡았던 것은 도시 사상가로서 이름 높은 제인 제이콥스였다.[75]

이 도시에는 악당 모제스로 상징되는 자동차 교통을 위한 거대 공간

75 앞의 책, 57~58쪽.

화 과정과, 중국계, 이탈리아계, 유대계, 상점주인, 갱, 지식인, 시민 등 수 많은 커뮤니티들의 과정이 있다. 크게 보면 두 개의 과정이 보이지만, 자세히 보면 후자의 과정에 방향은 수도 없이 많으며, 이 분산하는 방향들을 하나의 거대 과정으로 통폐합하려는 과정이 있다는 것을 금방 알 수 있다. 도시는 여러 방향의 운동이다. 도시가 이러한 방향들과 과정들이라는 점이 도시에 대한 정반대의 전망이 가능하다는 것을 설명해 주는 듯하다. 모제스의 도시개발 계획을 저지하고 수많은 커뮤니티들을 지켜 냈다고 평가받는 도시사상가 제이콥스 역시 도시를 관계로 파악한다. 그녀는 "나는 내가 도시의 생태를 연구하고 있음을 깨달았다"[76]고 말하면서 다음과 같이 덧붙인다. "생태계의 근본 원칙은 동일하다. … 유지를 위해 많은 다양성을 필요로 한다. … 본질적인 것은 언제나 과정들이다. 사물들은 좋은 쪽으로든 나쁜 쪽으로든 과정의 참여자로서 중요성을 가질 뿐이다."[77] 도시의 생태를 유지하는 것은 다양성이라는 그녀의 통찰은, 도시가 우리에게 어디에도 없는 유토피아로 존재하기 위해서는 분기하는 방향들이 자기 나름의 공간을 마음껏 만들어 낼 수 있는 곳이어야 한다고 말하는 듯하다. 공간에 대한 이러한 이해를 우리는 들뢰즈를 따라 '비변증법적'이라고 부를 수 있다.

들뢰즈는 줄곧 로고스와 변증법적 사유를 비판하는데 그 이유는 이러한 사유에게는 "전체가 미리 존재하고 있으며 법칙은 법칙을 적용할 대상보다 앞서서 먼저 인식"되기 때문이고, 그리하여 로고스와

76 제인 제이콥스, 『미국 대도시의 죽음과 삶』, 유강은 옮김, 그린비, 2010, 11쪽.
77 앞의 책, 12~13쪽.

변증법을 따르는 경우 "우리는 우리에게 이미 주어져 있는 것을 다시 발견할 뿐"[78]이기 때문이다. 즉, 들뢰즈는 우리가 무엇을 사유하더라도 그 사유가 돌아갈 전체 혹은 목적이 사유와 사유대상에 앞서 미리 존재한다고 전제하는 것을 로고스와 변증법의 사유방식이라고 본다. 그러므로 공간이 비변증법적이라 함은, "한 조각에 맞추어지는 다른 조각이란 없고, 그것이 들어갈 수 있는 전체도 없으며, 그것이 뽑혀져 나왔고 또 되돌아갈 수 있는 통일된 단일체도 없"[79]는 공간을 말하는 것이다. 바로 그렇기 때문에 시간이 비선형적이라는 점과 공간이 비변증법적이라는 점은 같이 간다. 들뢰즈에게 있어서 시간은 "모든 것이 복합된 것이고 모든 본질을 포함하며, 최고의 복합, 대립자들의 복합, 불안정한 대립 등등으로 정의"[80]되는 '복합'complicatio이다. 그러므로 당연히 비선형적이다. 이처럼 들뢰즈에게 있어서 시간과 공간은 정확히 동일하게 이해된다. 되돌아갈 전체가 없고, 부분들은 서로 조화를 이루지 않는 조각들이기 때문에, 들뢰즈의 공간은 하나의 조각이 전체의 그림을 위하여 존재하는 퍼즐이 아니다: "더 이상 다시 붙을 수 없는 파편들, 동일한 퍼즐로 짜 맞추어지지 않으며, 미리 선행하는 전체성에 귀속되지도 않고, 잃어버린 어떤 통일성 자체에 근원을 두고 있지도 않은 조각들…"[81]이다. 도엘은 이를 되짚어 들뢰즈의 공간을 다음과 같이 요약한다. "공간은 퍼즐 맞추기가 아니다. 추가해야 할 것도 없고, 통합해야 할 것도 없으며, 지양할 것도 승화할

78 PS., 156쪽.
79 PS., 170쪽.
80 PS., 78쪽. 번역 수정.
81 PS., 171쪽.

것도 없고[subl(im)ate], 더할 것도 없다."[82] 서로 아귀가 맞지 않는 파편들의 전체로서의 공간이므로, 자연스럽게 이러한 공간은 헤테로토피아가 되는 것이다. 그들이 말하는 비변증법적 공간에 대하여 그로츠는 이를 '바깥'이라 부르고[83] 다음과 같은 구체적인 공간을 제시한다.

> 가난한 자들, 홈리스, 병든 자들, 죽어 가는 자들의 공간, 사회적이고 문화적인 아웃사이더의 공간 — 여성과 모든 종류의 소수자들을 포함하여 — 도, 철학과 정치가 그랬듯이 건축의 고려 대상이 되어야만 한다.[84]

> 내가 여기서 말하고 싶은 "외부의 공간"이라는 것은 우주비행사가 탐험하는 공간이 아니라, 이성 자체의 한계에 있는 공간, 어린이, 정신병자, 컴퓨터 해커, 몽상가, 공상가들이 점유한 공간, 문화적으로 외부적인 공간들이다.[85]

그로츠가 건축에서도 고려의 대상이 되어야만 한다고 주장한 이 바깥/외부의 공간과 하비로부터 제시되는 변증법적 공간을 비교해 보면, 들뢰즈의 '비변증법적' 공간이 어떤 함의를 갖는지 포착할 수 있다. 변증법적 공간을 다루는 경우는 언제나 이원론적 입장이 전제된

---

82 Doel, "Un-glunking Geography", p. 126.
83 Grosz, *Architecture from the Outside*, p. 16.
84 Grosz, *Architecture from the Outside*, p. 17.
85 *Ibid.*, p. 31.

다. 그것은 존재론적인 이원론일 수도 있고, 가치론적인 이원론일 수도 있다: 슬럼의 지구화/대안지구화, 신자유주의적 지구화/대안공동체, 억압/대안공동체 등. 가치론적 이원론은 언제나 좋은 것과 나쁜 것을 전제하고 고뇌에 빠진다. 변증법적으로 운동한다고 해서 나아질 것도 없다. 왜냐하면 이러한 사유가 궁극적으로 유토피아를 지향한다고 해도 현실은 언제나 좋은 것과 나쁜 것 사이의 변증법적 운동 안에 있을 것이기 때문이다. 그렇다면 비변증법적, 다수적 공간은 어떠한가? 이 공간은 파편적 공간들 사이에 매개자가 없는 헤테로토피아이다. 가난한 자의 공간, 병든 자의 공간, 죽어 가는 자의 공간, 여성의 공간, 어린이의 공간, 정신병자의 공간, 몽상가의 공간, 해커의 공간… 이 공간들을 통합할 일반성이나 전체는 없다. 들뢰즈는 이러한 공간을 리만Riemann에 따라 n차원에서의 차별적 다양성 개념인 다양체로 부르고, 이 다양체를 바깥이라 명명한다.

> 따라서 우리는 다양체들로 구성된 일관성의 평면plan de consistance에 대해 말할 것이다. 비록 이 '평면' 위에서 이루어지는 연결접속들의 수에 따라 판의 차원 수가 커지기는 할 테지만. 다양체들은 '바깥', 즉 추상적인 선, 도주선 또는 탈영토화의 선에 의거해 정의되며, 다양체들은 이 선에 따라 다른 다양체들과 연결접속하면서 본성상의 변화를 겪는다.[86]

86 MP., 22쪽.

들뢰즈-가타리의 비변증법적 공간에 대해 하비 등의 변증법적 과정론자들은 다음과 같이 비판한다. 첫째, "하비의 '시공간적인 변증법적 유토피아'는 다양한 시공간적 규모의 역동적 보편성과 공통성을 포함하고 있기 때문에, 들뢰즈나 해러웨이처럼 상대적으로 작은 규모의 공동체에만 매몰되는 위험에서 벗어나고 있다. 그는 소규모 공동체 운동이 너무 주변화되거나 제한적이라고 본다."[87] 둘째, "여기서 하비가 생각하는 변증법은 '이것-또는-저것'의 변증법이 아니라 '이것-과-저것'의 변증법이다. … 하비가 말하는 '이것-과-저것'의 변증법은 들뢰즈·가타리의 리좀학을 연상시킨다."[88] 첫 번째 비교점은 하비의 유토피아에 비교하여 들뢰즈 공간의 약점을 비판한 것으로서, 들뢰즈의 공간이 상대적으로 작은 규모의 공동체에만 매몰되는 위험이 있다는 논지이고, 두 번째 비교점은 하비의 변증법이 결국 들뢰즈에 의해 철저하게 비판받고 있는 모순의 변증법이 아니라 차이의 변증법이라는 논지이다. 이 둘을 다시 종합하면 다음과 같은 논지가 성립된다. 즉, 차이의 변증법을 지향하는 하비의 유토피아는 보편성과 공통성을 포함하고 있기 때문에 들뢰즈의 유토피아보다 우월하다. 들뢰즈의 공간이 주변화될 위험이 있다는 비판은 아마도 들뢰즈가 공통성과 일반성을 배척하는 태도를 보이기 때문인 것 같다. 그러나 만약 하비가 보편성과 더불어 들뢰즈가 배척하는 '일반성/공통성'을 끌어들인다면, 그 일반성은 동시에 모순을 끌어들일 수밖에 없다. 왜냐하면 모순이라는 것은 두 존재가 일반성이라는 매개하에 서로

•

87 하비, 『희망의 공간』, 314쪽; 곽노완, 「글로벌폴리스와 희망의 시공간」, 74쪽.
88 곽노완, 「글로벌폴리스와 희망의 시공간」, 72~73쪽과, 주 11.

를 배척하는 관계를 맺는 것이기 때문이다. 그러므로 논지만으로 볼 때 하비를 통한 들뢰즈 비판은 정합하지 않은 면이 있다. 만약 하비의 '공통성'이라는 것이 네그리가 스피노자를 통해 발전시킨 그 공통성sens commun이라면,[89] 그리하여 개별자들 간의 차이를 무화시키지 않고 소통할 수 있는 통로를 넓혀 가는 것으로서의 공통성이라면, 들뢰즈와 하비의 차이는 적어도 이 지점에 있어서는 없다고 할 수 있다. 두 사물이, 또는 그저 두 가지가 모순된다는 것은 두 가지를 매개하는 매개항이 존재해야만 한다는 뜻이며, 이 매개항은 언제나 일반성이자 동일성이 된다. 바로 그런 이유로 차이의 존재론자 들뢰즈는 모순과 모순의 변증법을 가차 없이 비판한 것이다. 결론적으로 말해서, 들뢰즈의 공간은 이질성과 다수성으로서의 공간으로서 공통성을 허용할 수 없으며, 그러므로 하비가 공간에 대한 모순의 관점을 견지하는 한 들뢰즈의 공간과 하비의 공간은 같지 않다.

나. 공간을 생산한다는 것은 무엇인가?

장소-만들기/공간-생산하기place-making/space-producing

공간을 만들어 낸다는 것을 정치적인 것으로 사유한 사례를 우리는 하비에게서도 역시 찾아볼 수 있다. 그는 "공간 생산에 대한 권리"[90]를 주장한다. 즉 주체는 공간을 생산할 수 있으며, 그럴 권리가 있다는 것이다. 그는 그러나 아고라라는 물리적으로 '열린' 광장도 범죄

89 앞의 글, 74쪽, 주 12.
90 하비, 『희망의 공간』, 339쪽.

자, 병역기피자, 수공인, 농부 등에게는 출입이 제한되었다는 점을 들어, 공간이 열려 있다고 해서 누구나 접근할 수 있고 누구나 장소 만들기place-making를 할 수 있는 것은 아니라는 점을 보여 준다고 설명하면서[91] 이를 현대의 도시 공간에 대한 사유로 발전시킨다. 그는 현대의 공간이 "도시의 물리적 공간뿐만 아니라 도시 내 경제적 정치적 공간도 자본의 것으로 급격히 사유화되고 있다"는 주장하에, 공간이 사유화/민영화되거나 특정인의 것으로 폐쇄되는 것을 "자본주의적 공간사유화의 유토피아로서 신자유주의적 장소 만들기"로 본다.[92] 그러나 이러한 신자유주의적 장소 만들기는 "사회성원들의 삶 자체를 불가능하게 할 뿐만 아니라 막을 수 없는 저항을 야기할 수밖에 없[으므로] 전면적인 자본주의적 공간사유화의 유토피아로서 신자유주의적 장소 만들기는 태생적으로 실현 불가능한 기획"이라고 주장한다. 이를테면 "국가는 '진보', '미화', 나아가 '사회정의'라는 미명하에 개입을 시도하며, 이를 통해 땅 주인, 외국인 투자자, 엘리트 주택 소유자, 중간계급 통근자에게 유리한 방식으로 경계를 재편"[93]하기도 하고, "보안 시설이 갖춰진 도시 공간과 악마적 도시 공간의 대립이라는 기만적 변증법"[94]을 내세워 이러한 정책을 정당화한다. 이것은 우리가 앞서 자본의 축적과 기술적 진보가 우리의 자유를 확대할 것이라는 많은 사상가들의 전망에, 안전과 이를 위한 통제가 동시에 언급되고 있다는 점을 지적한 바와 같다. 또한 이는 자유주의가 이미 모

---

91 곽노완, 「글로벌아고라의 도시철학」, 140쪽.
92 곽노완, 「글로벌아고라의 도시철학」, 141쪽.
93 데이비스, 『슬럼, 지구를 뒤덮다』, 132쪽.
94 앞의 책, 262쪽.

순적인 이데올로기라고 분석한 것과도 일맥상통한다. 시장의 자유는 자유지상주의를 위해 통제를 필요로 한다 — 국가는 시장의 자유를 위해서만 시장에 개입한다. 자본은 시장의 자유와 그 유사어들, 즉 건물주, 투자자, 고급주택 소유자, 중간계급 등을 위해 '진보', '미화', '사회정의', '안전', '질서' 등의 가치를 만들어 내고, 그들을 위하여 법과 정책을 개편한다. 그리고 상당한 욕망이 그 길을 따른다. 코소는 9·11 이후의 뉴욕에 대해서 특히 "비상사태적인 '호국체제'를 굳힘으로써 국내뿐만 아니라 세계의 대세를 결정지어 버렸다"[95]고 본다. "다른 것'들에 대한 '공포'를 계기로 삼음으로써 '절망'조차 추월한 '비극적인 세계 인식, 혹은 비극조차 넘어 버린 '운명적'인 세계 인식, 요컨대 '신의 징벌'이나 '최후의 심판' 등 '절대적인 것'을 환기"[96]시키는 것이 바로 자본국가의 운동이라는 것이다. 자본국가의 이러한 운동들은 모든 욕망적 과정을 자본으로 환원하는 편집증적 운동이라고 볼 수 있다. 편집증적 운동은 과정을 중단시키기 때문에 변질되며 이는 병리적인 도시의 현상들로 나타날 수밖에 없다. 스스로 동일시되는 것들만의 울타리, 안전, 애국, 호국 그리고 자기와 다른 것들에 대한 배척, 공포, 악마적인 공간에 배치 등의 움직임이 바로 그러한 것이다.

그러나 자본과 국가를 벗어나는 흐름은 언제나 편집증적 운동으로부터 벗어나며 탈영토화하거나 매끈한 공간을 만들어 낸다: "도시는 홈을 파는 힘이지만 도처에서 매끈한 공간을 다시 부여하고 다

---

95 코소, 『죽음의 도시, 생명의 거리』, 148쪽.

96 앞의 책, 149쪽.

시 실행시킨다."[97] 만약 들뢰즈의 존재론으로부터 스스로 동일화하는 이러한 병리적인 운동을 넘어서거나 넘치는 운동, 매끈하게 하기 혹은 탈영토화 운동이 있다면, 그 운동이나 과정은 분명히 이와 같은 비관적 도시 현상으로부터 무언가 희망적인 전망을 우리에게 제시해 줄 수 있을 것이다. 하비와 들뢰즈는 그런 의미에서 같은 문제의식을 가졌다고 볼 수 있다. 하비는 '공간 생산의 권리'를, 들뢰즈는 '새로운 시공간 생산'을 민주주의를 정비할 수 있는 전망으로 보았다. 도엘이 말하는 '공간화하기'Spacing라는 것은 바로 이러한 전망에 기댄 조어라고 볼 수 있다. "Spacing이란 행위이자, 사건, 그리고 존재 방식이다. 어떤 것 '배후의' 공간도 없고, 어떤 것 '사이의' 공간도 없다. … 공간 '위'와 공간 '옆'에서 노닌다고 여겨지는 지점들 — 사물들, 사건들, 항들, 위치들 … 등 — 은 착각"[98]이라고 말함으로써, 우리의 질문을 다시 한 번 정당화한다. 들뢰즈의 공간이 하비와 다른 점은 그것이 모순과 적대의 공간이 아니라는 점, 그리고 공간과 공간의 경계가 투쟁으로 정의되는 것이 아니라, 서로 간에 스며듦, 서로로부터의 도주, 무한한 관계 맺음, 다양한 관계비 등으로 정의된다는 것이다. 들뢰즈의 공간을 규정할 때 지속적으로 사용된 개념은 이질성hétérogénéité과 다수성multiplicité이지만, 들뢰즈의 기획이 여기서 끝난 것은 아니다. "나는 철학이 체계라고 생각한다. … 나는 체계가 끊임없는 이질성일 뿐만 아니라, **이질적 생산**hétérogenèse이 되어야 한다고

97 MP., p. 601.
98 Doel, "Un-glunking Geography", p. 125.

생각하는데, 내가 보기에 이것은 지금껏 전혀 시도되지 않았다."[99] 이것은 들뢰즈의 철학적 기획을 요약하는지도 모르는 중요한 언급이다. 스스로 동일한 영원불변(점으로부터의 사유)이 동일한 것과 유사한 것을 생산한다면, 스스로 차이 나는 차이(선으로부터의 사유)는 매번 새로운 것을 생산할 수밖에 없다. 이것이 이질적 생산의 의미이다. 다시 말해서 이질성과 다수성으로서의 들뢰즈적 공간은 언제나 새로운 공간을 생산해 내는(생산할 수 있는) 공간인 것이다.

여기에서 문제는 차이나 욕망으로부터 스스로 동일화하려는 경향을 갖는 주체가 탄생하듯이, 이러한 공간으로부터도 스스로 동일화하려는 경향을 갖는 공간이 탄생한다는 점이다. 이 두 공간을 우리는 들뢰즈를 따라 매끈한 공간과 홈 패인 공간으로 부를 수 있을 것이다. 이미 주체의 생산에서 암시되었다시피, "매끈한 것-홈 패인 것이라는 단순한 대립은 훨씬 더 어려운 복합, 교대, 중첩과 같은 것을 불러온다".[100] 왜냐하면 매끈한 것은 홈 패인 것에 열려 있고, 홈 패인 것은 매끈한 것을 불러일으키기 때문이다. 들뢰즈는 이 맥락에서 최초의 매끈한 공간을 '바다'로 보고, 이에 대립되는 공간을 대표적으로는 '도시'로 본다. 바다는 빼어난 매끈한 공간이지만, 이 "해양 공간은 천문학과 지리학이라는 두 가지 성과에 기초해 홈이 패였다".[101] 또

99 Deleuze, "Lettre-préface", à Jean-Clet Martin, *Variations: la philosophie de Gilles Deleuze*, Paris: Payot, 1993. 고딕 강조는 필자. '이질적 생산'을 '괴물'이라는 개념으로 잡아, 이를 들뢰즈의 미학과 연결시킨 논문으로, 신지영, 「들뢰즈에게 미학이 존재하는가?」,『프랑스 철학』, 2006이 있다. 물론 정당하게도 들뢰즈는 즉자적 차이différence en elle-même에 대하여 "그것은 모든 악마들이 결합된 괴물이다"라고 말한 바 있다(DR, p. 105).

100 MP., 920쪽.

101 MP., 915쪽.

한 "도시는 홈을 파는 힘으로서 매끈한 공간의 도처에서, 즉 대지와 그 밖의 다른 요소들에서 또 도시의 안팎에서 매끈한 공간을 다시 부여하고 이를 실현시킨다".[102] 그러므로 매끈한 공간과 홈 패인 공간은 단순한 대립을 너머 훨씬 더 어려운 복합과 교대, 중첩의 관계로 접어드는 것이다. 홈 파는 도시는 "움직이는 거대 빈민가, 임시 거주자, 유목민과 혈거민…"을 유발하며, 이는 "화폐, 노동 또는 주거의 홈 파기와는 전혀 무관"한 운동인 것이다.[103] 여기에서 들뢰즈에게 중대한 이의가 제기될 수 있다. 매끈한 공간의 이질성과 다수성은 어떤 경우에도 홈 패인 공간으로 포획되는 것이 아닌가? 들뢰즈에 대하여 지리학자/공간학자들 사이에 이와 비슷한 문제제기가 있다는 점을 도엘이 다음과 같이 환기시키고 있다.

> 고정성은 유동성에 자리를 내주었다. 지구는 무정형의 수권이 되었고, 흐름에 대한 흐름이 되었다. 어떤 때는 액체로, 다른 때는 가스 상태로, 아마도 불용성이면서 비활성의 흔적과 더불어. 그러나 여전히 많은 중요한 고정된 것들이 해체에 저항하거나(예를 들어, 국가), 또는 어떤 중요한 분기점 아래에서는 증발하는 것과 유동적인 것이 다시 한 번 고정되어, 물의 흐름이 땅으로 되돌아가는 것처럼 되지 않느냐고 이의를 제기할 수도 있을 것이다(예를 들어, 현대의 지구 경제의 흐름에 대한 거점으로서의 '세계 도시'나, 스스로 하부구조로 결정화되는 한에서의 자본 그 자체 등등). 그럼에도 불구하고 지리학자들은

---

102 MP., 919쪽.
103 MP., 같은 곳.

> 이제 일상적으로 '흐름의 공간'에 대하여 이야기하며, 그 공간이 미치는 영향을 증언한다: 돈, 욕망, 자본, 공해, 정보, 자원, 아이디어, 이미지, 민족 등등의 흐름.[104]

위에 제시된 이의 제기는 다음의 두 가지로 요약될 수 있다. 지리학이 아무리 점에서 선으로 사유를 전환시키고 이질성으로서의 공간을 사유한다고 해도, 이러한 무정형의 흐름과 그 해체적 동인에 저항하는 것이 언제나 있지 않는가?(예를 들어, 국가) 또한 이 흐름은 다시 한 번 고정적인 것으로 되돌아가지 않는가?(예를 들어, 세계 도시, 자본) 도엘은 사실상 이 문제에 대한 사유를 더 이상 진전시키지 못하고, 어쨌든 이제는 많은 지리학자들이 흐름의 공간을 이야기한다면서 얼버무리고 만다. 들뢰즈, 혹은 들뢰즈-가타리로부터 영향을 받은 분과의 연구가 이런 지점에서 머물러 버린다는 것은 안타까운 일이다. 들뢰즈 철학을 끝까지 밀어붙여 보지 못한 채 방황하는 것처럼 보이기 때문이다. 그들은 들뢰즈 존재론, 그리고 그에 바탕을 둔 공간론은 그 자체로 이미 미분적인 것, 즉 아주 작은 것'보다 더' 작은, 항상 '더 작은' 극한 개념에 근거한다는 데 대한 이해가 항상 약간 부족한 듯 보인다. 아니면, 그들은 어느 정도의 욕망 혹은 존재는 항상 자본에 포획되어 있을 수밖에 없다는 사실조차 받아들일 수 없는, 극단적인 이론적 결벽증을 가지고 있는 것일지도 모른다. 그렇지 않다면 들뢰즈-가타리의 공간 개념과 이 공간을 만들어 가는 욕망의 양극화된

104 Doel, "Un-glunking Geography", p. 124.

일원론적 성격에 대해 위와 같은 문제에 부딪혀 힘을 잃지 않을 것이다. 들뢰즈는 바로 위와 같은 잦은 문제제기에 대하여 자신의 존재론과 푸코의 철학을 비교함으로써 궁극적인 대답을 하고자 한 것으로 보인다.

> 우리는 사회에 대하여 같은 개념을 가지고 있지 않았다. 나에게 있어서 사회는 모든 방향으로 끊임없이 도주하는 어떤 것이다. … 그것은 정말로 도주선들로 이루어져 있다. 그렇게 되면 사회의 문제는 "어떻게 그것이ça 도주하는 것을 방해할 것인가?"가 된다. 나에게는, 권력은 나중에 온다. 푸코가 놀라는 점은 오히려 다음과 같은 데 있었다: 그런데 어째서 이 모든 권력들, 권력의 교활함, 권력의 위선에도 불구하고 우리는 저항하게 되는가? 나의 놀라움은 그 반대였다. 그것은 도처에서 도주하는데 정부는 이를 막아 낸다는 점. 그러니까 우리는 문제를 반대 방향으로 취하고 있었던 것이다. 당신이 [나에게 있어서] 사회가 유동체이고, 심지어 더 나쁘게는 가스와 같다고 말한 것은 옳다. 그러나 푸코에게 있어서 사회는 건축물이었다.[105]

들뢰즈가 정확히 표현했듯이 들뢰즈와 푸코는 문제를 정반대로 취하고 있었다. 푸코에게 사회는 권력망이라는 건축물로 간주되었기 때문에 모든 도주는 포획된다는 쪽으로 사유가 귀결된다. 그러나 들뢰즈에게 사회는 가스와 같은 흐름이기 때문에 정부-국가가 이를 포획

105 Deleuze, "Foucault et les prisons", DF., p. 261. 인터뷰의 일부. 대괄호는 필자의 삽입.

하려 하고 많은 경우 성공한다고 하더라도 어쨌든 그것은 언제나 도주한다는 쪽으로 사유가 귀결되는 것이다. 도주와 포획, 매끈한 공간과 홈 패인 공간은 서로 대립하지도 않고 분리되지도 못한다. 결국 두 작용이 복잡하게 중첩되어 있을 수밖에 없는데, 중요한 점은 들뢰즈에게 있어 흐름이 우선이라는 점. 존재론적으로나 논리적으로나 사회적으로도. 그리하여 아무리 포획되어도 이를 넘치는 흐름이 곧 사회라는 점이다. 요약하면, 들뢰즈의 공간은 아무리 홈 파는 작용에 의하여 포획되더라도 (마르크스처럼 말하면, 공간이 사유화되고 특정 개인의 것으로 혹은 권력의 것으로 폐쇄되더라도) 언제나 새로운 공간을 생산할 수 있다는 점이다. 그리고 이러한 점은 존재론적으로 보장되어 있다.

이제 우리에게 남아 있는 문제는 다음과 같다. 들뢰즈의 공간이 어떤 경우에도 새로운 공간을 생산할 수 있다는 것이 권리상 보장되어 있다면, 왜 우리의 현실적인 공간은 많은 경우 자본에 포획된 채로 있는가? 새로운 공간이 생산되도록[106] 하기 위하여, 우리에게 요구되는 것은 무엇인가?

---

106 우리는 문장을 일부러 수동태로 표현하였다. 들뢰즈에게 있어서 능동적, 자발적이라는 것은 동일화, 로고스, 변증법과 같이 가기 때문에, 더욱더 적극적인 의미의 수동성이 요구되기 때문이다. 어떻게 하면 인간이 새로운 공간을 생산할 수 있는가가 아니라, 어떻게 하면 새로운 공간이 생산될 수 있도록 할 수 있느냐는 것이 문제가 된다.

다. 공간을 생산하는 자는 누구인가?

세계화와 도시화의 결과 슬럼이 지구를 뒤덮을 것이라는 파국적인 전망을 내놓고 있는 데이비스는, 들뢰즈 계열의 담론이 우리에게 희망적인 전망을 내놓을 수 있다는 데 대하여 비판적 입장을 견지한다. 들뢰즈의 개념 가운데 하나인 '유목민'과 이로부터 영감을 얻은 네그리와 하트의 '다중' 혹은 다중적 주체라는 것은 사실상 없다는 것이다. 데이비스는 이렇게 말한다. "일반론은 무의미하다. 안토니오 네그리와 마이클 하트 같은 이들은 포스트 마르크스주의의 엄숙한 사변을 통해 세계화의 '리좀 공간' 내에서 '다중'의 새로운 정치학을 타진하고 있지만, 현실을 토대 삼는 정치사회학에서는 이에 대한 근거가 전혀 발견되지 않고 있다. … 전 세계 슬럼에는 획일적 주체나 일방적 경향이 존재하지 않는다."[107] 다시 말해서 자본국가의 홈 파기 운동, 혹은 재영토화 운동으로부터 벗어나는 소위 다중이라는 일정한 저항 주체의 경향은 없으며, 더욱이 들뢰즈에게서 발견되는 유목민이라는 존재 유형은 결국 공식 고용 기회를 박탈당한 이민자들, 혹은 남성을 이민자로 보내고 남아서 임시변통 노동, 삯일, 술장사, 행상, 복권장사, 삯바느질, 청소부, 유모, 창녀 등으로 생계를 이어 가는 여성들을 일컬을 뿐이라는 것이다.[108] 데이비스는 스노든의 소설을 인용하여 자신이 보는 유목민을 다음과 같이 묘사한다.

---

107 데이비스, 『슬럼, 지구를 뒤덮다』, 256~257쪽.
108 앞의 책, 203~204쪽.

> 수만 명의 주민들이 도시의 더러운 골목길을 돌아다니며 물건을 팔아 생계를 이었다. … 이 남녀 주민들은 노동자들이 아니라 '누더기를 걸친 자본가들'이었다. … 신문팔이를 제외한 장사꾼들은 '집시 상인', 즉 수시로 직종을 바꾸며 기회를 엿보는, 시장 안의 진정한 유목민이었다.[109]

들뢰즈가 홈 패인 공간과 매끈한 공간을 이야기하면서 도시를 언급한 부분은 매우 제한적이다. 그래서 이 부분만으로 들뢰즈적 도시학을 전체적으로 구성한다는 것은 불가능하지만, 아래와 같은 인용을 보면 데이비스의 비판이 일정 부분 설득력이 있어 보이기도 한다. 즉 들뢰즈는 "도시로부터 매끈한 공간이 빠져나온다. … 이를테면 움직이는 거대 빈민가, 임시 거주자, 유목민과 혈거민 등 … 폭발적인 빈곤, 이것은 도시가 분비하는 것"[110]이라고 말하기 때문이다. 그렇다면 들뢰즈가 생각하는 매끈한 공간은 결국 거대 빈민가, 임시 거주자, 혈거민 등이란 말인가?

하비 역시 들뢰즈와 거리를 둔다. 그는 "유토피아적 사고에 대한 생태적 영역은 그 자체의 전통을 가지고 있다. 그러나 그것은 상대적으로 작은 규모(공동사회, 마을 또는 작은 도시)에서 거둔 자연과의 조화라는 원칙에 입각해서 너무 주변화되거나 너무 제한적이었다"[111]라고 말한다. 즉 들뢰즈와 같이 "세계를 됨becoming으로 이해하는 세

---

109 Frank M. Snowden, *Naples in the Time of Cholera*, Cambridge: Cambridge University Press, 1995, pp. 35~36. 데이비스, 『슬럼, 지구를 뒤덮다』, 224쪽에서 재인용.

110 MP., p. 601.

111 하비, 『희망의 공간』, 314쪽.

계관[112]을 가지는 입장은 도시라는 현상에 대하여 너무 주변적이고 제한된 비전을 가질 수밖에 없다는 것이다. 하비는 공간적 형태, 닫힌 구조, 고착된 구체적 공간에 대해 거부감을 가지는 사상가들이 대안 제시에 역부족이라는 점을 거듭 강조한다. "르페브르는… 데카르트적 개념화, 절대적 공간 개념화로부터 도출되는 정치적 절대주의, 즉 합리화, 관료화되고 기술주의적이며 자본주의적으로 정의된 공간성으로 세계를 설정하고자 했던 억압에 대하여 엄청난 비판을 퍼부었다. … 따라서 만약 대안들이 실현된다면, 닫힘(그리고 이것이 전제 가정하는 권위)의 문제는 끊임없이 피할 수 없을 것이다."[113] 그 결과 르페브르는 구체적 문제와 맞부딪치는 것을 거부했다는 것이다. 하비가 보기에 이는 푸코의 문제이기도 했다. 푸코는 '헤테로토피아'라는 개념과 '탈주'라는 주체로 이 어려움을 극복하고자 하였으나 하비에게는 이 역시 역부족이다. 푸코는 "선택, 다양성, 그리고 차이를 부각시키는 공간적 유희들의 동시성이라는 사고를 고취시키고… 도시 공간에서 발생하는 일탈적이고 위법적 행태와 정치의 다원적 형태들을 … [이해하도록 하지만] … 어떻게 그리고 어떤 종류의 대안이 구축될 수 있는가에 대해 아무런 단서도 제공하지 않았다"[114]는 것이다. 하비가 원했던 것은 데이비스가 보여 주는 암울한 지구화, 무분별한 도시화로 인한 빈곤의 증대라는 현실에 어떤 구체적이고 실질적인 '대안'을 제시하는 것이었다. 그런데 들뢰즈, 푸코, 르페브르 등의 입

112 하비, 『희망의 공간』, 같은 쪽.
113 앞의 책, 250쪽.
114 앞의 책,, 253쪽.

장은 모든 대안을 닫힌 것, 고착된 것, 폐쇄적인 것, 권위적인 것으로 거부하기 때문에, 그들의 통찰이 아무리 의미 있다 하더라도 한계가 있다. 게다가 이들은 이를테면 빈곤, 착취 등의 구체적인 문제에 대면하려고 하지 않는다는 것이다.

들뢰즈의 답변을 더 의미 있게 추론해 보기 위해서는 하비의 입장을 잠시 더 고찰하는 것이 좋겠다. 하비의 입장은 "사회적 및 생태적 조건에 물질적으로 기반을 두지만, 창조하려는 의지를 통해서 인간행위의 가능성과 대안을 강조하는 변증법적 유토피아를 위한 언어를 만드는 것"[115]이다. 하비는 이를 이해시키기 위하여 마르크스를 인용하면서 노동자를 건축가에 비교하고 이를 벌bee의 작업 성격과 대립시킨다. 인간적인 노동을 벌의 노동과 구별 짓는 것은 "건축가는 실제로 건축을 하기 전에 머릿속으로 구조를 만든다는 점"과 "어떤 목적을 실현시킨다"[116]는 점이다. 이는 노동에 대한 마르크스의 통찰이며, 하비는 마르크스를 따라 도시 유토피아의 건설에 있어서도 이와 같은 접근이 필요하다고 본다. 즉 도시 유토피아의 건설을 위해서는 벌의 작업처럼 됨becoming을 그대로 내버려 두어서는 안 되고, 건축가의 작업처럼 새로운 공간에 관한 구조를 만들고making 목적을 실현시켜야 한다는 것이다. 그래서 하비에게 중요한 것은 보편적인 것과 개별적인 것의 매개와 변증법이다.

변증법은 보편성이 항상 특수성과 관련하여 존재한다고 가르친다.

---

115 앞의 책, 314쪽.
116 앞의 책, 277쪽에서의 인용문, '마르크스, 『자본론』, 1967년, 177~178쪽 인용'이라고 밝힘.

> … 이러한 과정의 조화는 매개하는 제도에 달려 있다. (예를 들어 주어진 영토 또는 특정한 사회적 집단 간의 언어와 법률, 그리고 관습.) 이러한 매개 제도는 특수성과 보편성 사이를 번역하고, 그리고 (대법원과 같이) 보편적 원리의 보호자 및 그 적용의 중재자가 된다. 이들은 또한 그 자체로 권한을 가지는 권력의 중심이 된다. 이것은 크게는 국가와 그 모든 제도들과 더불어 자본주의하에서 세워진 구조이며, 이들(지금은 세계은행, IMF, UN, GATT, WTO)과 같은 여러 가지 국제 제도에 의해서 보완된 자본주의 체제의 이익을 위한 '집행위원회'로서 근본적이다. 자본주의는 특수한 것(심지어 개인적인 것)에서 보편적인 것으로, 그리고 다시 동적이며 상호작용의 방법으로 역으로 전환하는 메커니즘으로 가득하다. 물론 역사적으로 주요 중재자는 국민국가와 화폐 순환을 관리하는 제도를 비롯한 그 국가의 모든 제도였다. 따라서 어떠한 사회적 질서도 보편성의 질문에서 벗어날 수 없다. 보편주의에 대한 현재의 '급진적인' 비판은 잘못되었다. 보편주의 그 자체를 공격하기보다는 특수성과 보편성 간을 번역하는 힘의 구체적 제도에 초점을 두어야 한다.[117]

보편성과 개별성 그리고 매개에 관한 하비의 지적은 도시 문제에 핵심적인 것으로 보인다. 대안과 대안의 구성을 거부하는 푸코, 들뢰즈, 르페브르 등은 하비의 말에 의하면 자본주의 체제의 이익을 위한 각종 매개(국가 기구가 그 대표적인 매개)를 비판하느라 새로운

117 하비, 『희망의 공간』, 327~328쪽. 밑줄 강조는 필자.

매개를 제시하기를 거부할 뿐만 아니라, 아예 보편적인 것 자체를 공격한다는 것이다. 그리고 이러한 세계관은 현실적인 문제를 대면하려 하지 않고 구체적 대안 마련을 거부하기 때문에 문제이다. 하비는 **매개로서의 구체적인 제도**가 "(직접 생산자의 권한과 같은) 것보다 (생산수단의 소유권과 같은) 특정한 특수성을 선호하고, 어떤 특별한 종류의 보편성을 장려한다"[118]는 점을 인정하면서도 "특수성과 보편성 사이에 변증법을 매개할 수 있는 제도와 건조 환경의 형성"[119]이 중요하다는 입장이다. 데이비스와 하비의 비판에 근거하여 본다면 들뢰즈의, 혹은 들뢰즈적이라고 간주되는 도시학의 맹점은 다음과 같다. 첫째, 들뢰즈의 유목민은 한낱 도시부랑자, 혈거민, 임시 거주자, 빈민가 등일 뿐이며, 유목민이라는 일정한 저항적 주체는 없다. 둘째, 들뢰즈의 존재론은 이러한 현실적 문제를 대면하지 않을 뿐만 아니라 구체적인 대안을 제시할 능력이 없다. 보편적인 것과 변증법을 배척하는 것은 적절하지 않다. 제도라는 매개가 없는 도시 운동은 너무 제한되기 때문이다. 소위 포스트 구조주의 지리학이라고 불리는 영역의 존재론적 근거이기도 한 들뢰즈의 존재론이 이와 같은 문제를 가지고 있는 것이 사실인가? 우리는 이미 앞선 장에서 들뢰즈의 정치철학은 '제도'를 중심으로 펼쳐진다고 주장한 바 있다. 그러므로 우리는 데이비스와 하비의 비판에 대해 곧바로 대답할 수도 있다. 전 세계적인 '유행'으로서의 포스트구조주의는 들뢰즈-가타리에 대하여 무엇인가 깊은 오해를 하고 있다고, 그들은 마치 '제국'을 비판한 캘

118 앞의 책, 328쪽.
119 앞의 책, 329쪽.

리니코스가 말했듯이 용어 자체가 이미 매우 모호하고 부정확해서 "잘해야 졸속이고 최악의 경우에는 부정확한 역사적, 사회학적, 예술적 판단이 뒤섞인" '포스트모더니즘'을 토대로 들뢰즈와 가타리를 비판했다고 말해야 할 것이다. 물론 캘리니코스는 질 들뢰즈가 "만만치 않은, 그러나 문제가 많은 개념 혁신"을 이룩한 철학자라는 것을 알고 있었다. 존재론과 형이상학의 깊이가 정치철학에 어느 정도까지 반영되는지에 대한 진지하고 오랜 성찰이 없이, 당면한 과제에 대한 즉각적이고 단편적인 논박이 주된 철학 행위가 된다면, 이런 비극적인 사건이 일어나기도 한다는 하나의 사례가 될 정도라고 생각한다. 실제로 들뢰즈-가타리가 한 말을 들어 보자.

> 사실 어디서나 노동자의 투쟁은 … 직접 국가의 공적 지출을 좌우하는 공리들과 특수한 국제 조직(예를 들어 다국적 기업은 어느 국가에 있는 공장의 폐쇄를 마음대로 계획할 수 있다)과 관련된 공리들을 대상으로 한다. 이러한 문제를 담당하고 있는 세계 규모의 노동-관료 기구와 기술관료들이 가하는 위협은 국지적 투쟁이 국가 차원과 국제 차원의 공리들을 직접 표적으로 삼고 공리가 내재성의 장으로 삽입되는 바로 그 지점에서 일어날 때만 제거될 수 있다(이와 관련히 농촌 지역에서의 투쟁의 잠재성을 주목할 필요가 있다) … 그러나 이처럼 생생한 흐름들이, 또 이 흐름이 제기하고 강제하는 질문들이 가하는 압력은 공리계 내부에서 작용하지 않으면 안 된다. 이를 통해 한편으로는 전체주의적 왜곡에 맞서 투쟁하고 다른 한편으로는 공리의 부가를 추월하고 가속하며 또 이러한 부가에 방향을 부여하고 기술

관료들의 착오를 막아야 하는 것이다.[120]

들뢰즈-가타리는 '조직', '기관', '기구', '관료' 등의 존재를 부인하는 것이 아니고, 노동자의 투쟁이란 이들과 관련된 공리들을 직접적인 대상으로 한다는 것이 주된 주장이다. 들뢰즈가 부인하는 것은 '제도'가 아니라 법과 계약이며, 우리의 욕망은 잘 작동하지 않는 제도를 서서히 버리고 새로운 제도를 창조해 나갈 수 있다는 것. 그것이 들뢰즈가 생각했던 정치다. "보편주의 그 자체를 공격하기보다는 특수성과 보편성 간을 번역하는 힘의 구체적 제도에 초점을 두어야 한다"는 하비의 비판은 들뢰즈에게는 허수아비 공격에 다름 아니다. 실제로 들뢰즈는 보편성을 부정한 적이 없다. 하비가 그렇게 생각한 것은, 소위 그가 말하는 (들뢰즈와 같은) 생태주의적 세계관이 어떠한 고정적인 것도 받아들이지 않는다고 간주하는 데 근거한 것인데, 이는 그가 보편성을 고전적인 의미의 불변성으로 사유하기 때문이다. 앞서 보았듯이 들뢰즈에게 이념은 dx라는 상징으로 표현되었다. dx라는 상징은 상징으로서는 불변이라고 볼 수도 있다. 그러나 그것은 미분적인 것이라는 아주 특별한 수학적인 존재를 가리키는 상징으로서, 그 자체로 규정성, 미규정성, 상호규정성 등을 모두 표현할 수 있다고 설명

120 MP., 888쪽, 밑줄 강조는 필자. 이러한 투쟁은 제도를 창설하는데, 이 지점에서 들뢰즈가 전 생애에 걸쳐 관심을 가진 '제도'라는 문제가 뒤따라 나온다. 사회의 본질을 법이 아닌 제도라고 본 흄의 작업에 큰 흥미를 가진 들뢰즈는 후기에도 이 문제에 대하여 여전한 관심을 보인다. 일반의지를 담보로 하는 인민들과 그들의 권리 양도로 이루어진 사회 계약이라는 사회이론의 틀과 정반대의 주장을 담고 있는 제도로서의 사회이론은 앞으로 다루어야 할 흥미로운 주제이다. 질 들뢰즈, 『경험주의와 주체성: 흄에 따른 인간 본성에 관한 시론』, 한정헌·정유경 옮김, 난장, 2012, 73쪽.

한 바 있다. 들뢰즈에게는 이러한 것이 보편성이다. 그는 자주 보편성과 일반성이 다르다는 언급을 반복한다: "특수자le particulier의 일반성이라는 의미의 일반성généralité은 특이한 것le singulier의 보편성universalité이라는 의미의 반복에 대립한다."[121] 들뢰즈가 고정적이고 폐쇄적인 것으로 거부한 것은 일반적인 것이지 보편적인 것이 아니다. 반복은 특이한 것과 보편적인 것에 관계하는 것으로서, 여러 차례 실험의 결과 공통적인 것을 추출해 내는 과학에서의 특수자와 일반성에 대립한다. 즉 이때 보편성은 공통적인 것의 추출이나 추상으로서의 일반성과는 다른 것으로서, 일반지성으로는 포착되지 않는 그 무엇을 말하는 것이다. 특이성과 보편성은 나중에 보겠지만 개체화의 과정에 혼합되어 있는 개체적인 것과 전개체적인 것이다. 더욱이 만약 보편적인 것이 이러한 종류의 존재론에 결핍되어 있다면 애초에 개체화의 문제를 다룰 필요도 없었을 것이다.

소바냐르그는 들뢰즈가 말하는 이것임[차이]을 단지 "지속하는 것과 반대되는 덧없는 것이나 사라져 가는 것과 같은 유형의 시간적 규정과 혼돈해서도 안 되고 존재의 가장 작은 정도와 혼동해서도 안 된다"[122] 고 쓰고 있다. 하비가 소위 포스트 구조주의자들을 '생태주의적' 세계관에 분류시킬 때, 그가 염두에 둔 것은 바로 소바냐르그가 혼동을 피하도록 당부한 바로 그 덧없는 것, 사라져 가는 것 등의 시간적인 규정이었을 것이다. 그러나 보편적인 것과 더불어 존재하는

---

121 DR., 27, 269~270쪽.

122 소바냐르그, 「이것임」, 로베르 사소·아르노 빌라니 편, 『들뢰즈 개념어 사전』, 신지영 옮김, 갈무리, 2012. 324쪽.

개별적인 것, 그 둘의 혼합인 개체화 과정을 제대로 고려한다면 스스로 차이화하는 존재는 반드시 유일하게 시간적인 것은 아니며, 오히려 "위상학적이고 양자적인 개념"[123]이라는 것을 인지해야 할 것이다. 차이의 존재는 위상학적이기 때문에 보편적인 모든 것을 파기하는 시간성으로부터 벗어나며, 폐쇄성을 동반한 공간의 권위주의로부터도 벗어난다. 이런 식으로 해서 들뢰즈의 차이에, 그의 유목민에 보편성이 확보될 수 있다. 비르노가 "다중에게 보편자는 전제이지 약속이 아니"[124]라고 반복적으로 강조하는 것은 바로 이러한 맥락이다. 즉, 차이 존재는 보편자라는 목적을 향하여 운동하는 결핍된 존재가 아니라, 유목적 운동을 생산하는 보편자-개별자의 과정 자체인 것이다. 보편자는 존재 운동의 목적이 아니라 전제이자 근거이다.

또한 널리 알려져 있는 들뢰즈에 대한 정치철학적인 비판점은, 투쟁해야 할 지점에서 도주한다는 것인데, 이 '도주'라는 개념 역시 지나치게 현실태적으로, 문자 그대로 받아들여지고 이해된 것이 아닌가 한다. 위의 인용문에서 보듯이 투쟁은 도주의 한 양태일 수 있다. 도주하는 운동에서 투쟁이 유발될 수 있기 때문이다. 도주가 본질인 욕망의 운동이 한편으로는 포획되고 다른 한편으로는 도주한다고 볼 때, 이 도주는 간접적인 투쟁이 된다고 보아도 무방할 것이다. 도주라는 사회적 저항의 개념 덕분에 들뢰즈는 의도치 않게 무정부주의자의 선봉으로 간주되기도 했지만,[125] 이러한 평가를 인정하지 않

123 MP., p. 334.
124 파올로 비르노, 『다중』, 김상운 옮김, 갈무리, 2004, 270쪽.
125 바디우, 『들뢰즈-존재의 함성』, 32쪽: "좌익의 시대, 1968년,…당시 "아나키즘의 추종자들"이라 불렸던 집단의 철학적 배후자였던 들뢰즈는 나에게는 적이었다."

았던 그가 주장하고자 한 것은 다음과 같다. "문제는 결코 무정부냐 질서냐 하는 것과는 상관이 없으며 중앙 집권이냐 아니면 지방 분권이냐도 아니며 오히려 가산 집합의 공리계에 저항하는 불가산 집합들과 관련된 문제들에 대한 평가와 개념 형성이 중요하다. 이러한 평가는 그에 고유한 구성, 조직, 심지어 중앙화까지 동반할 수도 있지만 그럼에도 불구하고 이것은 결코 국가의 길이나 공리계의 과정이 아니라 순수한 소수자-되기를 경유해 나간다."[126] 이 발언은 널리 퍼져 있는 들뢰즈-가타리에 대한 막연한 이해와는 달리, 차이의 존재와 욕망의 실천이 구성, 조직, 중앙화 등에 무조건 부정적이며 이 모든 것을 해체하는 방향으로만 지향한다는 것과 정면으로 배치된다. 중요한 것은 구성, 조직, 중앙화를 하게 되느냐 그렇지 않느냐가 아니고, '문제'에 대면하고 이를 평가하며 또 개념을 형성하는 '경로'이다. 그 경로가 국가나 기존의 공리계가 아니라 소수적인 경로여야 한다는 것이며, 그 '소수자-되기'의 경로가 바로 차이의 경로이자 순수 욕망의 경로인 것이다. 앞서 하비는 도시 유토피아의 건설이 벌이 집을 만들 듯하는 됨becoming이어서는 안 되고 목적을 지향하는 변증법적 과정으로서의 만듦making이어야 한다고 주장하였는데, 이때 벌이 집을 만드는 과정을 됨이라 불렀을 때, 그는 물론 들뢰즈류의 되기devenir의 철학을 겨냥했을 것이다. 소수자-되기, 여성-되기, 동물-되기, 분자-되기 등의 '되기'라는 들뢰즈-가타리의 개념이 그에게는, 아니 들뢰즈를 졸속으로 포스트모던 철학자로 만들어 버린 이들에게는 벌이

126 MP., p. 900. 밑줄 강조는 필자.

목적도 없고 교육도 받지 않은 채로 자기 집을 만들어 내는 것과 같은 모양으로 받아들여진 것 같다. 그러나 우리가 앞선 장에서 이미 지적했듯이, 초월을 도입하지 않는 철학이라고 해서, 이를테면 자연주의와 같은 경우, 아무런 노력을 하지 않아야 한다는 주장을 하는 것은 아니다. 오히려 들뢰즈가 주장하는 것은, 욕망의 과정을 자본이라는 지점에서 중단시킨 자본주의와 국가와 자본주의 공리계가 욕망의 길을 이리저리 홈 패고 인도하는 흐름 속에서, 이 흐름에 휘둘리지 않는 길, 즉 순수한 소수자-되기의 경로를 따라 문제를 평가하고 개념을 만드는 지고한 '노력'이 필요하다는 것이다. 노력 역시 자연에서 발생되는 것이지 자연 외부에서 들여오는 것이 아니다. 그래서 이러한 노력 끝에, 문제에 대한 평가의 결과, 우리는 이 결과에 부응하는 조직을 구축할 수도 있고, 개념을 형성할 수도 있는 것이다.

유목민은 부랑자인가, 저항적 주체인가?

들뢰즈를 비판하는 근거가 되었던 지점으로 되돌아가 보자. 도시가 분비하는 것으로서의 유목민, 거대 빈민가, 임시 거주자, 폭발적 빈곤이 매끈한 공간인가? 뉴욕의 도시 운동가 코소가 그리는 9·11 당시 뉴욕의 풍경은 이 문제와 관련하여 우리에게 많은 시사점을 준다. 코소는 스스로 두 장면을 분리하여 보여 주면서 하나는 우리에게 잘 알려진 장면이요, 다른 하나는 거의 알려지지 않은 일반 주민들의 모습이라 전한다.

> 가) 잘 알려진 사실
>
> 9·11 비극 직후, 매일매일 거리에는 비일상적인 풍경이 펼쳐졌다. …

거대한 매연… 사이렌을 울리며 돌아다니는 위장 순찰차, 거리 모퉁이마다 기관총으로 무장하고 서 있는 경찰 특수부대, 요소요소를 철통같이 지키고 있는 국방군 병사들과 장갑차… 해상보안국의 무장 보트… 이곳저곳에 설치된 검문소에서는 누구나 심문의 대상이 되었다. … 그들(소방대원과 청소국 직원들)을 태운 트럭이 지나가는 장소마다 성조기를 흔들며 큰소리로 응원하는 애국자들의 모습이 보였다.[127]

나) 거의 알려지지 않은 일반 주민들의 모습

직장에 나갈 수 없는 사람들이 길모퉁이에서 만나 멈춰선 채 이야기를 나누었다. … 모든 술집은 점심때부터 들썩거렸다. 친구들은 서로 안부를 확인했다. 재난 당한 친구들을 집에 묵게 하는 사람들도 많아 복수가족의 아파트가 증가했다. 몇몇 큰 병원 앞에는 헌혈 신청자들이 길게 줄을 지어 서 있었다. … 몇몇 레스토랑은 이재민들과 수조/정비대원들을 위해 무료로 식사를 공급했다. 이 도시의 사회/정치운동과 역사적으로 깊은 인연을 가진 유니언 스퀘어에는 사람들이 죽은 이들을 위한 애도의 꽃다발을 들고 모여들었다. … 전쟁을 시작하려는 부시 정권의 움직임을 눈치챈 활동가 단체는 대규모 대책회의를 소집했다. 이것은 국가에 의한 비상사태에 대한 대처=군대에 의한 통제의 틈을 뚫고, 자생적으로 발생한 주민들의 자율권이었다.[128]

두 가지 풍경을 비교함으로써 코소가 보여 주고 싶었던 것은 국가를

127 코소, 『죽음의 도시, 생명의 거리』, 112~113쪽.
128 앞의 책, 113~114쪽. 밑줄 강조는 필자.

경유하지 않는 주민들의 자율적인 움직임이다. 이 움직임이야말로 매끈한 공간, 자본과 국가의 홈 파기를 벗어나는 욕망의 탈영토화하는 힘을 보여 준다. 이 장면에 나타나는 주민들의 움직임, 이러한 사회적 과정은 데이비스가 그려 낸 파국과는 많이 다르다. 데이비스가 본 것은 비공식 노동 분야를 전전하는 유목민이었으나, 코소가 본 것은 국가 기구의 기만적 변증법을 벗어나는 자율적인 상호부조 현상이었다. 그렇다면 왜 자본국가의 홈 파기를 벗어나는 과정이 이렇듯 극단적으로 다른 두 양상으로 나타나는 것처럼 보이는가?

사실상 데이비스가 본 유목민 현상, 누더기를 걸친 자본가들의 현상은 자본국가의 논리의 이면이지, 자본국가를 진정으로 벗어나는 과정은 아닌 것으로 보아야 할 것이다. 그것은 엄밀히 말해서 거대 도시화의 이면에서 발생하는 자본의 국지적 움직임이다. 데이비스가 인용한 스노든의 표현은 이런 맥락에서 대단히 시사적이다. 그는 그저 유목민이라고 하지 않고, '누더기를 걸친 자본가들'이라고 말하였다. 공식 부분의 일자리를 잃고 도시로 유입되는 이민자들이나, 이들을 떠나보내고 삯바느질, 매춘, 넝마주이 등으로 생계를 잇는 여성노동자들이나, 이들의 반응은 모두 자본주의적이다. 그것은 엄밀히 말해서 자본의 자본화하는 움직임에서 벗어나는 움직임이 아니라 거대 자본으로부터 배척당했지만 다시 자본을 찾아다니는 움직임이다. 비공식 노동 분야의 확장과 그로부터 파생되는 '누더기를 걸친 자본가들'로서의 유목민, 즉 데이비스가 유목민이라 명명한 그 현상은 탈영토화 현상이 아니라 자본주의의 탈영토화 과정의 결과 나타나는 재영토화 현상인 것이다.

자본의 재영토화를 진정으로 벗어나는 과정은 국지적 자본을 찾아 떠나는 과정이 아니라 자본이 아닌 다른 가치를 창조하는 과정이어야 할 것이다. 이는 코소가 보여 주었던 바로 그 장면에 나타난 상호부조라는 가치 창조의 과정일 수 있다. 그리고 이러한 **가치 창조는 곧바로 공간의 창조**이다. 직장에 나갈 수 없는 사람들이 만나서 멈춰 선 채 이야기를 나누는 '길모퉁이', 들썩이는 '술집', 재난 당한 친구들을 집에 묵게 하면서 생겨난 '복수가족의 아파트', 헌혈 신청자들의 '긴 줄', 이재민들과 정비대원들을 위해 '무료로 식사를 공급하는 레스토랑들', 전쟁의 기미를 눈치챈 활동가 단체들의 '대규모 대책회의' 등. 그 길과 술집과 아파트와 레스토랑은 그전에도 있었지만, 사람들의 움직임으로 인해 다른 의미의 공간으로 재창조되며, 그 공간은 기존 공간 위에 겹쳐져 다수적 공간이 된다. 기존의 물리적 공간에 겹쳐지는 잠재적이며 다양체적이고 소수적인 공간, 바로 이것이 **순수공간**Spatium이고, 도시는 이러한 공간들을 만들어 낼 수 있으면 있을수록 더욱더 유토피아로 자신의 모습을 드러낼 수 있다. 그러므로 데이비스가 보는 들뢰즈적 유목민은 사실상 들뢰즈의 유목민이 아니었던 것이다. 들뢰즈가 움직이는 거대 빈민가, 임시 거주자, 유목민과 혈거민을 매끈한 공간으로 언급한 부분이 있기는 하지만, 이에 대하여 들뢰즈는 곧바로 다시 이것이 "응축된 힘이며 역습의 잠재력인가?"[129]라고 묻는다. 들뢰즈가 거대 빈민가를 응축된 힘이며 역습의 잠재력이라고 단언하지 않고 질문으로 되돌린다는 것은, 이 질문이 복합적인 의미로 다루어져야 함을 함축하는 것으로 보아야 할 것이

129 MP., p. 601.

다. 자본국가-도시화가 유발하는 슬럼, 부랑자, 혈거민 현상은 그 자체로 긍정적 저항의 작용은 아니나 자본국가-도시화의 정당성을 약화시키는 작용이 될 수는 있다. 또한 그 현상은 저항적 움직임을 탄생시킬 가능성을 갖는다. 그런 의미에서 응축된 힘이며 역습의 잠재력이라 볼 수 있다는 것이지 슬럼 자체가 긍정적인 저항 현상은 아니라고 봐야 한다. 즉 부랑자와 혈거민 자체가 들뢰즈에게서 발견할 수 있는 저항적 주체는 아니다. 잘 알려져 있다시피 들뢰즈는 유목민에 대하여 "움직이지 않는 사람들, 제자리에서 형성되는 도주선을 따라 부동의 상태에서 성큼성큼 걸어다니는 … 가장 위대한 신무기 개발자들"[130]이라는 토인비의 설명을 여러 차례 인용한다. 유목민은 "역사적이고 문화적이며 조직화된 프랑스식 여행"[131]객이 아니라는 것이다. "여행에는 늘 재영토화하는 수법이 있어서, 사람들이 여행에서 되찾는 것은 언제나 자신의 아버지와 (더 나쁘게는) 어머니"라고 들뢰즈는 전하고 있는데, 이를 우리의 논의로 끌고 와 적용시켜 보면 다음과 같이 말할 수 있다. 즉 '누더기를 걸친 자본가'-유목민은 끊임없이 자본을 되찾으려는 여행객이지 토인비-들뢰즈식의 유목민이 아니다.[132] 그 현상에 자본 논리 이외에 다른 것이 있는가? 없다. 이 움직임은 도

---

130 D., 번역본 75쪽. 유목민과 관련한 토인비 언급은 『천 개의 고원』에서 반복된다. "사막이나 스텝, 바다에서도 얼마든지 홈을 파고 살 수 있다. 도시에서조차 매끄럽게 된 채로 살 수 있고, 도시의 유목민이 될 수 있다. … 토인비가 시사하는 대로 … 유목민은 이동하지 않는다. … 전혀 이동하지 않음으로써, 이주하지 않음으로써, 또 하나의 매끈한 공간을 보유한 채 떠나기를 거부하기 때문에, 또 정복하거나 죽을 때에야 비로소 그곳을 떠나기 때문에 유목민인 것이다"(MP., 920~921쪽).

131 D., 74쪽.

132 이것이 혈거민과 부랑자에 대한 비판은 아니다. 비판의 초점은 혈거민과 부랑자는 자본이라는 과정 자체에 있다.

주와는 근본적으로 다른 움직임이다. 그러므로 탈영토화하는 유목민처럼 보이는 그 파국적 현상은 자본의 한 과정일 뿐, 그 이상도 이하도 아니다.

저항적 주체로서의 유목민의 존재론적 근거-민중의 탄생

비르노는 다중의 존재론적 근거를 들뢰즈의 친구[133] 시몽동에게서 찾는다. 그에 따르면 시몽동의 개체화 이론을 구성하는 테제 가운데 다중을 이해하는 데 도움이 되는 테제가 하나 있는데, 이는 개체화라는 것이 결코 완결되지 않으며 전-개체적인 것은 결코 단독성[수적인 하나]으로 완전히 전환되지 않는다는 것이다.[134] 시몽동에 따르면 존재는 전개체적인 것과 개체적인 것의 혼합이자 그 운동 과정이다. 이럴 경우 우리가 개체라고 부를 수 있는 것은 개체화 과정이 완결된 스스로 동일한 하나의 단독적 존재자가 아니다. 개체에 대한 이러한 생각은 초월적 주체나 단일한 인격 등을 담보하거나 이를 근거 짓는 동일성의 철학에 대한 해체의 결과 당연히 도출되는 것이다. 들뢰즈 역시 자신의 차이 존재론을 정초하면서 시몽동의 작업을 환기시킨다. "최근에 질베르 시몽동이 언급했던 것처럼, 개체는 무엇보다 먼저 어떤 준안정적인 상태, 다시 말해서 어떤 '불균등화'의 현존을 가정한다. 이는 적어도 두 개 이상이고 서로 다질적인 크기상의 질서나 실재상의 위계들이 있어야 한다는 것과 같다."[135] 불균등성 자체, 준안정

---

133 비르노, 『다중』, 131쪽.
134 앞의 책, 132~133쪽.
135 DR., 524쪽.

적인 상태가 바로 개체화 과정이다. 이러한 "개체는 어떤 전-개체적 인 반쪽에 묶여 있"[136]다. 들뢰즈는 개체에 대한 이러한 생각의 원천을 멀게는 둔스 스코투스에게서 본격적으로는 스피노자에게서 그리고 동시대에는 시몽동에게서 발견한 바 있다. 둔스 스코투스는 개체화의 문제가 "인간의 지성이 일반화하는 특성을 지니고 있어서… 사물에 관해서 알려지는 것은 유일하게 개별적인 것이 아니고 그것이 다른 사물들과 공통으로 지니고 있는 어떤 속성이나 특성"[137]일 뿐이기 때문에 생기는 문제라고 보며, '이것임'Heccéité이라는 용어를 만들어 내어 일반화하는 지성이 포착하지 못하는 개별적인 것 그 자체를 표현하려고 한 바 있다. 들뢰즈는 스코투스가 고안한 '이것임'이라는 개체가 "사물 혹은 주체의 양태와 혼동되지 않는 개별화의 양태를 암시"[138]하는 것으로 중요하게 생각한다. 들뢰즈는 개체에 관한 이러한 생각을 스피노자에게서 더욱 본격적으로 발견한다. 들뢰즈는 스피노자가 몸에 주목하여 "몸체는 그 종이나 속, 그 기관들과 기능들에 의해 정의되지 않으며 … 오히려 몸체가 할 수 있는 일 … 변용태들에 의해 정의"[139]된다고 본 점에 유의한다. 이러한 몸으로서의 개체는 의식 주관이나 분류하는 지성에 의해 포착되지 않는다. 들뢰즈는 이를 좀 더 구체적으로 다음과 같이 설명한다.

---

136 Gilbert Simondon, *L'individu et sa genèse physicobiologique*, Paris: P.U.F, 1964; DR., 524쪽.

137 알렌 볼터, 「둔스 스코투스」, 조지 그라시아 엮음, 『스콜라철학에서의 개체화』, 이재룡·이재경 옮김, 가톨릭출판사, 2003, 464쪽.

138 MP., p. 318.

139 D., 15쪽.

> 각각의 개체, 즉 몸체와 영혼은 무한한 부분들을 소유하는데, 이 무한한 부분들은 일종의 합성 관계하에 개체에 귀속됩니다. 따라서 각 개체는 하위 질서에 있는 개체들로 합성되어 상위 질서 개체들의 합성으로 들어갑니다. 모든 개체들은 일관성의 평면 위에 놓인 것처럼 자연 안에 있으며… 각 개체를 구성하는 관계가 역량의 정도, 변용될 수 있는 힘을 형성하는 한에서, 개체들은 서로서로를 변용합니다.[140]

서로 간의 변용, 변용되거나 변용하는 힘, 부분들과 관계, 상위와 하위 개체의 서로 간의 귀속 등의 설명이 보여 주는 것은 바로 위에서 시몽동이 말했던 개체화의 테제이다. 개체화의 과정은 완결되지 않으며, 전개체적인 것과 개체적인 것의 혼합이라는 과정 그 자체이다. 과정 그 자체가 존재일 경우, 이 과정은 결코 하나의 단일하고 지속하는 의지로 환원될 수 없을 것이다. '이것임', 개체화, 개체로부터 다중으로 이어지는 논의는 유목민에 닿아 있다. 이러한 존재론적 근거를 가지는 유목민이라는 것은 데이비스가 의심스럽게 생각한 그 유목민, '누더기를 걸친 자본가'가 아니다. 우리가 어떤 한 사람을 거렁뱅이, 자본가, 빈민 등으로 지칭하는 것은, 그 존재를 하나의 이름으로 지칭 가능한 완결된 존재자로 여기기 때문이다. 그러나 유목민은 이러한 하나의 존재자[수적인 하나]를 가리키는 명칭이 아니다. 즉 유목민은 완결된 존재자를 지칭하는 개념이 아니라는 것이다. 유목민은 과정 중에 있는 개체 혹은 개체화 과정 자체이며, 이 개체는 한 사

---

140 D., 114~115쪽.

람의 거렁뱅이 안에도 한 사람의 자본가 안에도 그 존재자의 생성의 와중에 있을 수 있는, 존재의 한 국면이다. 그러므로 유목민은 일반지성으로 포착되지 않고 일반화가 불가능하며 결과적으로 지칭이 불가능한 존재로서, 본성상 도주적이다. 그는 홈 파기 작용을 끊임없이 피해 가는 존재로서, 자본으로의 환원을 피해 가기 때문에 자본을 해체하는 힘인 것이다. 들뢰즈가 세계의 창조와 함께 필요하다고 본 '민중'은 바로 이러한 존재를 말하는 것이다.

도시의 모습은 이중적이다. 하비가 기억하듯이 "언젠가 '도시 공기가 사람을 자유롭게 한다'는 말이 있었다. 농노들이 속박으로부터 탈피하여 중세도시의 자기통치적 법적 실체들 내에서 정치적 및 개인적 자유를 주장함에 따라 이 사고가 형성되었다."[141] 그러나 점점 더 거대화되는 현대의 도시는 거꾸로 슬럼화를 동반하고, 빈곤과 착취를 유발하기도 한다. 그래서 도시 현상은 그대로 승인하기도 거부하기도 어려운 지점이 있다. 도시의 탈영토화 과정이 자본의 작동 원리에 따라 국가라는 매개를 통해 오로지 자본에만 유리한 방향으로 재영토화되도록 내버려 둘 수 없다는 생각은 도시를 사유하는 학자들에게 공통된 생각일 것이다. 들뢰즈의 차이의 존재론이 자본의 작동을 자본에 유리한 방향으로 돌아가도록 '내버려 두지 않는다'는 생각은 아마 많은 사람들을 놀라게 할지도 모른다. 피상적인 이해에 의하면 들뢰즈의 철학은 있는 그대로를 내버려 두고 그대로를 긍정하는 철학

141 하비, 『희망의 공간』, 217쪽.

이기 때문이다. 하지만 앞서 짚은 대로 초월을 배제하는 내재성의 철학이 반드시 존재를 있는 그대로 '내버려 두는' 것은 아니다. 차이 존재가 내버려 두는 것은 차이뿐이다. 그것을 들뢰즈는 소위 '이중긍정'이라는 단어로 표현한다. 여기에 니체적 비전이 개입한다. 들뢰즈는 니체의 니힐리즘이란 영원회귀와 관련할 때만 완성된다고 주장하는데, 여기에서 이중긍정의 의미가 드러난다. 왜냐하면 "영원회귀만이 부정성을 반응적 힘 그 자체의 부정으로 만들기 때문이다".[142] 다시 말해서 기존의 가치를 부정하는 니힐리즘의 부정성은 그것이 영원회귀와 관련될 때 스스로의 반응적 힘마저 부정한다는 것이다. 그렇게 되면 반복되는 것, 되돌아오는 것은 오로지 긍정성일 뿐이다. 들뢰즈는 이를 니체에 대한 가치전환적 해석이라 불렀다. 이와 동일한 맥락에서 하이데거는 니체적 의미의 힘을 다음과 같은 경우에만 긍정하고, 그 힘에 의한 가치정립을 가치전환이라 이해한다. "어떠한 힘도 그것이 힘의 증대, 즉 힘의 고양인 한에 있어서만 힘이다. 힘은 그때그때마다 도달된 힘의 단계를 초월한 경우에만, 따라서 그때그때마다 자기 자신을 초월하고 자신을 고양할 경우에만, 말하자면 자신을 보다 강력하게 할 경우에만, 힘은 자신을 그 자체에 있어서, 즉 자신의 본질에 있어서 유지할 수 있다. 힘이 특정한 힘의 단계에 머무르자마자 힘은 이미 무력하게 된다. … 그 이전에 무엇보다도 힘 자체가 그리고 오직 그것만이 가치를 정립하고 이러한 가치가 관철되는 것을 가능케 하며 하나의 가치정립이 가질 수 있는 정당성에 대해 결정

---

142 NP., pp. 78~79.

한다는 의미에서 '이제까지의 가치들의 전환'이다."[143] 들뢰즈가 긍정만을 긍정한다는 이중긍정을 내세웠다면, 하이데거는 힘은 힘의 고양인 한에서만 힘이라는 테제를 내세우는데, 이 두 테제는 동일하다. 힘이 자기를 초월하지 못하고 제자리에 머무는 경우, 다시 말해서 홈이 파이는 경우, 재영토화되는 경우는 되돌아오지 않는다. 오로지 힘을 고양하는 한에서, 긍정만을 긍정하는 한에서 그것을 근거로 하여서만이 가치를 창조할 수 있다. 이것이 바로 가치전환이며, 도시에서의 유목민이라는 존재의 근거이자 운동양상인 것이다. 긍정이 이와 같은 의미임을 인지한다면, 이러한 태도가 단순히 자본주의의 현재적 모습을 있는 그대로 긍정하는 것이 아님이 자연스럽게 드러난다.

코소는 샌프란시스코, 미네아폴리스, 신시내티, 뉴욕 등에서 실시되고 있는 젊은이들의 '진짜진짜 자유시장'Really Really Free Market이라는 실천이 바로 이러한 가치전환적 운동이라고 본다. 이는 제각기 필요 없는 물건을 들고 와서 맡기고 가지고 싶은 것을 가져가는 시장으로서 장터의 모습을 취하고 있지만, 물물교환과 다르다고 말한다. 즉 단순히 자본주의 이전의 시장 형태를 복원하는 정도의 행위가 아니라는 것이다. 이것은 "부시정권 아래에서 지배적이었던 자국민 중심주의, 일방적인 선전포고, 돈벌이, 고급문화, 이기주의, 냉소주의 등의 가치들에 대항해 그 정반대의 가치, 요컨대 '공통적인 것'을 토대로 한 새로운 가치를 창조하는 것을 목표로 하고 있다"[144]고 전하면서,

143 마르틴 하이데거, 『니체와 니힐리즘』, 박찬국 옮김, 철학과현실사, 2000, 28~31쪽. 코소, 『죽음의 도시, 생명의 거리』, 262~263쪽.

144 코소, 『죽음의 도시, 생명의 거리』, 262~263쪽.

"지금까지의 정치/경제를 대체하는 새로운 원리[로서]… 제도로서 설립되기 전에 그 토대로서 필요한 것은 사람들 마음속의 '가치들의 가치전환'[이다] … 그것은 이미 시작되었다. 일부 '영웅적인' 젊은 이들이, 니체가 철학적으로 해낸 일들을 거리에서 실천하고 있다"[145] 는 것이다. 슬럼, 빈곤, 착취로 얼룩진 도시 생태는 이러한 유목민들에 의해 새로운 시공간을, 다시 말해서 자본으로 환원된 세계 위에 우리가 살 만하다고 느낄 수 있는 공통의 세계를 구성하는 것이다. 그러한 세계를 만들 수 있다는 믿음. 그 믿음이 있다는 것, 혹은 그러한 믿음이 생긴다는 것, 그것부터가 바로 들뢰즈가 생각하는 정치의 시작이며, 이 믿음으로부터 새로운 시공간을 만들어 나가는 자들, 그들이 민중이자 유목민이다. 민중은 이렇게 탄생하며, 그들이 만드는 시공간들, 그것이 바로 세계이다. 이 모든 과정을 가능하게 하는 것, 그 과정, 그것이 우리가 이 책에서 애써 드러내려고 했던 들뢰즈의 정치철학의 모습이다.

---

145 코소, 『죽음의 도시, 생명의 거리』, 263~264쪽.

에필로그

다시 혁명을 말할 수 있는가?

로널드 보그는 들뢰즈 존재론에서 국가 통제를 장악하려는 어떤 노력도 군주제를 항구화하려는 노력이기 때문에 무의미다고 보았다.[1] 또한, 코소는 마르크스 이론의 전유물과 같았던 '혁명'이라는 단어를

---

1 로널드 보그, 『들뢰즈와 가타리』, 이정우 옮김, 새길, 1995, 169쪽. 로널드 보그는 더 나아가, 자본으로 환원해 버리는 편집증적인 과정을 극복하는 유일한 방법은 자본주의의 분열적 경향을 그 체계가 폭발해 버릴 때까지 강화하는 것이라고 해석한 바 있다. 이러한 해석은 심지어 들뢰즈를 친자본주의적 경향을 가진 철학자로 간주하는 근거가 되기도 한다. 더욱이 들뢰즈가 자본주의와 공산주의, 계급, 혁명과 관련하여, 자본주의 사회 형태가 모든 사회 형태의 한계라고 말하면서, 공산 혁명이라는 것은 노동자 계급과 조합을 위한 약간의 공리들을 자본주의에 추가하는 것으로 자본이라는 신체에 소화되었다(AO., p. 301)고 말하는 지점에 이르러서는 들뢰즈의 친자본주의적 입장이 증명되기라도 하는 듯이 여겨진다. 그러나 자본주의는 가치의 해체 경향(분열증적 경향)과 돈이라는 유일한 가치의 환원적경향(편집적 경향)이라는 두 경향으로 정의되는데, 과연 분열증적 경향을 강화하면 편집적 경향이 극복되겠는가? 이는 논리적으로도 맞지 않다. 또한 자본주의와 공산주의에 대한 들뢰즈의 언급은 오히려 계급의 폐쇄성과 자본주의의 해체적 경향의 강조, 그리고 우리의 주권을 양도받았다고 간주되는 국가와 자본의 이익을 매개하는 국가에 대한 비판으로 읽어야 하지 않는가?

쓰면서 다음과 같이 말한 바 있다. "'혁명'이라는 말을 발설하는 것이 지금처럼 곤란한 시대 또한 없었다. … 그것은 하나의 권력기구를 전환하는(전복시키는) 따위의 간단한 것이 아니다."[2] 코소는 권력의 획득이나 체제의 정립으로서의 혁명이 아니라, "의식주에서 인간관계에 이르는 모든 것의 변용을 포함하는 새로운 사회성을 창출"[3]하는 것으로서의 혁명을 주장한다. 체제를 뒤엎거나 권력을 교체하는 것에서 혁명을 구하지 않고 자본주의 자체의 폐기를 요구하지 않는다는 점에서 이런 입장을 개량주의라거나 보수적이라고 비난하는 것은 너무 손쉬운 일이다. 그러나 우리는 이러한 비판이 오히려 자본주의와 그것의 해체, 자유주의와 공산주의라는 이분법적 사유가 낳은 함정이라고 본다. 『자본주의와 분열증』에서 들뢰즈가 전개한 실천철학은 이러한 초월적 이분법을 해체하는 것이 주된 관건이었다. 그렇다면 우리에게 남은 것은 양자택일이 아니다. 오히려 양자택일 이면에 미개척 영역으로 남아 있는 새로운 정치적 영역이 있는 것이다.

그러므로 소위 신무기 개발자로 명명된 유목민으로부터 생각할 수 있는 새로운 종류의 혁명이라는 것은 기존의 의미의 혁명이라기보다는 가치의 창조와 가치의 전환으로서의 혁명일 것이다. 이는 유목민, 비인격적 개체, 다중 등을 새로운 탈주적-주체로 상정하는 것과 양립할 수 있는 새로운 정치적 영역으로 간주될 수 있다. 비르노와 코소는 이를 비대의적 민주주의라는 용어로 개념화한다. 비르노는

2 이와사부로 코소, 『죽음의 도시, 생명의 거리: 뉴욕, 거리, 지구에 관한 42편의 에세이』, 서울리다리티 옮김, 갈무리, 2013, 101쪽,

3 앞의 책, 같은 쪽.

시몽동의 개체화 이론을 비대의적 민주주의를 적실하게 사고할 수 있는 하나의 중요한 계기[4]로 보며, 코소는 이를 변증법, 매개, 국가와 비교하여 다음과 같이 묘사한다.

> 만약 우리들이 계속해서 이 '대립투쟁 모델'에 구애된다면, 사회는 점점 더 다양한 형태의 광적인 타자 배척으로 향할 수밖에 없을 것이다. 이에 맞서기 위해 필요한 것은 '공통적인 것'이 가진 숙명적인 선행성을 토대로 하는 사고이다. … 혹은 불가피한 공생 상태를 전제로 삼아 차이를 긍정적인 원리로 바꾸는 것이기도 하다. 이렇게 생각해 보면, 지금까지 이상주의적이라고 비판받아 온 아나키스트적 원리들 — 자율(autonomy), 자주연합(voluntary association), 자기조직화(self-organization), 상호부조(mutual aid) 그리고 직접민주주의 — 이 지금껏 보지 못했던 절박한 리얼리티를 가지고 일어서기 시작하는 것이 아닐까?[5]

대립/투쟁 모델은 전형적인 변증법적 모델로서 존재론적으로는 개체화가 완료 가능하다는 것과 정치적으로는 단일한 의지, 주권의 양도, 대의적 매개 등을 전제하는 것으로서, 이 모델로부터의 혁명은 권력의 쟁취 혹은 전환 이외에 다른 것일 수 없다. 코소가 갖는 비전은 아나키스트적 원리의 재발견, 더 정확히 말하면 비자본적 가치에

4 파올로 비르노, 『다중: 현대의 삶 형태에 관한 분석을 위하여』, 김상운 옮김, 갈무리, 2004, 269쪽.

5 코소, 『죽음의 도시』, 221쪽.

대한 새로운 가치 부여이다. 코소는 엄밀한 의미의 이론가가 아니기 때문에 여기에서 아나키즘을 비대의적, 비매개적, 비변증법적 정치의 한 형태로서 언급하고 있지만, 정치적 입장으로서의 "아나키즘은 오히려 … '민중 주권'과 마찬가지로 정치적 대의체제의 모델"[6]이라고 본 비르노의 지적이 사실 더 적절하다고 본다. 정치적 대의체제로서의 아나키즘은 극단적 자유주의로 왜곡될 가능성을 항시 품고 있기 때문에 "다중의 집단적인 것은 임의의 순진한 아나키즘과는 완전히 반대된다"[7]고 보는 것이 맞다. 비르노는 심지어 아나키즘이 "참을 수 없는 (그리고 때로는 흉포한) 단순화의 모습을 띤다"[8]고 비판한다. 그러므로 코소에게 중요한 것은 비대의적 민주주의가 아나키즘이라는 정치적 형태이어야 하는가 그렇지 않는가가 아니라, 오히려 그가 아나키즘의 주요한 원리라고 말하는 것들, 자율, 자주연합, 자기조직화, 상호부조 그리고 직접민주주의 등, 자본의 과정 자체를 벗어나는 원리들에 대한 가치 부여일 것이다.

만약 이들에게 '혁명'의 이념을 발견할 수 있다면, 그것은 위에서 보았듯이 욕망의 부당한 사용을 고발하면서, 욕망의 유물론적 흐름이 그 사회의 정치적 조건 속에서 분출되는 것이라고 재정의해 볼 수 있을 것이다. 각 사회들은 그 사회를 유기적으로 혹은 일관되게 통제하는 코드들의 집합을 가지고 있으며, 그 코드들을 등록 가능하게 만드는 것이 크게 영토 혹은 군주-왕, 혹은 자본이었다. 즉 자본주의

6 비르노, 『다중』, 270쪽.
7 앞의 책, 269~270쪽.
8 앞의 책, 270쪽.

사회는 자본 자체를 해체하지 않는 코드들을 허용하고, 군주의 체제는 군주의 존재를 해체하지 않는 코드들을 허용하는 식이다. 그것은 매우 개인적인 환상의 생산에서도 마찬가지로 나타난다. 어떠한 환상들은 허용되고 어떠한 환상들은 금지된다. 혁명은 이러한 허용과 금지, 등록된 코드들을 넘쳐나는 흐름의 분출로 이해되는 것 같다. 이를 앞서 살펴본 『천 개의 고원』의 테제로 번역하자면 그것은 바로 '도주', 허용된 시공간으로부터 벗어나는 새로운 시공간의 창조로서의 '전쟁기계'[9]로 부를 수 있을 것이다: 혁명은 곧 도주인 것이다.

국가와 민중

우리는 연구의 과정에서 드러난 것들을 바탕으로, 들어가는 말에서 의문에 부친 국가에 대한 해명의 단서를 다음과 같이 언급해 두고자 한다. 국가는 항상 들뢰즈에게 적대적 대상이었고, 적대의 도구로서 '전쟁기계'가 언급되어 왔다. 이러한 배경에서 우리는 국가를 적극적인 대상으로 사유할 수 없는가 라는 질문을 던졌다. 만약 우리가 푸코를 따라 국가에 대한 개념화나 사유를 멈추고, 오직 '국가라고 가정된 어떤 것에 기초해 질서 지어진 것처럼 보이는 상이한 사건들과 실천들'만을 숙고하는 전략을 세운다면, 그때 남은 사건과 실천들이 바로 제도화라는 구성적 실천, 세계에 대한 믿음에 근거한 법과 권리에 대한 소수적 사용이 아닐까. 그리고 국가는 그러한 사건과 실천들

9 P., p. 233.

의 '상관물'이 아닐까. 우리는 들뢰즈에게서 우리의 이러한 설명을 지지하는 듯한 문장을 찾아볼 수 있다. "중앙 국가는 원형적인 절편성을 제거함으로써 구성되는 것이 아니라, 상이한 원들을 중앙 집중화하거나 중심들을 공명하게 함으로써 구성된다. … 국가 안의 사회가 공명 장치로서 작동하며 공명을 조직화"[10]한다는 것이다. 하트는 이에 근거하여 국가를 하나의 '공명상자'로 불렀다: "이들의 말에 따르면, 국가는 다양한 사회적 권력들이 서로 반향하는 공명 상자의 일종이다."[11] 우리는 이것이 국가에 대한 우회적이지만 적극적인 설명일 수 있다고 생각한다. 들뢰즈는 국가를 세 가지 요소로 정의하였는데, "모든 국가는 (국지적이 아니라) 전면적인 통합[중심화]이며, (빈도가 아니라) 공명의 반복 작용이며, (환경의 양극화가 아니라) 영토의 홈패임 작동이다".[12] 그러므로 우리가 국가란 무엇인지 묻고 국가에게 무언가를 요구하고자 한다면, 이렇게 대답하여야 할 것이다. 국가는 각 제도들을 통합, 반복, 홈 패는 작동[다수적 운동]이고, 민중은 세계에 대한 믿음으로 새로운 시공간을 창조하고 제도를 발명하는 소수적 운동이다. 그러므로 바랄 만한 국가를 만들거나 요구한다는 것은 민중이 소수적으로 운동한다는 것을, 그리고 세계에 대한 믿음으로 새로운 시공간을 창조한다는 것을 말함과 같다고. 그렇게 되면 국가의 역할이 무엇인가라는 질문과 국가는 국민에게 무엇인가라는 질문은 오히려 민중에게 되돌아와, 우리가 원하는 국가를 만들기 위

10 MP., 402쪽.
11 마이클 하트, 『들뢰즈 사상의 진화』, 김상운·양창렬 옮김, 갈무리, 2004, 411쪽.
12 MP., p.540/834쪽.

해서는 민중이 스스로 세계에 대한 믿음을 견지하고 새로운 시공간을 만들어 내는 소수적 운동을 지속해야 한다는 역설적인 대답을 얻게 된다고.

도주하는 방법

간단히 말해서 그것은 '사유'이다. 왜냐하면 "사유하는 것, 그것은 여행하는 것"이며, 두 종류의 운동[도주와 포획의 운동]을 구별해 주는 것은 "객관적인 질도, 운동의 측정 가능한 양도 아니고 또 오직 정신 속에만 들어 있는 그 무엇도 아니며 공간화의 양태, 공간 속에서의 존재 방식 또는 공간에 대한 존재 방식"이기 때문이다.[13] 그러므로 새로운 공간과 매끈한 공간의 생산이 가능한가 그렇지 않은가의 문제는, 공간이 물리적으로 사막이냐 바다냐 도시냐에 달려 있는 것이 아니라, 특정 물리적인 공간에서의 존재 방식에 달려 있다는 것이다. 즉, 사유의 양태가 바로 그 존재방식이다. 사유가 도주이다. 그런 의미에서 다음과 같은 텍스트는 시사적이다.

> 사막이나 스텝, 바다에서도 얼마든지 홈을 파고 살 수 있다. 도시에서조차 매끄럽게 된 채로 살 수 있고, 도시의 유목민이 될 수 있다. (예를 들면 클리스나 브룩클린에서의 헨리 밀러의 산책은 매끄러운 공간에서의 유목민적인 이동이다. 밀러는 도시가 하나의 패치워크, 속도의 미

13 MP., 921쪽.

분, 지체와 가속, 방향 전환, 연속적 변주를 토해 내도록 부추기고 있다고 말한다. … 비트족들은 밀러에게 많은 것을 빚지고 있지만 그들 나름대로 다시 방향을 바꿔 도시 외부 공간의 새로운 사용법을 만들어 냈다.) 이미 오래 전에 피츠제럴드는 이렇게 말했다. … 도시 한가운데서도 낯선 여행이 있을 뿐만 아니라 제자리에서의 여행도 있다고. … 토인비가 시사하는 대로, … 유목민은 이동하지 않는다. … 전혀 이동하지 않음으로써, 이주하지 않음으로써, 또 하나의 매끈한 공간을 보유한 채 떠나기를 거부하기 때문에, 또 정복하거나 죽을 때에야 비로소 그곳을 떠나기 때문에 유목민인 것이다.[14]

유목민이란 '가장 위대한 신무기 개발자들'이며, "도주fuite란 실재를 생산하고 생명을 창조하고 무기를 발견하는 것"[15]이라고 말한 바 있기 때문이다.

---

14 MP., 920~921쪽.

15 D., 97쪽.

참고문헌

Gilles Deleuze

Deleuze, Gilles, *Empirisme et subjectivité, Essai sur la nature humaine selon Hume*, Paris: P.U.F, 1953; 한정헌·정유경 옮김, 『경험주의와 주체성: 흄에 따른 인간본성에 관한 시론』, 난장, 2012.

________, *Nietzsche et la philosophie*, Paris: P.U.F, 1962; 『니체와 철학』, 이경신 옮김, 민음사, 2001.

________, *Proust et les signes*, Paris: P.U.F, 1964; 『프루스트와 기호들』, 서동욱·이충민 옮김, 민음사, 2004.

________, *Différence et répétition*, Paris: P.U.F, 1968a; 『차이와 반복』, 김상환 옮김, 민음사, 2004.

________, *Spinoza et le problème de l'expression*, Paris: Minuit, 1968; 『스피노자와 표현의 문제』, 이진경·권순모 옮김, 인간사랑, 2003.

________, "Hume", ed. François Châtelet, *Histoire de la philosophie t. IV : Les Lumières*, Paris: Hachette, 1972, pp. 65~78; *L'île déserte et autres textes*, Paris: Minuit, pp. 226~237에 재수록; 「흄」, 『들뢰즈가 만든 철학사』, 박정태 옮김, 이학사, 2007, 129~148쪽.

________, *Dialogue*, Paris: Flammarion, 1977; 『디알로그』, 허희정·전승화 옮김, 동문선, 2005.

________, *Spinoza-philosophie pratique*, Paris: Minuit, 1981; 『스피노자의 철학』, 박기순 옮김, 민음사, 2001.

________, *Cinéma 1 image-mouvement*, Paris: Minuit, 1983; 『시네마 1: 운동-이미지』, 유진

상 옮김, 시각과언어, 2002.
________, *Foucault*, Paris: Minuit, 1986; 『푸코』, 허경 옮김, 동문선, 2003.
________, *Pourparlers 1972~1990*, Paris: Minuit, 1990; 『대담』, 김종호 옮김, 솔, 1993.
________, "La Littérature et la vie", *Critique et clinique*, Paris: Minuit, 1993.
________, "Lettre-préface" à Jean-Clet Martin, *Variationsm la philosophie de Gilles Deleuze*, Paris: Payot, 1993.
________, "L'immanence: une vie…", *Philosophie*, n° 47, Paris: Minuit, 1995, septembre; in *Deux régimes de fous*, pp. 359~363에 재수록; 「내재성: 생명…」, 『들뢰즈가 만든 철학사』, 박정태 옮김, 이학사, 2007, 509~517쪽.
________, "Désir et plaisir", *Deux Régimes de fous*, édition préparée par David Rapoujade, Paris: Minuit, 2003.
________, "Foucault et les prisons", *Deux régimes de fous*, Paris: Minuit, 2003.
________, *Instincts et institutions*, textes choisis et présentés par G. Deleuze, collection dirigée par G. Canguilhem, Paris: Hachette, 1953.
Deleuze, G. & Guattari, F., *Anti-Oedipe*, Paris: Minuit, 1972; 『안티 오이디푸스』, 김재인 옮김, 민음사, 2014.
________, *Kafka, pour une littérateur mineure*, Paris: Minuit, 1975; 『카프카: 소수적인 문학을 위하여』, 이진경 옮김, 동문선, 2001.
________, *Mille Plateaux*, Paris: Minuit, 1980; 『천 개의 고원』, 김재인 옮김, 새물결, 2001.
________, *Qu'est-ce que la philosophie?*, Paris: Minuit, 1991; 『철학이란 무엇인가』, 이정임·윤정임 옮김, 현대미학사, 1999.

Balibar, E., "Le prolétariat insaisissable", *La crainte des masses*, Paris: Galilée, 1997.
________, "Une philosophie politique de la différence anthropologique", *Multitudes* 9, 2002.
Camus, Albert; "Ni victimes ni bourreaux", *O.C.*, t.II, Paris: Gallimard, 1962.
________, "Réponse à d'Astier", *O.C.*, t.II, Paris: Gallimard, 1962.
________, *Le Mythe de Sisyphe*, *O.C.*, t.II, Paris, Gallimard, 1962.
________, *L'Homme révolté*, *O.C.*, t.II, Paris: Gallimard, 1962; 『반항하는 인간』, 김화영 옮김, 책세상, 2003.
de Certeau, Michel, *Kunst des Handelns*, trans. Roland Voullié, Berlin: Verve, 1988[1980].
de Montmollin, Maurice, *Les système hommes-machines, Introduction à l'ergonomie*, Paris: P.U.F, 1967.
Devereux, G., *Essais d'enthnopsychiatrie générale*, Paris: Gallimard, 1983.

Doel, Marcus A., "Un-glunking Geography; Spatial Science after Dr. Seuss and Gilles Deleuze", eds. Mike Crang and Nigel Thrift, *Thinking Space*, London and New York: Routledge, 2000.

Eisenman, Peter, foreword in Grosz, Elizabeth, *Architecture from the Outside*, Massachusetts: MIT Press, 2001.

Foucault, M., *Power/Knowledge*, Brighton: Harvester Press, 1980; 콜린 고든 편, 『권력과 지식: 미셸 푸코와의 대담』, 홍성민 옮김, 나남, 1991.

Granel, G., "L'Ontologie marxiste de 1884 et la question de la coupure," *L'Endurance de la pensée*, Paris: Plon, 1969.

Grosz, Elizabeth, *Architecture from the Outside*, Massachusetts: MIT Press, 2001.

Guattari, F., *La révolution moléculaire*, Paris: Recherches, 1977; 『분자혁명』, 윤수종 옮김, 푸른숲, 1988; 『욕망과 혁명』, 윤수종 옮김, 문화과학사, 2004.

Haraway, Donna, *Simians, Cyborgs and Women: The Reinvention of Nature*, New York: Routledge, 1991.

Harvey, David, *Spaces of Hope*, Berkeley: University of California Press, 2000; 『희망의 공간』, 최병두 등 옮김, 한울, 2001.

________, *A Brief History of Neoliberalism*, Oxford: Oxford University Press, 2011.

Hobbes, Thomas, *De Cive*, Whitefish: Kessinger Publishing, 2004.

Hume, David, *Traité de la nature humaine*, trans. André Leroy, Paris: Aubier, 1946; ed. Lewis Amherst Selby-Bigge, *Treatise of Human Nature*, Oxford: Clarendon Press, 1888.

Marx, Karl, *Introductions générale à la critique de l'économie politique*, Paris: Pléiade I, 1977.

Merleau-Ponty, Maurice, *Humanisme et terreur*, Paris: Gallimard, 1947; 『휴머니즘과 폭력』, 박현모 외 옮김, 문학과지성사, 2004.

Morgan, Lewis Henry, *Ancient Society, or Researches in the lines of Human Progress from Savagery through Barbarism to civilization*, London: Macmillan, 1877.

Mounier, Emmanuel, "Débat à haute voix", *Esprit*, février 1946.

Mumford, L., "La Première mégamachine", *Diogène*, 1966. 7.

Negri, A., "Communism: some thoughts on the concept and practice". http://www.generation-online.org/p/fp_negri21.htm.

Nicolas, André, *Une philosophie de l'existence, Albert Camus*, Paris: P.U.F, 1964.

Nietzsche, "Nachlaß 1887-1889", Kritische Studienausgabe, Bd. XIII, New York and Berlin, Walter de Gruyter, 1999.

Patton, P., "Marxism and beyond", eds. C Nelson and L Grossberg, *Marxism and the Interpretation of Culture*, Houndmills: Macmillan Education, 1988.

Plekhanov. G., "Augustin Thierry et la conception matérialiste de l'histoire," 1895, *Les Questions fondamentales du marxisme*, Paris: Editions Sociales, 1948.
Polanyi, K., *The Great Transformation*, Boston: Beacon Press, 1954.
Rorty, Richard, "Moral Identity and Private Autonomy: The Case of Foucault," *Essays on Heidegger and Others*, London, Cambridge: Cambridge University Press, 1991.
Russell, *Principles of Mathematics*, London: George Allen&Unwin Ltd., 1903.
Sassen, S., "Globale Stadt", ed. W.F.Haug, *Historisch-Kritisches Wörterbuch des Marxismus*, Bd. 5., Hamburg: Argument, 2001.
Simondon, Gilbert, *L'individu et sa genèse physicobiologique*, Paris: P.U.F, 1964.
Spinoza, *Tractatus Theologico-Politicus*, Leiden: Brill Academy Pub, 1997.
Snowden, *Naples in the Time of Cholera*, Cambridge: Cambridge University Press, 2002.
Virilio, Paul, "Véhiculaire", ed. Jacques Bergue, *Nomades et vagabonds*, Paris: Union Générale d'Editions 10/18, 1975.
Woolf, Virginia, *Mrs. Dalloway*, New York: Harcourt, Brace and Company, 1925.
Zaoui, Pierre, "La grande identité Nietzsche-Spinoza, quelle identité", *Philosophie*, n° 47, Paris: Minuit, 1995.
"Signes et événements, un entretien avec Gilles Deleuze par Raymond Bellour et François Ewald", *Magazine littéraire*, n° 257, sep. 1988.

강내희, 「욕망이란 문제 설정?」, 『문화과학』, 1993 봄.
강미라, 「빅데이터 시대의 통치성: 푸코의 관점에서」, 『현대유럽철학연구』, 46집, 2017.
고든, 콜린·버첼, 그래엄·밀러, 피터 엮음, 『푸코 효과: 통치성에 관한 연구』, 심성보 외 옮김, 난장, 2014.
곽노완, 「글로벌아고라의 도시철학」, 『마르크스주의 연구』, 2009년 제6권 제2호.
________, 「글로벌폴리스와 희망의 시공간」, 『사회이론』, 2008년 봄/여름 통권 제33호.
권첼, 슈테판, 「공간, 지형학, 위상학」, 슈테판 권첼 엮음, 『토폴로지: 문화학과 매체학에서 공간 연구』, 이기흥 옮김, 에코리브르, 2010.
김혜숙, "여성/남성 단절과 연속", 「성과 철학」, 철학연구회 편, 철학과현실사, 2003.
네그리, 안토니오·하트, 마이클, 『다중: 제국이 지배하는 시대의 전쟁과 민주주의』, 조정환·정남영·서창현 옮김, 세종서적, 2008.
________, 『제국』, 윤수종 옮김, 이학사, 2001.
네그리, 안토니오·하트, 마이클, 『공통체』, 정남영·윤영광 옮김, 사월의책, 2014.
데란다, 마누엘, 『강도의 과학과 잠재성의 철학』, 이정우·김영범 옮김, 그린비, 2009.

데이비스, 마이크, 『슬럼, 지구를 뒤덮다』, 김정아 옮김, 돌베개, 2007.
들뢰즈 외, 『비물질노동과 다중』, 서창현 외 옮김, 갈무리, 2005.
랑시에르, 자크, 『정치적인 것의 가장자리에서』, 양창렬 옮김, 길, 2013.
램버트, 그렉, 『누가 들뢰즈와 가타리를 두려워하는가?』, 최진석 옮김, 자음과모음, 2013.
루소, 장 자크, 『인간 불평등 기원론』, 김중현 옮김, 펭귄클래식코리아, 2010.
리스, 마르크, 「영화위상학, 그리고 그 너머」, 슈테판 귄첼 엮음, 『토폴로지: 문화학과 매체학에서 공간 연구』, 이기흥 옮김, 에코리브르, 2010.
리푸너, 롤란트, 「피에르 부르디외와 미셸 드 세르토의 사회과학적 위상학」, 슈테판 귄첼 엮음, 『토폴로지: 문화학과 매체학에서 공간 연구』, 이기흥 옮김, 에코리브르, 2010.
맑스, 칼·엥겔스, 프리드리히, 『칼 맑스 프리드리히 엥겔스 저작 선집』, 박종철출판사, 1992.
________, 「『정치경제학 비판을 위한 개요』의 서설」, 『칼 맑스, 프리드리히 엥겔스 저작 선집 2』, 최인호 외 옮김, 김세균 감수, 박종철출판사, 2014.
________, 「서문: 정치경제학 비판을 위하여」, 『칼 맑스, 프리드리히 엥겔스 저작 선집 2』, 최인호 외 옮김, 김세균 감수, 박종철출판사, 2014.
________, 「자유무역 문제에 관한 연설」, 『칼 맑스 프리드리히 엥겔스 저작 선집 1』, 최인호 외 번역, 박종철출판사, 1991.
멈포드, 루이스, 『역사 속의 도시』, 김영기 옮김, 명보문화사, 1990.
밀, 존 스튜어트, 『자유론』, 권기돈 옮김, 펭귄클래식코리아, 2013.
바디우, 알랭 『들뢰즈-존재의 함성』, 박정태 옮김, 이학사, 2001.
________, 『윤리학, 악에 대한 의식에 관한 에세이』, 이종영 옮김, 동문선, 2011.
________, 『존재와 사건』, 조형준 옮김, 새물결, 2013.
________, 『정치는 사유될 수 있는가』, 박성훈 옮김, 길, 2017.
________, 『알랭 바디우의 영화: 영화에 대한 철학적 사유란 무엇인가?』, 김길훈·김건·진영민·이상훈 옮김, 한국문화사, 2015.
박미선, 「로지 브라이도티의 존재론적 차이의 정치학과 유목적 페미니즘」, 『여/성이론』, (사)여성문화이론연구소, 2001.
박지웅 외, 「들뢰즈와 가타리의 마르크스 사회구성체론 가로지르기」, 『얼굴, 국가, 사건: 들뢰즈/가타리와 사유하기』, 비평공간 클리나멘 기획, 한티재, 2012.
발리바르, 에티엔, 「계급투쟁에서 계급 없는 투쟁으로?」, 서관모 엮음, 『역사 유물론의 전화』, 민맥, 1993.
________, 『폭력과 시민다움: 반폭력의 정치를 위하여』, 진태원 옮김, 난장, 2012.
________, 『스피노자와 정치』, 진태원 옮김, 그린비, 2014.
베르그손, 『물질과 기억』, 박종원 옮김, 아카넷, 2005.
베르네르, 에릭, 『폭력에서 전체주의로: 카뮈와 사르트르의 정치사상』, 변광배 옮김, 그린비,

2012.
벤야민, 발터, 『역사의 개념에 대하여/폭력비판을 위하여/초현실주의 외』, 최성만 옮김, 길, 2009.
________, 「보들레르의 몇 가지 모티브에 관해서」, 반성완 편역, 『발터 벤야민의 문예이론』, 민음사, 2010.
________, 「기술복제시대의 예술작품」, 반성완 편역, 『발터 벤야민의 문예이론』, 민음사, 2010.
보그, 로널드, 『들뢰즈와 가타리』, 이정우 옮김, 새길, 1995.
보드리야르, 장, 『시뮬라시옹』, 하태환 옮김, 민음사, 2001.
보른슐레겔, 페터, 「평행선 공리, 비유클리드 기하학 그리고 위상학적 상상력」, 슈테판 귄첼 엮음, 『토폴로지: 문화학과 매체학에서 공간 연구』, 이기흥 옮김, 에코리브르, 2010.
볼터, 알렌, 「둔스 스코투스」, 조지 그라시아 엮음, 『스콜라철학에서의 개체화』, 이재룡·이재경 옮김, 가톨릭출판사, 2003.
브라이도티, 로지, 「유목적 정치 기획으로서의 성차」, 『여/성이론』, 박미선 옮김, (사)여성문화이론연구소, 2001; Rosi Braidotti, "Sexual Difference as a Nomadic Political Project", *Nonmadic Subjects: Embodiment in Contemporary Feminist Theory*, New York: Columbia University Press, 1994.
비르노, 파올로, 『다중: 현대의 삶 형태에 관한 분석을 위하여』, 김상운 옮김, 갈무리, 2004.
빌라니, 아르노 & 사소, 로베르 편집, 『들뢰즈 개념어 사전: 들뢰즈 철학을 이해하기 위한 핵심 키워드 87』, 신지영 옮김, 갈무리, 2012.
사토 요시유키, 『권력과 저항: 푸코, 들뢰즈, 데리다, 알튀세르』, 김상운 옮김, 난장, 2007.
서관모, 「프로이트 맑스주의와 펠릭스 가타리」, 『사회과학연구』, 21권 1호, 충북대학교 국제개발연구소, 2004.
________, 「계급과 대중의 변증법: 계급의식과 이데올로기」, 『사회과학연구』, 23권 2호, 충북대학교 국제개발연구소, 2006.
________, 「네그리와 하트의 다중의 기획에 대한 비판」, 『마르크스주의 연구』, 6권 4호, 경상대학교 사회과학연구원, 2009.
서도식, 「도시 공간의 현상학과 아고라포비아」, 『철학』, 제58집, 새한철학회, 2009.
세넷, 리처드, 『신자유주의와 인간성의 파괴』, 조용 옮김, 문예출판사, 2002.
소바냐르그, 안, 『들뢰즈와 예술』, 이정하 옮김, 열화당, 2009.
소자, 에드워드, 『공간과 비판사회이론』, 이무용 외 옮김, 시각과언어, 1997.
슈뢰르, 마르쿠스, 『공간, 장소, 경계』, 정인모·배정희 옮김, 에코리브르, 2010.
신옥희, 「성과 젠더, 그리고 페미니즘」, 『성과 철학』, 철학연구회 편, 철학과현실사, 2003
이승준, 「비물질 노동과 새로운 주체성의 출현」, 질 들뢰즈·안토니오 네그리, 『비물질노동과 다중』, 서창현 외 옮김, 갈무리, 2005.
아감벤, 바디우, 벤사이드, 브라운, 낭시, 랑시에르, 로스, 지젝, 『민주주의는 죽었는가?』, 김상운·양창렬·홍철기 옮김, 난장, 2010.
아파두라이, 아르준, 『고삐 풀린 현대성』, 채호석·차원현·배개화 옮김, 현실문화연구, 2004.
알튀세르, 루이, 「맑스와 프로이트에 대하여」, 에티엔 발리바르 외, 『맑스주의의 역사』, 윤소영 옮김, 민맥, 1991.
양해림·유성선·김철운, 『성과 사랑의 철학』, 철학과현실사, 2001.
엥겔스, 프리드리히, 「가족, 사적 소유 및 국가의 기원, 루이스 H. 모건의 연구와 관련하여」, 『칼 맑스 프리드리히 엥겔스 저작 선집 4』, 최인호 외 옮김, 김세균 감수, 박종철출판사, 1991.
윤일환, 「자본주의, 정의, 그리고 욕망-생산: 데리다와 들뢰즈, 그리고 마르크스의 유산, 2009년 연구보고서」, https://www.krm.or.kr/krmts/search/detailview/pdfViewer.html
윌리엄스, 제임스, 『들뢰즈의 차이와 반복: 해설과 비판』, 신지영 옮김, 라움, 2010.
이승철, 「새로운 (신)자유주의 비판을 위하여」, 콜린 고든, 그래엄 버첼, 피터 밀러 엮음, 『푸코 효과: 통치성에 관한 연구』, 심성보 외 옮김, 난장, 2014.
이정우, 『사건의 철학』, 철학아카데미, 2003.
이한구, 「성에 관한 철학적 담론의 세 유형」, 『성과 철학』, 철학연구회 편, 철학과현실사, 2003.
정성진, 「『제국』: 맑스주의적 비판」, 『맑스주의 연구』 창간호, 한울, 2004.
진태원, 「대중의 정치란 무엇인가?-다중의 정치학에 대한 스피노자주의적 비판」, 『철학논집』, 제19집, 서강대학교 철학연구소, 2009.
________, 「푸코와 민주주의: 바깥의 정치, 신자유주의, 대항품행」, 『철학논집』, 제29집, 서강대학교 철학연구소, 2012.
제이콥스, 제인, 『미국 대도시의 죽음과 삶』, 유강은 옮김, 그린비, 2010.
칸트, 임마누엘, 『실용적 관점에서 본 인간학』, 이남원 옮김, 울산대학교 출판부, 1998.
케니, 앤서니, 『중세철학』, 김성호 옮김, 서광사, 2010.
캘리니코스, 알렉스, 『제국이라는 유령: 네그리와 하트의 제국론 비판』, 김정한·안중철 옮김, 이매진, 2007.
________, 「토니 네그리, 맥락 속에서 보기」, 『마르크스21』, 10호, 이수현, 최일붕 옮김, 2011.
________, 『포스트모더니즘: 마르크스주의의 비판』, 이수현 옮김, 책갈피, 2014.
코소, 이와사부로, 『죽음의 도시, 생명의 거리: 뉴욕, 거리, 지구에 관한 42편의 에세이』, 서울리다리티 옮김, 갈무리, 2013.
콜브룩, 클레어, 『질 들뢰즈』, 백민정 옮김, 태학사, 2004.
크라우치, 콜린, 『포스트 민주주의: 민주주의 시대의 종말』, 이한 옮김, 미지북스, 2008.

크라카우어, 지크프리트, 「머리말」, 마르쿠스 슈뢰르, 『공간, 장소, 경계: 공간의 사회학 이론 정립을 위하여』, 정인모·배정희 옮김, 에코리브르, 2010.
토번, 니컬러스, 『들뢰즈 맑스주의』, 조정환 옮김, 갈무리, 2005.
푸코, 미셸, 『안전, 영토, 인구: 콜레주드프랑스 강의 1977~78년』, 오트르망 옮김, 난장, 2011.
________, 『생명관리정치의 탄생: 콜레주드프랑스 강의 1978~79년』, 오트르망 옮김, 난장, 2012.
________, 『사회를 보호해야 한다: 콜레주드프랑스 강의 1975~76년 』, 김상운 옮김, 난장, 2015.
프로이트, 지크문트, 「자아와 이드」, 『정신분석학의 근본 개념』, 윤희기·박찬부 옮김, 열린책들, 2003.
피어슨, 키스 안셀, 『싹트는 생명』, 이정우 옮김, 산해, 2005.
하비, 데이비드, 『희망의 공간』, 최병두 등 옮김, 한울, 2001.
하이데거, 마르틴, 『니체와 니힐리즘』, 박찬국 옮김, 철학과 현실, 2000.
하트, 마이클, 『들뢰즈 사상의 진화』, 김상운·양창렬 옮김, 갈무리, 2004.
홍준기, 「발터 벤야민과 도시 경험-벤야민의 도시인문학 방법론에 대한 고찰」, 『라깡과 현대정신분석』, 제12권 제1호, 한국현대정신분석학회, 2010.

배효주, 「'이 시국' 노렸지만…힐링커녕 불쾌한 '불량한 가족'[영화보고서]」, 뉴스엔, 2020.7.2, https://www.newsen.com/news_view.php?uid=202007011430046710
양성희, 「가족, 핏줄 넘어 신화」, 중앙일보, 12873호, 2006.5.31., https://www.joongang.co.kr/article/2310082#home

다음 논문의 부분 혹은 전체가 사용되었음

신지영, 「들뢰즈에게 있어서 공간의 문제」, 『시대와 철학』, 2009, 겨울.
________, 「도시 문화에 대한 위상학적 이해 — 멈포드, 슈뢰르 등의 사회이론과 들뢰즈의 철학적 토대」, 홍준기 엮음, 『현대사상과 도시』, 라움, 2012.
________, 「도시화와 주체의 문제」, 『철학논총』, 2013.07.
________, 「폭력의 문제에 관한 비인격주의 철학의 한 대답」, 『철학과 현상학 연구』, 2015, 가을.
________, 「들뢰즈-마르크스주의는 가능한가」, 『철학연구』, 2019.08.
________, 「(신)자유주의 및 자본주의에 대한 새로운 비판을 준비하며 — 들뢰즈와 푸코의 분석 비교 연구」, 『철학연구』, 2020.02.

_______, 「가족과 들뢰즈-가타리의 〈무리〉 — 과정으로서의 가족 개념의 정립을 위하여」, 『범한철학』, 2020.12.
_______, 「들뢰즈의 정치철학으로서의 구성주의적 제도이론 — 흄에 대한 들뢰즈의 독해에 근거하여」, 『한국프랑스학논집』, 2021.12.

열린 철학의 공간, 그린비 '철학의 정원'

001 하이데거의 사이-예술론 김동규 지음

002 17세기 자연 철학 김성환 지음

003 해체와 파괴 미하일 리클린 지음 | 최진석 옮김

004 베르그손의 잠재적 무의식 김재희 지음

005 낭만주의의 명령, 세계를 낭만화하라 프레더릭 바이저 지음 | 김주휘 옮김

006 가능세계의 철학 미우라 도시히코 지음 | 박철은 옮김

007 현상학이란 무엇인가 피에르 테브나즈 지음 | 김동규 옮김

008 해체와 윤리 문성원 지음

009 신체와 자유 심귀연 지음

010 화이트헤드의 유기체철학 김영진 지음

011 토포스 나카무라 유지로 지음 | 박철은 옮김

012 20세기의 매체철학 심혜련 지음

013 칸트 미학 크리스티안 헬무트 벤첼 지음 | 박배형 옮김

014 그리스 미학 존 깁슨 워리 지음 | 김진성 옮김

015 존재의 충만, 간극의 현존 1, 2 조광제 지음

016 미학적 힘 크리스토프 멘케 지음 | 김동규 옮김

017 허구세계의 존재론 미우라 도시히코 지음 | 박철은 옮김

018 에티카를 읽는다 스티븐 내들러 지음 | 이혁주 옮김

019 하이데거의 『존재와 시간』 강독 박찬국 지음

020 니체와 하이데거 박찬국 지음

021 현대 기술·미디어 철학의 갈래들 이광석 외 지음

022 철학적 이성의 조건 피에르 테브나즈 지음 | 이철우 옮김

023 레비나스 철학의 맥락들 김정현 엮음

024 민중과 그로테스크의 문화정치학 최진석 지음
025 형태와 정보 개념에 비추어 본 개체화 질베르 시몽동 지음 | 황수영 옮김
026 시몽동, 개체화 이론의 이해 황수영 지음
027 레비나스와 정치적인 것 김도형 지음
028 들뢰즈의 미학 성기현 지음
029 후설 철학에서 발생의 문제 자크 데리다 지음 | 심재원·신호재 옮김
030 스피노자와 표현 문제 질 들뢰즈 지음 | 현영종·권순모 옮김
031 권력의 정신적 삶 주디스 버틀러 지음 | 강경덕·김세서리아 옮김
032 들뢰즈의 푸코 질 들뢰즈 지음 | 허경 옮김
033 신체, 대중들, 역량 워런 몬탁 지음 | 정재화 옮김
034 과잉에 관하여 장-뤽 마리옹 지음 | 김동규 옮김
035 아포하 마크 시더리츠 외 엮음 | 권서용·원철·박종식 옮김
036 푸코의 예술철학 조지프 J. 탄케 지음 | 서민아 옮김
037 메를로퐁티 현상학과 예술세계 신인섭 엮음
038 미셸 푸코, 철학의 자유 존 라이크먼 지음 | 심세광 옮김
039 하이데거의 정치적 존재론 피에르 부르디외 지음 | 김문수 옮김
040 상당한 위험 미셸 푸코 지음 | 허경 옮김
041 인식론평석: 지각론 다르마키르티 지음 | 권서용 옮김
042 해석학 이기언 지음
043 베르그손주의 질 들뢰즈 지음 | 김재인 옮김
044 마지막 강의 에밀 뱅베니스트 지음 | 김현권 옮김
045 불안의 시대 이교도와 기독교인 에릭 R. 도즈 지음 | 송유레 옮김
046 기술철학 개요 에른스트 카프 지음 | 조창오 옮김

047 하이데거의 사회존재론 하피터 지음

048 사랑의 현상학 헤르만 슈미츠 지음 | 하선규 옮김

049 프랑스철학과 정신분석 신인섭 엮음

050 캉길렘의 의학론 조르주 캉길렘 지음 | 여인석 옮김

051 무위의 공동체 장-뤽 낭시 지음 | 박준상 옮김

052 일반언어학 강의 페르디낭 드 소쉬르 지음 | 김현권 옮김

053 불투명성의 현상학 조광제 지음

054 현대철학 매뉴얼 이하준 외 지음

055 다르마키르티의 인식론평석: 종교론 권서용 지음

056 조르주 캉길렘 도미니크 르쿠르 지음 | 박찬웅 옮김

057 고요한 변화 프랑수아 줄리앙 지음 | 이근세 옮김

058 들뢰즈, 연결의 철학 존 라이크먼 지음 | 김재인 옮김

059 질 들뢰즈의 철학 대니얼 W. 스미스 지음 | 박인성 옮김

060 들뢰즈의 정치-사회철학 신지영 지음

061 담화 기호학 자크 퐁타뉴 지음 | 송태미 옮김

철학의 정원 60

들뢰즈의 정치-사회철학

통제사회에 던지는 질문

초판1쇄 펴냄 2023년 08월 31일

지은이 신지영
펴낸이 유재건
펴낸곳 (주)그린비출판사
주소 서울시 마포구 와우산로 180, 4층
대표전화 02-702-2717 | **팩스** 02-703-0272
홈페이지 www.greenbee.co.kr
원고투고 및 문의 editor@greenbee.co.kr

편집 이진희, 구세주, 송예진, 김아영 | **디자인** 권희원, 이은솔
마케팅 육소연 | **물류유통** 유재영, 류경희 | **경영관리** 유수진

ISBN 978-89-7682-828-6 93160

독자의 학문사변행學問思辨行을 돕는 든든한 가이드 _(주)그린비출판사